不動産業者必読！

相続コーディネート実務入門

「相続コーディネート実務士」
「公認 不動産コンサルティングマスター 相続対策専門士」
曽根 恵子

住宅新報社

はじめに

●相続対策は知識だけではなく〝実務家〟が必要～相続コーディネート実務士ができること～

相続コーディネート実務士は、不動産のノウハウを生かしてできる

相続になったら、弁護士、税理士などの士業に任せるしかないと思っていませんか？　それとも、取引銀行や信託銀行が窓口になることで、仕方がないと思っていませんか？

本書は、不動産のノウハウを生かしてできる「相続コーディネート実務士」に取り組んでもらうためにまとめたものです。

なぜ、相続コーディネート実務士が必要なのか、相続コーディネート実務士はどんな仕事か、相続コーディネート実務士に求められる能力などを前提とし、相続コーディネート実務士が提案、サポートするための基本的なポイントや実践業務の内容から実例までをご紹介しています。

本書をお読み頂ければ、相続実務は弁護士、税理士などの士業や銀行に任せるわけにはいかないということがわかるでしょうし、増税や不動産の課題が想定されるこれからの時代に、不動産のノウハウを生かしてできる「相続コーディネート実務士」の活躍が期待されているといえます。

お客様から直に委託を受けて、相続コーディネート実務士が中心になる

相続コーディネート実務士の目的のひとつは、「自分がお客様から直に委託を受けて相続実務の提案、サポートをすること」です。要は、自分のお客様が相続の問題に直面したときに、いままでどおり、いちばん近い立場で、ストーリーを描き、他の専門家にも協力をしてもらいながら、成果をあげる〝まとめ役〟になるということです。不動産業であれば、普段から、大家さん、地主さんなど資産家に近いことは有利な立場にあると意識しなければなりません。その立場を活かして、自分の案件として相続に関わろうという意識がないと始まりません。

【感情面】全員に公平な立場で円満な相続をサポートする

相続コーディネート実務士は弁護士ではありませんので、特定の相続人の味方にはなりません。相続人全員の意思を汲み取り、公平な立場で、情報を共有しながら公平でオープンな円満相続をサポートする役割です。家族の理解や協力を得ながら円満な相続をサポートします。

【経済面】節税効果を数字で検証しながら、対策をサポートする

相続対策をするには、現状の財産を把握し、課題を確認することが先決です。そのうえで、対策の選択肢を作り、どの対策で、どれくらいの節税効果があるかなどの数字を算出、わかりやすく説明するようにします。成果を理解してもらうことで、決断を促します。

活用していない財産で対策。競合のない仕事を創り出す

いままでは、「多くの土地や現金を所有して、減らすことなく次世代へ継承させることが資産家だ」とされてきましたが、これからの時代は、意識改革が必要になりそうです。不動産と現金を考えると、今までは土地神話の時代が長く、高金利の時代もあり、土地や現金をもっているだけで価値が増えるのが当たり前でした。

ところが、バブルが崩壊して長らく経済は低迷したまま、低金利で借りやすくなりましたが、それだけに預金の利息は年利0.025％で全く期待できません。持ち続けた財産が増えることはなく、対策をしなければ相続で減ってしまう時代になったことを認識しなければなりません。それだけに、今までの財産のイメージをうち捨てなければなりません。今や、持ち続けることや貯めて眠らせておくのが財産ではなく、「形を変えて活用し、収益をあげながら維持するのが財産」なのです。

相続対策の多くは、そもそも眠っている財産を活用するご提案になるため、競合はありません。お客様にご提案して、相続コーディネート実務士が新たな市場を創り出していくことになります。

相続対策の大部分は不動産で行わなければならない現実をとらえてみても、相続対策の実務をサポートするのは、士業や銀行ではなく、不動産の実務家の役割だということが言えます。不動産業者はこうした認識と自覚を持ち、高い意識で相続の現場でも市場を創り出し、不動産相続の専門家として実務を行っていく時期がきたと言えるでしょう。

「オーダーメード相続プラン」で不動産、現金の活用を提案する

お客様の多くは、「相続税がかかるかどうかがわからない」とか、「相続税を節税したいが、具体的な対策をどのようにすればいいのか、わからない」と言われます。相続コーディネート実務士は、そうしたお客様の不安を解消するため、ご家族や財産の内容をヒアリングし、課題を整理し、解決に向けての具体策を提案するのが仕事です。

不動産は現地調査をして評価し、金融資産も合計した財産評価を出します。次に、家族状況と財産のバランスを考慮して、節税対策や分割対策など前向きな相続対策の提案書を作成します。

相続対策は、主に、負担になる不動産や眠らせている現金を活用することをご提案していきます。財産の形を変えて、評価を下げることで節税効果を出しながら、収益を上げることで財産を維持しやすくし、また、分けやすくすることも考えます。

「オーダーメード相続プラン」は、主に次の内容で構成し、ご提案します。

○事前準備　①相続相談、カウンセリング
　②相続人の確認、状況の確認、把握をする
　③財産の確認、現地調査、評価、課題整理をする
○感情面の対策　①分けられる財産にする　②遺産分割を決めて遺言書をつくる
○経済面の対策　①分割金、納税資金を確保する　②積極的な節税対策をする

相続になったときも相続コーディネート実務士が、ご家族に最良の選択肢を提案する

「オーダーメード相続プラン」は、生前の相続対策として、家族で取り組んでいただくことをお勧めしていますが、相続対策は生前ばかりではありません。実は、相続になってしまったときにどうするかが重要だと言えます。節税も、納税も、分割も不動産で考えないといけないのが現状なのに、不動産の専門家がアドバイスできていないことが多いのです。

相続コーディネート実務士は、相続になったときこそ、ご家族に最良のストーリーを提案し、選択、決断して頂ける選択肢を用意するのが仕事です。相続はご家庭やご本人の事情に合わせて感情面、経済面の両方ともにきめ細かい対応が必要です。そして、財産の大部分が不動産ですので、分割や納税や節税や活用など、不動産で考えなければならないところを提案していくのです。

今後、ますます長寿社会になり、税金の負担も大きくなるため、各地で相続コーディネート実務士など不動産の専門家が活躍し、地域に貢献していくことが望ましいと期待しています。

本書は相続コーディネート実務士の業務の一部をご紹介するとともに、不動産業者が相続対策の実務を担える市場を創り出すことを目指しています。ぜひともお読みいただき、相続コーディネート実務士として活躍いただくことを期待しています。

目次

目次

目　次

目次

目　次

第1章

なぜ、相続コーディネート実務士が必要なのか？

●相続は、税理士だけではうまくいかないと気づいた事例

相続で土地を売るのにアドバイスする専門家の姿は見えない

私が相続対策に関わるようになったのは、平成４年のこと。当社で管理するアパートの大家さん（Ｋさん）が亡くなったときです。急な相続だったため、奥さんと４人の子どもはどうしていいかわからないという状況でしたので、管理会社として力になりたいと考えました（事例①）。

私が独立して賃貸管理の会社を始めたのは昭和62年ですが、平成になって土地の評価が急激にあがり、土地を売りたいという依頼が増えました。売却の理由を聞くと「相続税を納税するため」という方ばかりでした。相続になっても相続税が払えないために、いよいよ困って、何年も経ってから土地を売る方や、大蔵省の抵当権がついている土地を売る方など、どなたも相続人は困っておられるのに、そうした状況でも、相続人が困っているばかり、それまでサポートしてきたであろう専門家の姿は全く見えませんでした。

このような経験もあり、相続人が困っている様子ばかりを見てきましたので、そんなに大変な思いをされる相続とはどういうものか知りたいとも思いました。Ｋさんのご家族が困らないように、相続を知る機会にもしたいと、相続の手続きに関して最初からサポートすることにしたのです。

相続には不動産の知識や実務が必要だと気づいた

Kさんの財産は1、000坪の土地に自宅やアパート、貸家があり、不動産がほとんどです。相続税の申告を依頼した税理士は不動産に関する知識は全くなく、遺産分割や相続税の納税資金の捻出はこちらから提案しました。現金はほとんどないので、少しでも相続税を安くできないか、税理士に何度も掛け合い、税務署にも何度も出向いてもらいました。

結果、相続税は3、000万円の納税が必要だと言われていたところが、1、960万円まで安くなったのです。まず、宅地の真ん中を通る私道を、相続後に分筆し、通り抜けできる道路として整備して評価を0にしました。次に、相続人の奥さんと4人の子ども、それぞれに自宅やアパートの土地を測量、分筆して分けました。このため、税務署に申請して私道の特定路線価をつけてもらうと、公道よりも2割程度評価が下がり、私道に面した土地の評価が下がりました。これは、一体だった土地を分筆し、それぞれに分けて相続することで評価が下げられたのです。このことから、亡くなってからでも土地の評価を下げることで、相続税が下がるということに気がついたのでした。

それでも土地を売却しなければ納税できません。空き地もないため、古い貸家2軒の方に事情をお話しして、明け渡しをお願いしました。幸いにも2軒とも明け渡しに同意いただき、理解を得ることができ、期限前に土地の売却が完了し、売買代金で相続税を納税することができたのです。

この経験から、不動産がある場合の相続は不動産の知識や実務が不可欠だと痛感しました。税理士だけでは、節税も、分割も、売却も、納税も、このようにはいかなかったでしょう。

[相続には不動産の知識や実務が必要だと気づいたKさんの事例①]

●相続データ

土地	7億　125万円	負債	2億6,300万円
建物	6,400万円	葬儀	200万円
預金	300万円	計	2億6,500万円
計	7億6,825万円		
課税	5億　325万円		
基礎控除	9,550万円		
相続税	6,000万円		

配偶者の税額軽減にて
納税3,000万円

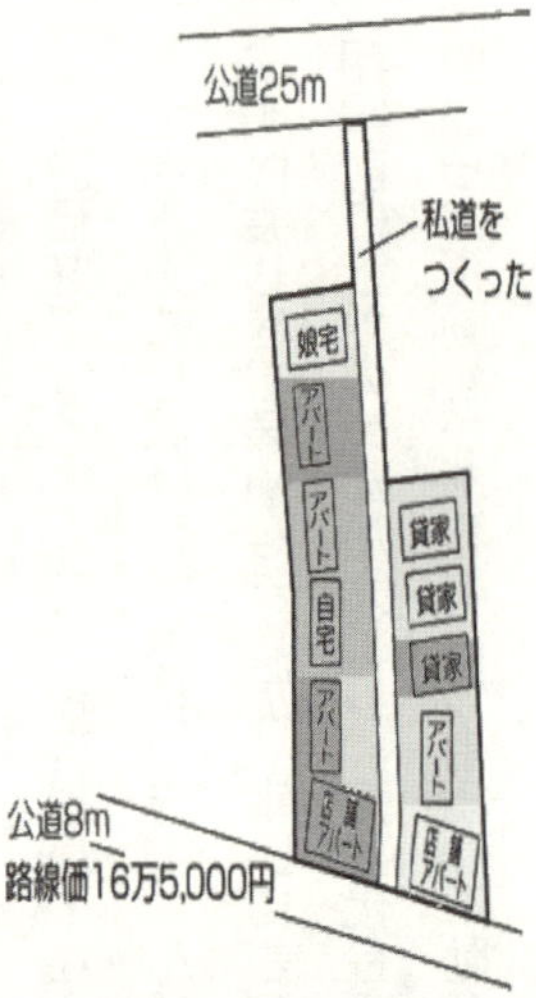

●家系図

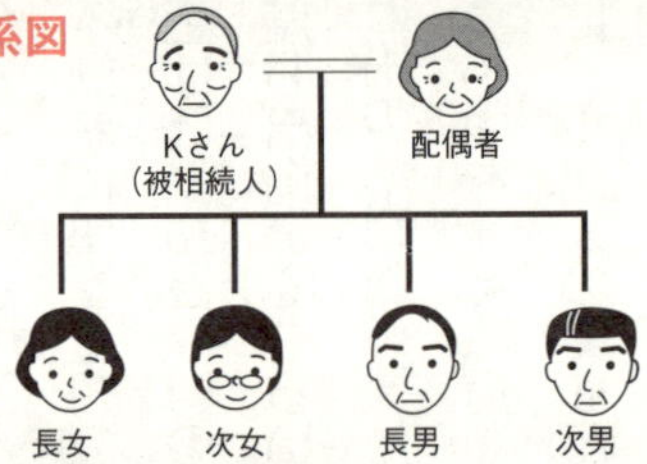

●コーディネート実務

亡くなってからでも土地の評価減で節税ができ、期限内に納税できた→不動産業のノウハウがないと実現できなかった

生前対策
貸家建付地の評価減

特　例
小規模住宅の評価減

取得財産評価額　5億円

課税対象の総資産額　2億3,500万円

債務2億6,500万円
・貸家建付地・建設のための借入れ
・葬式費用

当初の相続税　3,000万円

節税ポイント1
新しい路線価で評価減

節税ポイント2
分割による接道の違いで評価減

節税ポイント3
配偶者控除を33%活用

節税ポイント4
取得原価算入の特例を利用

納税方法は土地売却

確定した相続税　1,960万円

●コーディネートのポイント

・私道を分筆し、通り抜けできるようにした → 土地評価は0になった
・二次相続を考えて4人の子供に土地を分筆、分割した → 地形、路線価が変わって評価が下がった
・納税までに土地売却を完了させた → 売却代金で納税ができた

出典:『相続対策　土地の評価で税金はこんなに減らせる』(平成11年出版)

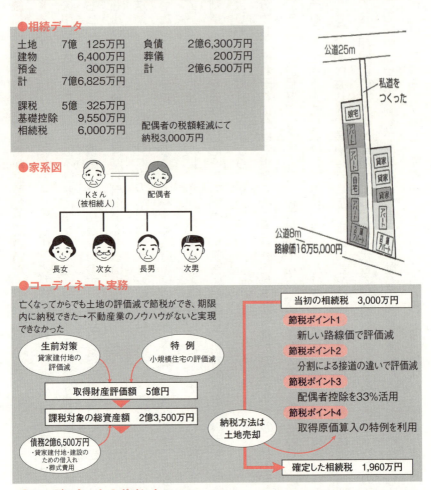

亡くなってからの分割、節税、納税をコーディネートする

平成6年のこと、略農業のHさんから父親の相続対策をしたいと依頼がありました。父親は医者から余命1年と宣告されてしまい、顧問税理士に相続税の試算をしてもらうと12億5、000万円と言われました。空き地は全部売ることになるので何もしないように、自宅も切り売りすることになるので覚悟をするようにというのが顧問税理士のアドバイスで、困って相談に来られたのでした。

すぐに全部の土地を調査して、残す土地、活用する土地、納税のときに売る土地の3つに分けて、土地活用を始めたところ、父親は半年後に亡くなりました。間に合わなかったと思われても仕方がない状況です。しかし、当社が中心となり、別の税理士や不動産鑑定士、測量士を選んでチームを作り、取り組んだ結果、相続税は8億600万円になり、4億4、400万円の節税ができたのです。

この成果を導き出すためには、ほとんどの土地を測量し、必要な土地は鑑定評価をするなどして、評価を下げるようにしました。遺産分割は長男のHさんと弟が土地を相続し、2人の妹は現金を希望しましたので、納税と分割に必要な土地は、Hさんが代表して相続して売却し、代償金を各自に渡すようにしました。相続税の30％は銀行借入をして納税を済ませ、返済原資として、400坪の土地に事業ビル（テナント5区画、賃貸マンション32世帯）を建て、家賃収入で返済しています。この土地は、いちばん価値が高いだけに、顧問税理士からは最初に売却するようにと言われていたところです。やはり、税理士に任せていれば、節税や納税や活用はうまくいかなかったと想像できます。亡くなってからのコーディネートによって運命も変わることもあると言えるのです（事例②）。

相続コーディネートは最初から最後まで、そして次の相続まで、ストーリーを描く

Ｈさんは父親から酪農業を引き継ぎ、妻と一緒に継続してきましたが、2人の娘が後を継ぐとは思えません。60代の夫婦にとっては重労働で休みが取れないことも負担になっていました。父親の相続税の納税は４００坪の土地活用により、めどがつきました。しかし、Ｈさん自身の相続対策を進める必要があり、自宅と牛舎がある1，９００坪の土地を活用することを提案しました。

立地的には住宅地ですので、県から家賃補助の出るマンションの認可を取得し、３ＬＤＫ73世帯2棟の賃貸マンションを建設して、収益を上げながら節税効果を生む土地活用をすることを決断され、相続対策が実現しました。自宅は別の土地に建てて、住み替えました。この対策により、Ｈさんの財産は賃貸事業の減額と借入のマイナスの効果により、相続税がかからないバランスとなり、安心されました。酪農業は廃業し、賃貸事業の法人を作って稼働しています。

妻にも自宅を贈与し、法人の役員報酬を出してＨさんに収益が偏らないようにしました。また、遺言書を作成して、先妻の子と妻やその子が争いにならない対策もしてあります。

このＨさんの相続コーディネートは3番目の実例ですが、最初に感じた「相続コーディネート」の必要性は、いよいよ、確信となりました。「相続を最初から最後までサポートすること」が必要だと再認識し、不動産の知識や実務が生かせることも確信となりました。また、「亡くなってから、申告、納税まで、さらには次の相続対策まで」と考え、二次相続の対策まで想定した提案、サポートをするようにして信頼関係を築き、ビジネスチャンスを作り出してきました。

[亡くなってから次の相続までのHさんの事例②]

父親の相続

●相続データ

被相続人：父（酪農業）

相続人：子供4人（長男、長女、次女、次男）

主な相続財産：自宅、畑（区画整理地内）、アパート

・顧問税理士は相続税を12億5,000万円と試算。
・空き地は全部売却、自宅も切り売りするようにと言われた。
・自宅や土地はなるべく残すことを希望。

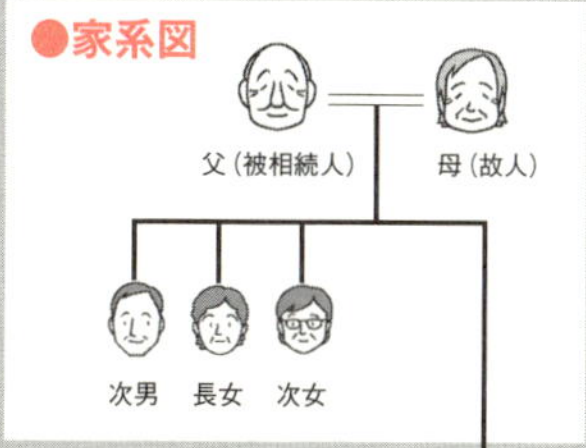

●コーディネートのポイント

・相続税の節税・不動産売却（納税）・土地有効利用（節税対策）
・自宅の土地（広大地）を測量、区画割り図を作成、鑑定評価をした結果、有効宅地率は約63％に。評価減ができた。
・土地を売却して4分の3は納税、残りは銀行借入とし、新たな賃貸事業で返済していくことにした。土地の売却は、申告期限3年以内に完了し、「相続税の取得費加算の特例」を利用して延納利息も抑えた。

Hさんの相続対策

●物件概要

・物件概要１………納税対策　420坪
　賃貸マンション32世帯、1階店舗5区画
　総事業費5億6,000万円
　（1カ月）家賃340万円－返済216万円
　　　　　　　　＝手取り124万円（36％）

・物件概要2………家業の切り替え　1,900坪
　賃貸マンション73世帯3LDK
　総事業費12億円
　（1カ月）家賃820万円－返済416万円
　　　　　　　　＝手取り404万円（49％）
　賃貸管理法人を設立した。

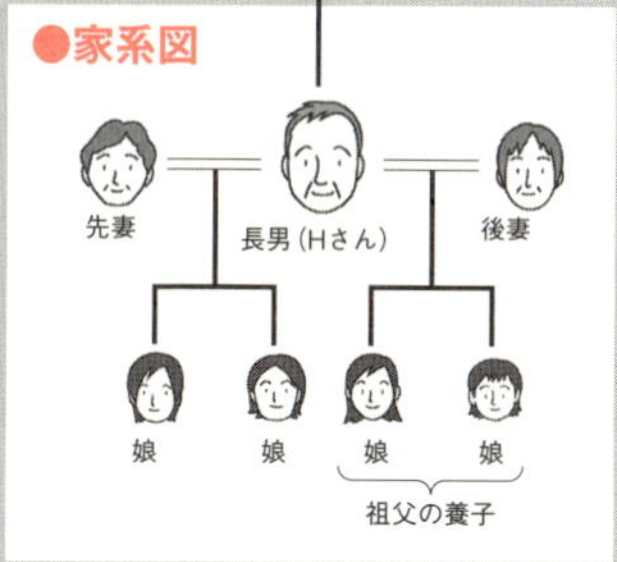

●コーディネートのポイント

・節税対策で土地を有効利用し、自宅は建替え。
・酪農業を廃業して、賃貸マンションを建設。

●コーディネートの効果

・相続税の節税額　4億4,400万円
・価値のある土地を残した。
・年間の収益増　6,336万円

●相続対策は、士業や銀行に頼れない！

弁護士は最後まで引っ張り出さないほうがよい

相続は弁護士の仕事だというイメージがありますが、相続の場合、弁護士が登場するのは最後の選択肢です。親子、きょうだいなど身近な親族が相続の当事者ですから、本来は、一番信頼できる人たちです。普通に円満であれば、弁護士が登場しなくても、親族で話し合ってまとまります。ということは、普通の家族の場合、争わない限り弁護士に頼む必要はありませんし、むしろ、最後まで、弁護士に依頼せずに円満に進めることが望ましいのです。

ところが、コミュニケーションが取れないと不信感が出てきたり、それぞれの主張が対立して互いに譲れず、感情的になってしまいます。解決するために弁護士を頼んでしまうと、弁護士は依頼者の味方になるため、他の相続人は、別の弁護士に依頼することになり、相続人で話し合う機会はなくなり、普段は仲の良かったきょうだいでも絶縁になるのです。

弁護士や家庭裁判所に救いを求めたとしても、調停も、裁判も、気持ちを汲み取ったり、救ったりするところではありません。相続は、できる限り家族で進められるサポートが必要になります。

相続に慣れている税理士はまだ少ない！

相続税の申告は税理士の仕事ですので、税理士であれば誰でも相続実務に慣れていると思いがちですが、相続に慣れた税理士が少ないのが実情です。相続税を納税した方は亡くなった方の4・3％しかなく、全国の税理士は、相続税の申告業務を、1人当たり平均年間0・7回しかしていないということになります。

相続人が期待することは、相続税の負担を減らして節税し、相続を乗り切りたいのですが、納税させる立場の税理士だと節税意識も低く、期待することは難しいといえます。

土地の評価を下げることで相続税も安くなります。不動産の売却や活用などの実務知識は不可欠なのですが、税理士には不動産に精通した人が少なく、売却や土地活用や資産組み替えなどといった不動産対策は不得手で何もアドバイスをしてもらえないこともあります。

信託銀行は遺産整理が主業務、報酬も高い

信託銀行の宣伝効果は大きく、インパクトがあり、店頭でもお勧めされるようです。教育資金の一括贈与などの非課税措置が新設され、贈与資金の信託も始まりました。公正証書遺言も勧められて作成された方も多いことでしょう。

しかし、信託銀行は、相続後の手続きが主業務です。公正証書遺言があれば、遺言執行者の役割を担いますが、遺産分割協議が必要となる場合には、アドバイスはなく、相続人が必要とする節税や分割や納税の実務に関するサポートは期待できません。

●相続は、不動産のノウハウが不可欠

相続ブームの到来で期待が高まる

相続税法の改正により、新聞、雑誌、テレビなどでも頻繁に「相続」が取り上げられ、随所でセミナーや相談会が開かれています。相続を仕事にしたい人の資格ブームにもなっています。相続税の負担が増えるだけに、一般の方の相続への関心も高まってきました。それだけに家族が円満に手続きできる相続対策が求められ、それをサポートする専門家の役割も大きくなり、期待も高まることでしょう。

しかし、あらためて考えてみてください。「相続対策の専門家は誰でしょう?」「誰が相続人のサポートをすればいいでしょうか?」

相続人は自分たちだけでは不安のある「遺産分割」や「納税」や「不動産」の扱いなどをサポート、アドバイスしてくれる専門家を求めていますので、不動産のノウハウのある相続コーディネート実務士が「感情面」「経済面」のサポートをしながら、そのご家庭に合った相続のストーリーを描いてオーダーメードのご提案をしていくことが必要です。こうしたオーダーメード相続は弁護士、税理士、信託銀行の得意分野ではないと言えるのです。

分割も、節税も、納税も、不動産で考える

納税された方の財産は半分が不動産です。現金が多いという方は少なく、納税が不要の人やこれから相続を迎える人を想定すると財産の7割、8割が不動産だといえます。分割も、節税も、納税も、不動産で考えざるを得ないのが現状なのです。

不動産の評価や利用を理解していないと遺産分割を決めることはできません。大きな土地を分筆する場合は分筆後の個々の土地の利用が可能であるかの確認もし、それを前提とした分け方をしなくてはなりません。節税を実現するのは土地の評価を下げることが主流になります。

納税では、納税資金の捻出方法が課題となります。不動産の売却をする場合、どの不動産を売却すればいいか、また、どのくらいの金額で売れるのか、売却せずに延納や銀行借入はどうかなど、いくつかの方法を比較することも必要です。

不動産のノウハウがあれば、立地がよくないような価値の低い土地や貸宅地など自由度がない土地を優先的に処分することを提案します。立地がよく、収益が期待できる土地を残すようにして相続後も不動産が価値を生むように考えますので、その後の資産維持が楽になり、資産内容も改善されます。

ところが、不動産の知識や経験がない専門家の場合は、相続税の納税が第一の課題ですから、資産価値の高いところから納税に充てようとなるのです。まさに「いい土地から売却してなくなる」という状態になってしまい、相続のときにいい財産が減ってしまうのです。

相続対策の実務ができる専門家が必要になる

「相続対策」は「不動産」と「現金」で行う「不動産の実務」が主となる

相続財産は半分以上が不動産だということは、国税庁の資料（平成25年分の相続税の申告の状況について。26年12月）からもわかります。相続対策をしておきたいと考える人は、ほとんどが不動産を所有していると考えていいでしょう。

それだけに、相続対策は不動産の売却、購入、組み替え、活用、贈与などで行うことになります。空き地、空き家など活用していない不動産をかかえていることもリスクとなる時代ですので、相続対策だけでなく、資産運用としてのアドバイス、提案が求められます。

さらに、現金などの金融資産が残ったとしても、そのままでは「節税」にはなりません。現金を、不動産や生命保険などに替える「相続対策」も必要といえます。

このように、「相続対策」を考えてみると、不動産に替えたり、活用する「不動産の実務」だということがわかります。多くの方が相談したり、依頼をする、弁護士、税理士、信託銀行は、いずれも不動産の専門家ではなく、「相続対策」の実務家ではありません。相続の実務を頼むには適任でないということがいえるのです。

不動産相続の専門家のポジションを確立する時期がきた

いままでの「相続対策」は、法律の専門家の弁護士に依頼する、税務の専門家の税理士に依頼する、遺産整理の銀行に依頼することだと思われていたかもしれませんが、この章の最初に書いたとおり、「相続対策」の実務について、実際に具体的な提案をして、それをサポートできるのは、弁護士、税理士などの士業や信託銀行などではなく、「不動産の実務家」の役割だといえるのです。

特に、生前対策を行う内容とすれば、財産の評価を下げて、分けられるようにしておくのですが、具体的な実務は、「不動産の売却、購入、建物・土地活用をすること」であり、「現金で、不動産や生命保険を購入すること」でもあるのです。

この実務については、弁護士も、税理士も、銀行も積極的な提案やサポートをしていません。しかし、相続人にとってはそうした具体的な対策が必要であり、それをサポートしてくれる専門家が必要だということなのです。

このような状況からも、これからの「相続対策」の現場では、「不動産相続の専門家」が活躍することで実績を作り、あらたな業態としてのポジションを確立する必要に迫られているといえます。不動産の実務に携わる立場であれば、一歩踏み出すことで、「相続対策」の実務を担うことはできるといえます。「相続コーディネート実務士」は相続の専門家としての役割を果たせる、これからの時代に必要な業務になることでしょう。

では「相続コーディネート実務士」とは、具体的にどんな仕事なのか、次章でみていきましょう。

まとめ

① 相続では、専門家とのトラブルも多い
・弁護士は依頼者の味方で、家族の味方ではない
・相続に慣れている税理士は少ない
・信託銀行は遺産整理が主業務、報酬も高い
② 相続人が期待しているのは、感情面と経済面のサポート
③ 相続は不動産のノウハウが不可欠
④ 相続の実務は「不動産」と「現金」で行う

第2章

相続コーディネート実務士は、どんな仕事？

●相続コーディネート実務士の役割と、目指すこと

相続のストーリーを描いて「オーダーメード相続」を提案、サポートする

相続対策のコーディネートとは、「亡くなってから、申告、納税まで、さらには次の相続対策まで」という相続の最初から最後までのストーリーを描いて提案し、サポートすることです。

相続人にストーリーを提案して共感を引き出し、必要な専門家をまとめて相続の成果をあげて成功へ導く役割を果たすのが、「相続コーディネート実務士」です。相続のストーリーを描き、相続人の意思を尊重しながら専門家のまとめ役となります。

そして、相続を仕上げるためには専門家が案やノウハウを提供しあい、相続人も含めてひとつのチームとなって成果を出すことに全力を尽くすのです。こうした協力体制を取るようにすれば、いい成果が出せるはずです。

相続コーディネート実務士は、相続人の事情に合わせた相続のストーリーを描き、その実現のために必要となる専門家、税理士をはじめ、土地家屋調査士、不動産鑑定士、宅地建物取引士、不動産コンサルティングマスター、ファイナンシャル・プランナー、司法書士等をまとめる役割を担うことになります。

よって、相続の価値を高め、成功へと導く相続のコンサルタントだといえます。

お客様から『直に』委託を受けて、相続コーディネート実務士が中心になる

相続コーディネート実務士の目的のひとつは、「自分が、お客様から『直に』委託を受けて、相続実務の提案、サポートをすること」なのです。

自分のお客様が相続の問題に直面したときに、いままでどおり、いちばん近い立場で、ストーリーを描き、他の専門家にも協力をしてもらいながら、成果をあげる〝まとめ役〟になるということです。

不動産業者であれば、普段から、大家さん、地主さんなど資産家に近い立場にあります。そうした有利な立場にあると意識しなければなりません。その立場を活かして、自分の担当の業務として相続に関わろうという意識がないと始まりません。

相続コーディネートは自らの発想でストーリーを描いて提案をしますが、それぞれの専門家の分野では、その専門家に責任をもって仕事に取り組んでもらうようになります。相続税の申告は、税理士。不動産の登記は、司法書士。土地の測量や分筆は、土地家屋調査士。路線価以外の不動産評価をする場合は、不動産鑑定士、などです。

そして、相続コーディネート実務士は、常にチームリーダーとしてまとめ役になります。すべての業務でこのスタンスが必要です。自分のお客様から委託を受けた業務を、自分が中心となって、専門家をまとめながら成果をあげるのです。

このように、「自分が、お客様から『直に』委託を受けて、相続実務の提案・サポートをすること」は、相続コーディネート実務士の最大の目的となります。

●「相続コーディネート実務士」のビジネススタイル―提案・受託・広報・集客

○個別の相続相談でカウンセリング、課題を整理、アドバイス……提案

相続は、ひとことでは言い表せないくらい複雑で、難しく、ひとつひとつ内容が違うのが現実です。相続はひとりひとりのオーダーメードで考えることが大切なこと、「感情面」と「経済面」の両方に配慮した提案をすることが相続コーディネート実務士の役割であることを認識し、争いのない、負担の少ない〝夢相続〟を実現していくことを目指します。

○業務を直に受託、士業など提携先と協働して実務……受託

相続は、相続人と専門家が、一緒になって相続をつくりあげていくことで相続人の幸せが実現します。相続人の意思・要望を正しく反映するためには、相続人と専門家の良好なコミュニケーションが不可欠であり、そのパイプ役となるのが相続コーディネート実務士です。

相続コーディネート実務士は弁護士ではありませんので、特定の相続人の味方になるのではなく、相続人全員に公平な立場で、情報をオープンにし、わだかまりが残ることなく、負担も少ない円満な相続の形を実現することを目指します。

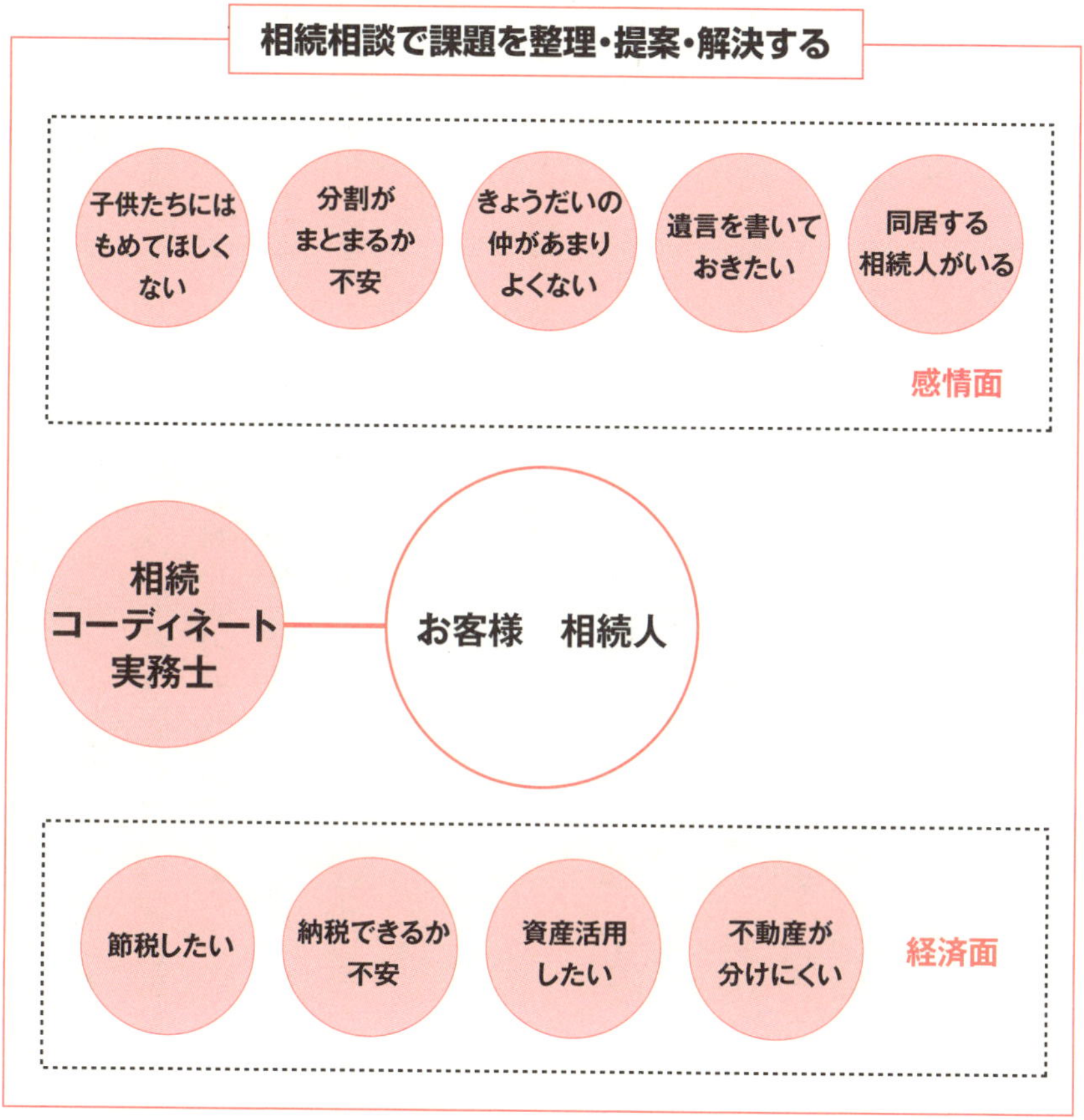

感情面……家族間の争い回避→遺言、分割、共有解消など
経済面……負担のない財産継承→節税、資金調達、保険、資産活用など

相続コーディネート実務士が相続相談の窓口になる

○事例をメルマガ、HP、書籍出版などで紹介……広報

相談事例や、相続の成功事例は、サポートして終わりではなく、データ化し、ストックして分析するなど、蓄積していくようにします。お客様にもわかりやすい事例にしてオープンに情報発信していくことが必要です。相続の相談事例や成功事例を発信することによって、相談をしよう、依頼をしようと思っていただけるからです。情報を発信する方法はHP、メルマガ、書籍など、できることから取り組んでいきます。相続は奥が深く、お客様ごとに内容が違うため、相談事例のすべてが事例になるといってもいいほどです。

○セミナー&相談会の開催……集客

相続税法の改正が行われましたので、相続に不安があるという人や、相続のことを知っておきたいという人が増えています。よって、相続の有益な情報が得られるセミナーを開催することは、相続に関心のある人を集客する近道といえます。また、セミナーだけでなく、相談会も同時に開催することで、相談しようという呼びかけもでき、気軽に相談をしてもらえる機会作りにもなります。

こうして、提案・受託・広報・集客を繰り返して、相続のお客様を直に、獲得していきます。

●相続コーディネート実務士が中心になる立ち位置

不動産業者が相続のお客様にいちばん近い

相続税の申告をしなければならない場合の多くは、不動産を所有する人が亡くなったときです。いわゆる大家さん、地主さんですから、不動産業者が普段から取引のある人が該当することでしょう。大家さん、地主さんに一番近いとなると、亡くなるといち早く情報が入ることが想定されます。

ところが、亡くなったことはいち早く知っているのに、現実の仕事になるのは、「相続税の納税のために土地を売却したい」ということになってからなのです。相続のタイムスケジュールからすれば一番最後の仕事だと言えます。その間、不動産業者とすれば蚊帳の外、手の出しようがないということでしょう。多くの不動産業者の現状をお聞きすると前述のように「自社の大家さんなのに、相続では手出しができない」と言われます。この現実はなぜなのか、疑問に思ったことはありませんか？

私は相続に一番近いのは不動産業者であり、その立場で相続に関わることが必要だと考えています。それが相続人のためにもなり、ビジネスにもつながります。そのためのきっかけとなるのが「相続コーディネート実務士」の仕事なのです。

相続コーディネート実務士の立ち位置

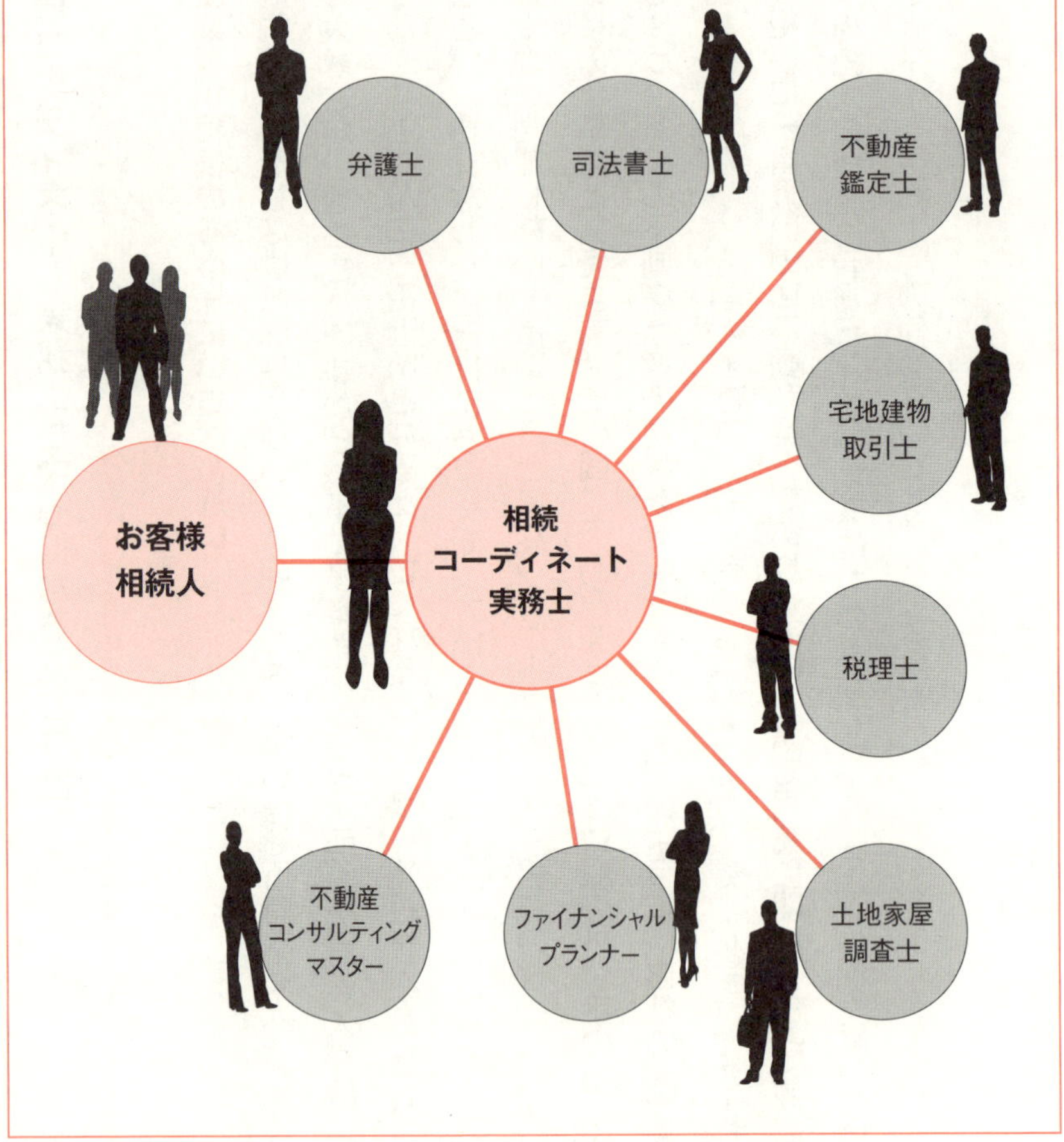

お客様から、直に委託を獲得して業務を担当する。
自分で委託を受けたお客様だからこそ、他の専門家に
協力を依頼でき自分がまとめ役になれる。

専門家チームをリードする立場になる

相続コーディネート実務士が専門家をまとめる

相続税がかかる相続の場合、資産内容は土地が大きな割合を占めていることがほとんどです。遺産分割では、不動産の評価や活用を理解していないと決めることはできません。

土地活用の可能性があれば土地を残す提案もできます。また、どのタイミングで測量、鑑定、売却、有効利用をすればいいかという判断は、不動産について把握していないとできないことです。不動産業者の立場で土地を見た場合、売却や土地活用の可能性も見えてきます。資産価値があり、収益をあげられる土地は残し、利用価値の少ないものから納税や売却に充てるような判断をすることで、その後の財産内容まで変わってきます。

現実の実務を行うためには、専門家の協力が不可欠です。できれば、相続の経験が多く、相続に関する知識や知恵を持つ専門家と協働することが理想的です。

相続コーディネート実務士として相続人から業務の委任を受けるとしても、実務は何人もの専門家がかかわらなければできないのが相続です。相続コーディネートは、相続手続きのまとめをすることが業務のひとつです。いざ相続に取りかかるときは、相続手続きに必要な専門家との連携は不可欠になります。相続は、ひとつの案件に関して、専門家と協働しながらお客様に専門家のノウハウを提案していくことになりますので、相続実績があり、コミュニケーションの取りやすい専門家の協力を得られる体制作りが必要です。

相続コーディネートに取り組むタイミング

相続発生時がベストタイミング

相続コーディネートに取り組むタイミングはいつがいいのでしょうか？　いままでの相続の取り組みのほとんどは生前対策で、土地活用が主体でした。しかし、ここにご紹介する「相続コーディネート」は、相続が起きたときがベストタイミングなのです。

なぜなら、相続税の申告と納税には期限があり、相続人はそれに向けて決断をしないといけない状況になるからで、生前とはまったく事情が違ってきます。生前では、いい提案をしているのに、結局は決断してもらえなかった、という経験はあることでしょう。節税になるからといっても、特別差し迫った事情がなければ、なかなか決断ができないものだといえます。

しかし、これが相続が起きたあとは事情が変わってきます。相続が特別な事情だということです。相続税の具体的な金額が決まってくると納税は待ったなしですから、何らかの納税方法を選択しなければなりません。また、相続税の納税を経験した人は、二次相続では節税したいと、より切実な思いになります。そうしたときに節税対策の提案をすることで決断をしてもらいやすくなります。

こうしたことからも、相続が発生したときのベストタイミングを逃さないことがポイントです。

相続発生、生前対策、次の相続発生のサイクルを作る

相続コーディネート実務士として価値を発揮するためには、「自分が顧客を獲得すること」が前提です。自分の案件だからこそ、他の専門家に協力を依頼でき、まとめ役になれるということです。

その意味では、大家さん、地主さんに近いことは有利な立場にあると意識していただければと思います。その立場を活かして、自分の案件として相続に関わろうという意識がないと始まりません。

相続コーディネートは自らの発想でストーリーを描いて提案をしますが、独断にならないように注意が必要です。またそれぞれの専門家の分野は、その専門家に責任をもって仕事に取り組んでもらうようになります。相続税の申告は、税理士。不動産の登記は、司法書士。土地の測量や分筆は、土地家屋調査士。路線価以外の不動産評価をする場合は、不動産鑑定士。

自分の専門以外の業務は相続コーディネートとしての責任を取れないのが現実ですので、提案をする際も前置きが必要です。

たとえば、相続税評価は税理士の仕事ですから、説明が必要な場合は税理士が同席の上で進めたほうがいいのです。

ただし、まとめ役としての自分のポジションをキープすることが必要ですから、事前の打ち合わせをし、その後の進行や方針はこちらから提案をするという税理士とは別の役割を担当しなければなりません。すべての業務でこのスタンスが必要です。

●まずは宣言して相続に取り組んでみる

税理士を紹介するだけではだめ

「相続コーディネート実務士」の役割が重要になること、不動産業者が適職だということは、ご理解いただけたでしょうか？　もっと知識をつけてからにしたいと考える方が多いのですが、まずは実際に取り組んでみることが大事です。実践の場で、自分なりの「相続コーディネート」のあり方、進め方を作りだしていただければと思います。それが不動産業としての仕事作りのきっかけにもなります。

相続はすでに資産家の必須項目であり、いちばんの関心事です。そうしたときに、大家さん、地主さんに近い不動産業者が相談に対応でき、アドバイスし、実務もサポートできるとなれば、顧客サービスの一環となり、信頼関係も深まるはずです。

「○○さんが亡くなった」というときがチャンス、「相続をコーディネートするので、お任せください」と、積極的に取り組んでください。亡くなったら税理士の仕事だと、紹介して終わりでは不動産業の本領を発揮できないばかりか、その後の情報も入らず蚊帳の外になりかねません。「人間関係のできていない税理士や信託銀行に任せるより、普段からつきあいのある私に任せたほうが一生懸命に取り組みます！」といって、自分の仕事として取り組んでみましょう。

不動産業のノウハウが生かせる

相続財産の中に不動産があることは、活用も、分割も、節税も、納税も、不動産で考えないといけないことは何度も説明をしてきました。相続は不動産のノウハウが必要になりますので、「相続は不動産業の仕事」だと言っても過言ではありません。

土地活用としてアパートを建てて賃貸事業を始めると土地の評価も下がり、節税になりますが、具体的なプランは士業や銀行では、アドバイスしてくれません。不動産の分け方はどういう方法が円満で、効率がいいのか、また、現金がない場合はどの不動産を納税用にするのか、あるいは、節税につながる土地の状況など、いずれも不動産業の実務と同じ感覚が必要であり、士業や銀行は、そうした実務はしていないため、やはり、アドバイスしてくれません。

相続コーディネート実務士は、相続の価値を高めて家族の絆を深めるサポート役になることを目的としていますが、その基礎は不動産の実務が不可欠であり、不動産のノウハウを生かしたサポートをすることになります。士業や銀行にはできない仕事だということなのです。

相続対策では、主に、活用されていない土地や空き家、貯めてあるだけの預金など眠っている財産にアプローチすることを考えます。シェアを取り合うのではなく、不動産のノウハウで新たな仕事を創り出すことを考えます。

●相続コーディネート実務士の具体的な実務

相続の実務は生前と相続時の両方とも、多岐にわたる

今までの相続対策は、生前の土地活用のイメージがありましたが、相続コーディネート実務士の具体的な実務は、生前と相続後と、両方ともサポートしています。だからこそ、どのタイミングでもサポートすることができ、つながっていきますので、仕事はエンドレスだということになります。ご主人が亡くなったときのコーディネートをすると、奥さんの二次相続対策をし、奥さんの相続のコーディネートをし、次はその子どもの生前対策をと、いくつもの仕事の委託につなげられます。

主な実務は次のような内容です。

◇生前対策　相続プラン・不動産購入、売却、土地活用、贈与プラン
　生命保険、法人設立、遺言証人業務　など

◇相続後　相続税申告コーディネート、不動産売却、測量・分筆、不動産登記、遺言執行　など

「相続コーディネート実務士」の報酬

相続コーディネート実務士は、法律による規定はありませんので、報酬は独自に決めるようにします。業務によって報酬の決め方は違いますが、財産の額や内容によって、見積額を提示して、申込書に署名をしてもらった上で、実務をスタートさせます。

生前の相続プランは、定額のパッケージ価格にしており、申込書が委託書になっています。おおよそ、現地調査から提案まで1カ月程度を目安としていますので、提案後に報酬を受け取るようにします。

相続税申告コーディネートは、見積りにより、申込書に署名をもらい、意思確認をします。その後、実務をスタートさせるときには、お客様と業務委託契約を締結するようにします。申告期限にもよりますが、数カ月の期間がありますので、最初に半金、業務が終了後に半金を受け取ります。

なお、不動産の仲介手数料に関しては宅地建物取引業法のとおりです。

◇報酬の1例（財産5億円のお客様の相続時から次の生前対策をサポートをした場合）

相続時　……相続税申告コーディーネート200万円、不動産売却300万円　計500万円

二次対策……土地活用コンサル300万円、売却200万円、遺言証人16万円　計516万円

合計　1、016万円のコーディネート報酬　＋　業務分担報酬

まとめ

①「相続コーディネート実務士」の理想
・「オーダーメード相続」の提案
・相続の価値を高め、成功へと導く

②「相続コーディネート実務士」のビジネスモデル
・個別の相続相談でカウンセリング、課題を整理、アドバイス……提案
・業務を直に受託、他の専門家など提携先と協働して実務を行う……受託
・事例をメルマガ、HP、書籍の出版などで紹介……広報
・セミナー&相談会の開催……集客

第3章

相続コーディネート実務士に求められる能力・提案力とは？

●ヒアリング能力……財産と家族の状況を知ることから

相続の相談窓口を作って相談を受ける

相続の相談は年々増えていますので、いろいろなところが相談窓口を開設しています。不動産業者とすれば、オーナー様や地主様など、身近なお客様から相続の相談を受けたいところです。けれども、そうした相続の相談がないということもあるかもしれません。

その場合は、「相続の相談が受けられる」とか、「相続対策ができる」というアピールができていないことが要因かもしれません。お客様は、不動産業者が相続のサポートをしてくれると思っていないということでしょう。

よって、まずは、不動産の専門家としても相続相談の窓口を開設し、随時、相談を受ける体制を作りましょう。そして、相続のサポートをすることをどんどんアピールするようにしましょう。

相続は、財産のことや、家族のことなど、おひとりおひとりの状況について、お客様が自らお話しいただかないと判断がつかないことばかりです。そのため、常に「相続の相談ができる」ことをアピールし、知ってもらうようにします。定期的に、個別相談会を開催したり、セミナーを主催して、会場で相続相談会を開催したりすることも効果的でしょう。

財産と家族のことを隠さず話してもらう

相続の相談窓口では、「お客様が家族や財産の状況をお話しいただくことが目的」です。その場で結論を出してアドバイスができることが理想ではありますが、最初からそうしたことができなくてもかまいません。まずは、お客様が話しやすい状況を作り、気軽にお話しいただくことを目的とします。

相続の相談は、お客様の家族や財産のことを自らお話ししていただきますので、主役はお客様で、相続コーディネート実務士は聞き役になり、必要な情報を引き出すような質問をしていきます。こうしたときは、上から目線で教えてやるというような押しつけがましい態度は避けなければなりません。

財産や家族のことは個人情報であるため、家族間でもオープンにしていないこともあります。信頼関係がないと話をしてもらえない内容ですので、お客様との信頼関係が重要になります。

また、相続税法が改正されて、増税になるため、相続は誰もが考えないといけないことや高齢化が進み、認知症も増えていることなどから、早めに、家族で協力して取り組むことが必要で、そのためのサポートをすることを誠実にお伝えすることで決断を促しましょう。

【ヒアリング能力をアップするには】

○上から目線の押しつけ型ではなく、主役はお客様として聞き役になる
○信頼関係を築き、財産と家族のことを隠さず話してもらう

●現状分析能力……経済面、感情面の課題を見つける

カウンセリングで課題を見つける

漠然と「節税対策をしたほうがいいのではないか」と思っておられる方でも、自分の所有する財産の評価額や相続税額を知らない方が多いといえます。また、相続税がかかると困ると気にされている人でも、その他の課題には意識が及んでいないような現状です。

相談に来られる人でも、「何が課題なのか、わからない」「何からはじめていいか見当がつかない」といわれます。よって、「夢相続カウンセリング」の項目にあわせて、質問をしていくようにします。「経済面」では、①財産に関すること、②申告・納税に関すること、③生前対策に関すること、あるいは、手続き・専門家に関すること、「感情面」では、④被相続人、相続人に関すること、⑤遺産分割に関することとして、各項目5つの質問項目を設けて、財産とご家族がどのような状態かを確認します。あわせて、課題となりそうな不動産の共有や担保提供や連帯保証はないかも確認します。負債が残っていることはないか、負債の内容や返済原資はあるかということも確認します。さらに、現状の財産の構成で、分けられる財産になっているか、分割金・納税資金の余裕はあるか、なども確認します。項目に分けることで課題の整理ができるようになります。

「感情面」「経済面」の課題を分析する

生前の場合、「感情面」では、家族間のトラブルを回避するため、本人の意思や家族の状況がどうかを確認し、遺産分割でもめ事にならないか、遺言書の作成が必要かを判断します。「経済面」では、現金や不動産の贈与、不動産活用や資産組み替えなどの不動産対策などの節税対策の必要性や可能性を判断します。納税資金が確保できる対策、分割財産を用意する対策などが必要かを判断します。

相続後の場合は、「感情面」では、遺産分割でもめ事に発展しないか、不安要素を確認します。遺言書があれば優先しますが、遺言執行のメリット、デメリットも確認します。「経済面」では、土地の評価を下げる余地があるか、地形、面積などにより判断します。そのため、土地は現地調査をし、簡易測量をして地形や現況面積を確認します。広大地に該当するか否かの判断もします。

また、相続税の納税を減らすことができる、小規模宅地等の特例や配偶者の税額軽減の特例等の適用の余地も確認します。

あわせて課題を解決する実務面のサポートも説明し、費用がかかる場合は見積りを提示します。

【現状分析能力をアップするには】

○カウンセリングで全体像を把握すること

○「感情面」「経済面」の課題を見つける

●課題解決能力……課題を解決する方法を導き出す

相続の課題が整理できたのであれば、次は、どのように解決していくかという具体的な手段も明確にする必要があります。何から始めるのがよいか？　どの方法がよいか？　など決断できる方法を提案していかなければなりません。

オープンな相続、オープンな遺言書の提案

相続になる前に家族間の「感情面」の課題が指摘できるとなれば、対策は必須といえます。相続コーディネート実務士は、相続人全員に公平な立場を取りますので、情報をオープンにして共有してもらうことを前提とします。弁護士は依頼された人の味方になりますが、相続コーディネート実務士は特定の相続人の味方になることなく、問題を解決することを目指します。よって、遺言書であっても、家族にオープンにして、皆さんで取り組んでもらうようなサポートをし、余計な争いを誘発しないようにします。

あわせて、「経済面」では、相続税の負担を減らし、納税の不安もなくなる具体策を提案します。たとえば、相続税の予想額や財産分与を目安とした生命保険に加入しておき、分割金・納税資金を準備することもできます。

現金と不動産を活用した積極的な対策の提案

さらに、現金や不動産を活用した積極的な節税対策も提案します。

現金は貯めたままだと相続税で減ってしまいます。定番の現金贈与でもいいのですが、賃貸不動産に替えることで確実な節税効果となり、銀行預金よりもはるかに上回る利回りで賃貸収入として戻ってきますので、提案するようにします。

土地があれば、活用したり、売却して組み替えたりし、形や数を替えることで評価を下げることができます。空き地や空き家で持ち続けてきた人は多いのですが、活用しない土地は評価が下がらないため、負担にもなります。よって、土地の立地や環境から判断し、持ち続けて活用するのがいいか、売却して別の賃貸物件に替えるほうがいいかなどの選択肢を用意します。

このように現金や不動産を活用した対策は、「贈与」「建物」「組み替え」「活用」「法人」などの方法を組み合わせて提案することで節税効果を高めます。いずれにしても、財産は個々に違いますので、おひとりおひとりに合わせたオーダーメードの提案が必要になります。

【課題解決能力をアップするには】

○「感情面」の解決は、家族の争いを誘発しない対策としてオープンな遺言書がカギとなる

○「経済面」の解決は、現金と不動産を活用したオーダーメードの提案が必要になる

●相続対策の発想力……具体的な対策プランを発想、立案、資料化する

ご家族の最良のストーリーを発想する

相続コーディネート実務士は、生前の相続対策、相続後の対策、さらには次の相続対策までといった「相続の全てをコーディネート」します。「オーダーメード相続のストーリーを描き、有形、無形の財産を残す」ことが使命だといえます。

そのため、お客様の財産の維持継承や節税対策だけでなく、ご本人の意思やご家族の気持ちに配慮したストーリーを描くことが大切になります。相続人の意見を尊重しながらも、遺産分割や財産評価、申告や納税について、今までの経験やノウハウを生かして最良のストーリーを提案することで、相続がスムーズに終えられ、これからの生活へつながる道が開けて、家族のコミュニケーションも取れて絆が深まるきっかけ作りをします。

財産を残すだけでなく、身内の争いを残さないことも精神的には大きな財産になります。当事者だけでは感情的になり、冷静な判断ができないこともありますので、そうした感情の整理や橋渡し役となって、争わない無形の財産を残していただくサポートをします。

お客様にわかりやすい資料づくりをする

提案書の内容は、オーダーメードですので、内容は、お客様に合わせて個々に違います。家族の状況から、相続人を特定し、相続税の基礎控除を説明します。財産の内容では、不動産の全部を現地調査しますので、現地写真や地図も載せて、見てわかるような資料にします。公図で地形を確認し、簡易測量で面積を出します。路線価図も合わせて添付します。

全部の財産について確認ができると、財産の一覧表を作成し、相続税クイック診断のフォームを使って相続税を算出します。相続税がかかる場合は、あわせて節税対策の提案内容を用意します。

節税対策に関しては、対策の方法と節税効果、メリット、デメリット、他の選択肢などを、わかりやすく説明した内容にします。難しい内容や数字ばかりを並べても、わかりにくいため、理解して決断していただくためには、できるだけシンプルにし、節税効果などを数字で説明するようにします。お客様に理解いただける目線に合わせた内容にするようにします。

【相続対策の発想力をアップするには】

○ご本人、ご家族に合わせてオーダーメード相続の最良のストーリーを描く
○メリット、デメリットを提示し、お客様が理解しやすい内容の提案書にする

●相続対策の提案力……提案内容を説明、対策の決断を促す

お客様のご家族に集まってもらう

お客様から委託をいただいた内容によって、有料で相続対策の提案書を作りますが、単に書類をお渡ししたのでは、内容が伝わらないでしょう。お客様やご家族に集まっていただき、提案者である「相続コーディネート実務士」が提案書の内容を説明するプレゼン時間が必要です。

相続コーディネート実務士が最良の提案書だと思っていても、お客様やご家族にご理解いただき、前向きな決断をしていただかないと提案の効果は得られません。提案書作りがゴールではなく、それに基づいて次の対策を決断していただくようにしなければなりません。よって、お客様の決断を促すには、相続コーディネート実務士の提案力が非常に重要になります。生前の相続プランでは、委託を受けたお客様はひとりでも、提案の際は相続人となる配偶者や子どもたち全員に揃っていただき、情報を共有することを前提とします。最終的な意思決定はご本人がするにしても、相続人に温度差があったり、知らせていなかったりすると後々感情的なトラブルを誘発しないとも限らないからです。

明るく大きな声で決断を引き出す

相続後であれば、相続人は複数のことが多く、当然ながら全員に同じ資料や情報をお渡しすることを原則とします。特に相続後で遺言書がない場合は、相続人全員の意思確認と合意が必要になりますので、全員と情報共有をすることが鉄則です。

どの場面でも、重要な決断が必要になりますので、必ず書類を作成して説明するようにしますが、相続コーディネート実務士が留意したいのは、明るく、元気に、大きな声でわかりやすく説明すること、専門知識のないお客様に説明することもあり、上から目線ではなく、お客様と同じ目線で説明し、お客様の表情や反応などから理解が得られているか、確認しながら進めていくようにします。

相続コーディネート実務士は提案内容を伝えるだけでなく、お客様の決断を引き出さなければなりません。どんな場面でも、お客様が決断することが大切で、専門家と一緒になって相続のストーリーを実現していくという気持ちも引き出すようにします。

【相続対策の提案力をアップするには】

○明るい笑顔、大きな声で、お客様にわかりやすく説明する
○提案書作りで終わりではなく、それに基づいて決断してもらうことが目的と理解する

●プロジェクトの管理能力……チームリーダーになる

自分がチームリーダーになる

相続コーディネート実務士は、相続のストーリーを描き、相続人の意思を尊重しながら専門家のまとめ役となります。そして相続を仕上げるために、各専門家が案やノウハウを提供しあい、相続人も含めてひとつのチームとなって成果を出すことに全力を尽くすのです。こうした協力体制を取りながら、ストーリーに描いた成果を出すことを目指します。こうして相続人や専門家がコミュニケーションを取り合い、協力して作り上げた相続であれば、ご本人や家族が納得しながら体験していける機会となります。

相続を成功へと導くためには、相続コーディネート実務士が相続に関わるすべての専門家と連携をとり、全員で最良の結果を導き出す努力をしなければなりません。相続は関わった専門家たちがひとつのチームとなり、相続人も一緒になって全力を尽くすことで成果が得られるものです。こうした意味でも相続コーディネート実務士は、相続人と相続の各専門家との両方の橋渡し役であり、ひとつのストーリーを完成させる監督や指揮者のような立場であるといえます。

お客様に選択肢を用意、ストーリーを作る

相続の仕方にはいくつもの選択肢があり、どれを選択するかによってその後のご家族の運命が変わることもあり得ます。だからこそ、相続コーディネート実務士がいくつかの選択肢を提案し、相続人の方が理解しながら選択し、一緒になって進めていくことが必要です。

相続の選択肢を用意するのは、「相続コーディネート実務士」の独壇場と言っても過言ではなく、相続の現場には、不可欠な存在になることでしょう。なぜなら、弁護士、税理士など他の士業の方々は、自分の専門分野にはたけているけれども、感情面、経済面に配慮した相続のストーリーを描く業務はされないからです。

お客様が望んでいることは、「相続税を節税したい」「二次相続もあわせて考えたい」「どのように分けたら円満か」など、切実な問題なのに、士業や銀行はこうした内容のサポートをされないのです。よって、「相続コーディネート実務士」がお客様のニーズに応え、相続の現場で実績作りをすることが急務であり、切望されているといえます。

【管理能力をアップするには】

○相続のストーリーを描くからこそ、リーダーになれる
○相続の選択肢を用意できる専門家になる

相続コーディネート実務士に
求められる能力・提案力とは？
解決！
③課題解決能力
課題を解決する方法を
導き出す
課題
②現状分析能力
経済面、感情面の
課題を見つける
資料作成
④相続対策の発想力
具体的な対策プランを
発想、立案、資料化する
①ヒアリング能力
財産と家族の状況を
知ることから
⑤プロジェクトの
管理能力
チームリーダーになる

まとめ

「相続コーディネート実務士」に求められる能力

①　ヒアリング能力…財産と家族の状況を知ることからスタート
②　現状分析能力…経済面と感情面の課題を見つける
③　課題解決能力…課題を解決する方法を導き出す
④　相続対策の発想力…具体的な対策プランを発想、立案、資料化する
⑤　相続対策の提案力…提案内容の説明、対策の決断を促す
⑥　プロジェクトの管理能力…チームリーダーになる

第4章

提案の基本となる相続対策のポイント

●【感情面】に配慮して、オープンで公平な相続に

財産が少ないほうがもめてしまう。他人事と言っていられない

財産が多いからもめるのではと思いがちですが、現実には、財産が少ないほうが深刻にもめてしまう傾向にあります。資産家であれば手続きのために専門家が入りますので、大変になることは少ないのですが、そうでない場合は、家族で手続きを進めるため、調整役がいません。そのため、もめる相手は、実の兄弟姉妹が圧倒的に多いのです。それも2人、3人と、きょうだいが少ないほど簡単にもめてしまう結果となります。

もめる理由の1つに財産を教えてもらえないことがあげられます。具体的な状況はおひとりずつ違うのですが、亡くなった方と同居をしている兄弟姉妹や配偶者から財産を教えてもらえない、分けてもらえないというのがよくあるケースです。同居して親の面倒を見てきたので寄与分があると言う相続人と同居は寄与とは認めないという相続人の言い分が並行線になります。過去に贈与がある場合、特別受益だとして相続から除外したい相続人と、それは困るとする相続人の主張も対立し、認識の違いにより、ともに譲れません。何年も何十年も前のことまで取り出して責め合うようになります。

財産が分けられないことが争いになる。特に不動産が課題

遺産分割で争いになるのは、財産の多い少ないではありません。もめてしまう要因のひとつには財産が分けられないことがあります。特に、不動産が分けにくいのです。たとえば相続人が複数いるのに不動産は1カ所の場合。親が亡くなったら、家を売却して等分に分けるなら、問題はありません。ところが、相続人の誰かが住んでいて預貯金がほとんどない場合が問題です。住んできた相続人は、住み続けたい、親の面倒を見てきたので、寄与分があると主張し、家は自分がもらうが、お金は残らなかったので、分けるものはないとなります。

自宅と賃貸物件があっても、両方もらいたいという相続人は多いのです。家賃収入には魅力がありますす。しかし、家に住んでいない相続人の言い分は、同居してきたのは親がかりで、家賃も払わずに生活でき、優遇されてきたはず、自分で家を買って出た立場と比べると違いすぎるという意見です。その上、預金が残っていないのは腑に落ちない、親のお金をもらったのではないかと考えます。

不動産が分けられない場合、不動産を相続する人が他の相続人に代償金を払うことがひとつの方法です。財産の中に現金が残っていない場合は、不動産を相続する人が自分のお金を払うようになりますが、このお金（代償金）の決め方が非常に難しいのです。「法定割合の共有なら文句はないはず」と安易に共有にしてしまう方もあり、将来の問題を引き起こすことにもなります。

裁判しても悔いは残る。分け方は決まっても家族の縁は戻らない

相続になると、話し合いにならず、一方的な進め方をされたり、財産の内容を教えてもらえないことで、疑心暗鬼が生まれます。「最初から、家や家業の状況や事情や財産の内容を明らかにして、遺産分割の案を提示してくれるなら、譲ってもいいと思っていたのに、教えてくれないので、財産を隠されたと感じた」という人が多いのです。そういう態度なら許せないと意地になってしまうようです。

普通であれば、家を継ぐ相続人などの代表者が公平な立場で話し合いを進めることが必要なのですが、一方的な進め方をしてしまうとこじれる原因になります。家を継ぐ者が財産を多めに相続したいので教えることは不利という考えかも知れませんが、財産は隠さず全部オープンにすることで、信頼関係が保てるのです。ところが、最初から財産を分けるつもりはなく、教えるつもりもないという場合や、寄与してきたので、もらうのは当然という態度では、まとまるはずがありません。

このように相続人では分割協議がまとまらなくなり、感情的にもこじれてしまうと、次なる解決方法としては、第三者を入れて話し合うことになりますが、第三者は、弁護士や家庭裁判所となります。弁護士や家庭裁判所では、双方の言い分を調停、裁判などにより、主張し合い、最終的な遺産分割を決めますが、相続人間のコミュニケーションは取れなくなります。財産の分け方を決めるだけで、身内の縁は切れるということです。裁判しても相続人には悔いが残る結果となります。

家族のコミュニケーションを取り、オープンで公平な相続をサポート

このように、相続の実例を教訓にすると、家庭裁判所や弁護士に頼るのではなく、家族が適切なコミュニケーションを取って、隠し事をすることなく、財産のことなどをオープンにして、公平な相続ができることが理想です。

「相続コーディネート実務士」の場合、引き受ける業務の内容にもよりますが、財産を所有する本人だけでなく、できるだけ、ご家族全員とお会いし、コミュニケーションを取り、情報を共有することを目指します。特に相続後の場合は、全員から委託をもらって、おひとりおひとりの意思確認をしなければ遺産分割が進みません。その際も、同じ情報を共有するようにし、誰かの一方的な主張にならないことが大切です。とにかく、何事も隠さず、オープンにしないと疑心暗鬼を引き出し、一生悔いが残ります。できるだけ悔いを残さない解決をしておくことが大切です。

[遺産分割協議の分析結果]

(平成26年1月1日～平成26年12月31日)

①遺産額

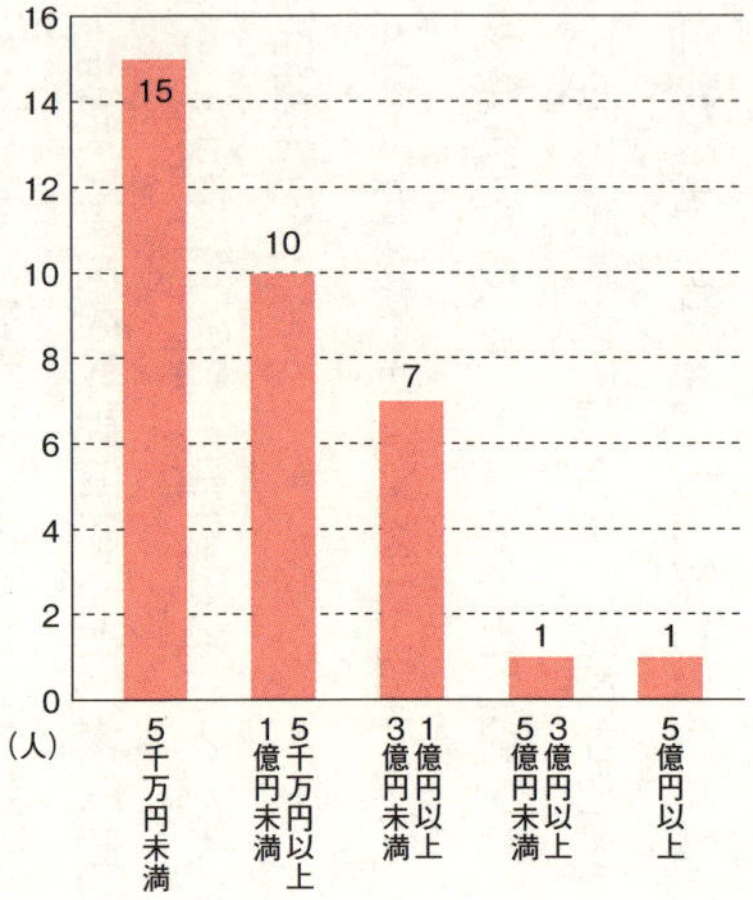

②相続人数

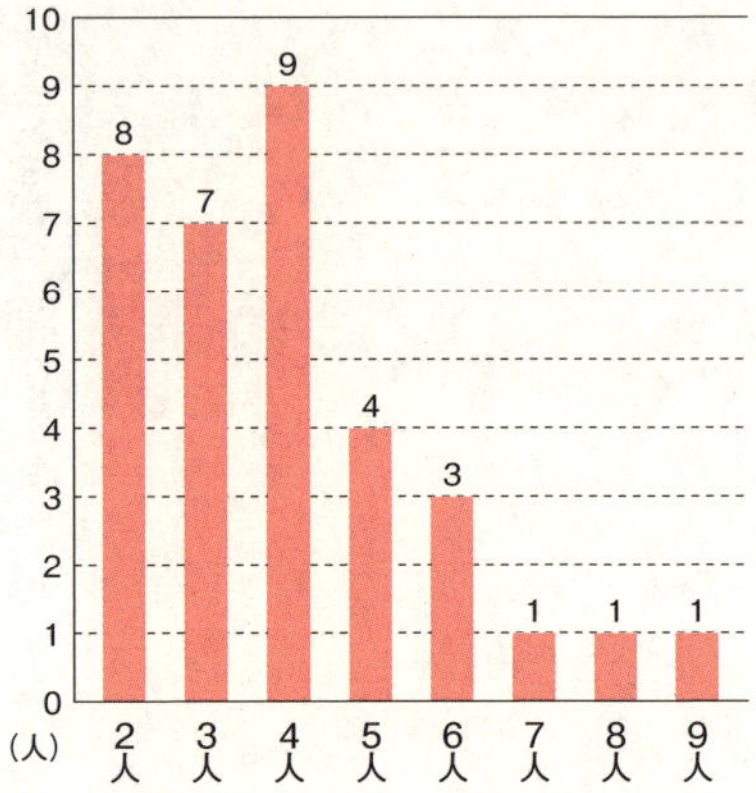

③遺言書の有無

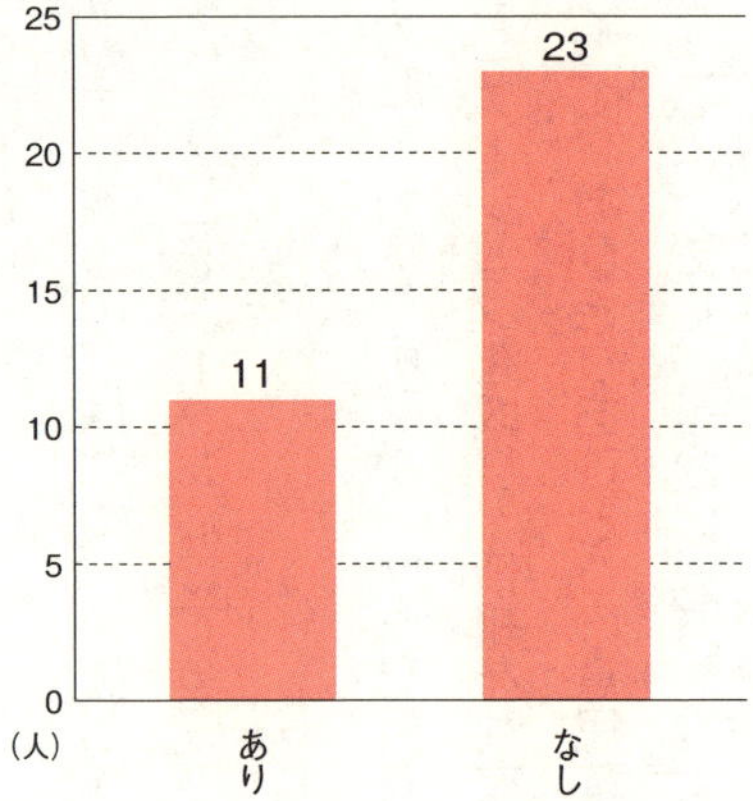

④相続税申告の有無

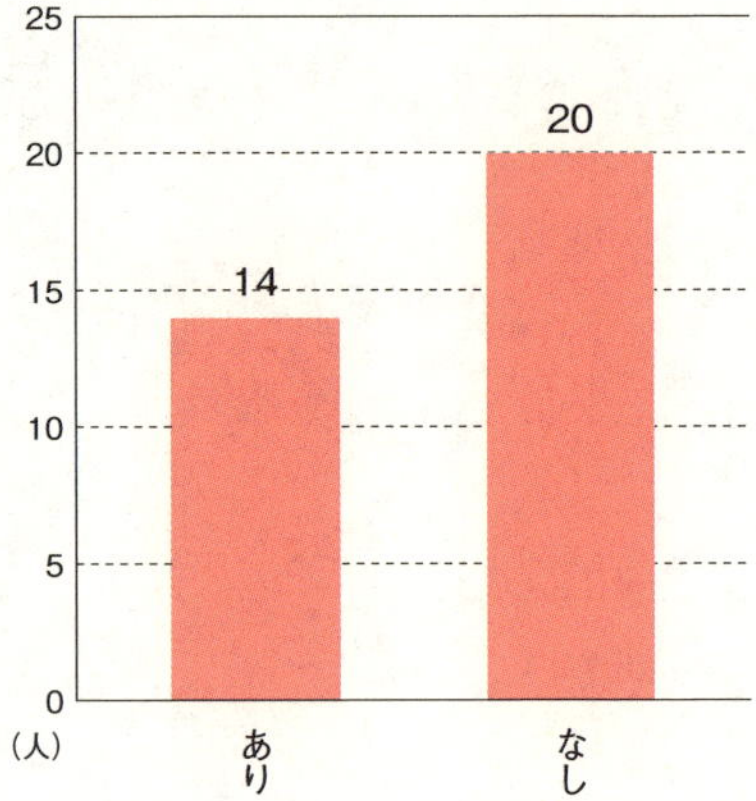

[遺産分割の相談者分析①]

もめている理由　（相続相談で遺産分割に関する内容・平成19～26年 391人）

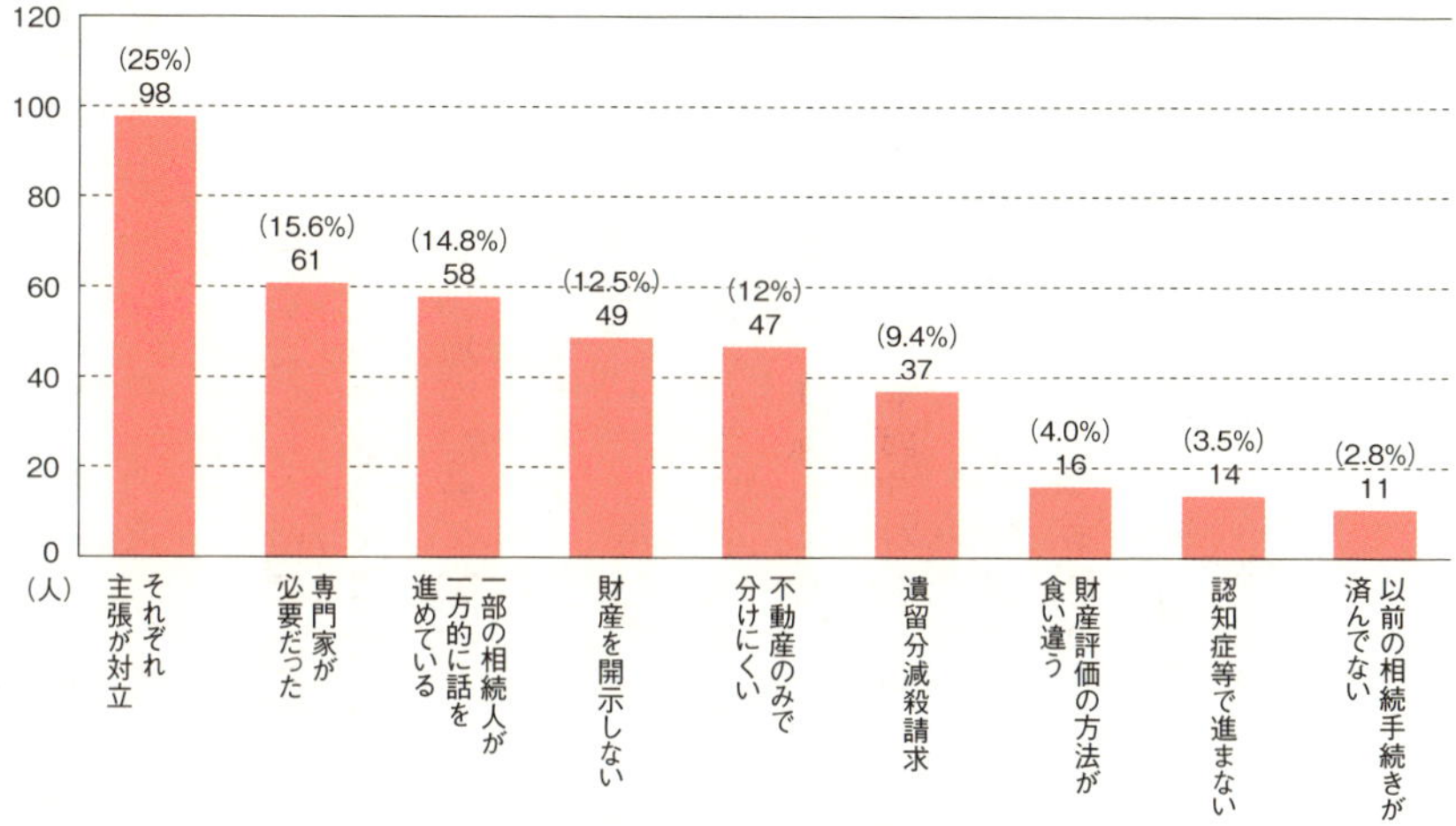

[遺産分割の相談者分析②]

もめている相手方との関係　（相続相談で遺産分割に関する内容・平成19～26年 391人）

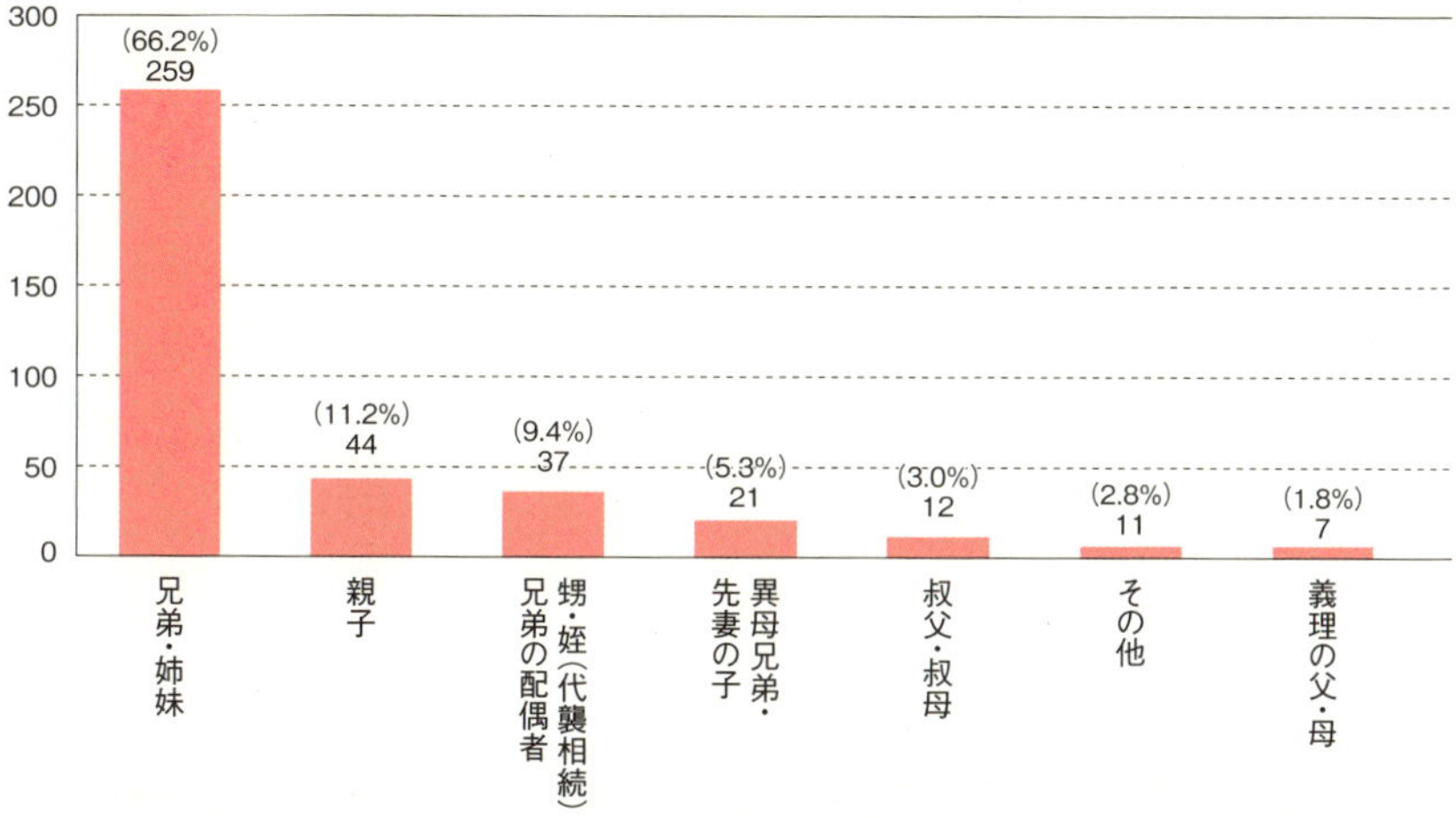

●家族がもめないように、サポートする専門家になる

「相続させる立場」と「相続する立場」の両方をつなぐ役割

相続になると、相続人の方々の人柄や家族の人間模様まで隠すことができない事態になることもあります。亡くなった方の意思が見えないと相続人はそれぞれ自己主張をし、相手を責め、長年の不平や不満をぶつけ合う場となることもあります。

そうした場面では、相続人の本音のぶつかり合いばかりで、亡くなった方への感謝や尊敬の念は飛んでしまいます。たとえどんなに立派な方でも、最後の締めくくりがそんな状態では、亡くなった方の評価も、残された家族の評価も半減するというものです。

相続では、配慮のある生前対策をしておく必要があります。相続になっても乗り切れる財産にしておくことも大切ですが、そうした経済面の対策だけでなく、もめないように感情面の対策をしておくことが重要課題といえます。意思を残すことは権利であり、義務でもあります。

「相続コーディネート実務士」は、相続させる親の立場のお客様と、相続する子どもの立場のお客様と、両方ともコミュニケーションを取り、家族をつなぐ役割をします。

相続を円満に乗り切るためのサポートをする

相続を円満に乗り切るには、本人の意思が残っていることが最良の説得材料になります。生前であれば、意思を残してもらうべく、遺言書作りをサポートします。相続後、遺言書がない場合は、互いに譲歩して家族でまとめるようにサポートします。

【生前】相続を円満に乗り切るポイント

・普段からコミュニケーションを取っておく……いざとなっては円満にいかない
・財産や生前贈与はオープンにしておく……疑心暗鬼のもとをつくらない
・寄与や介護の役割分担の情報共有をする……一方的な主張にならないようにする
・遺産分割でもめないようにしておきたい……遺言書で意思を残しておけば説得材料に

【相続後】円満な遺産分割協議をするポイント

・代表者が公平な立場で話し合いを進める↓一方的な進め方はこじれる原因になる
・財産は隠さず全部オープンにする↓オープンにすることで信頼関係を保つ
・寄与や特別受益も考慮して互いに譲歩が必要↓一歩も譲らず、ではまとまらない
・感情的な話は持ち出さない↓前向きな話とし、過去のことは持ち出さない
・必要以上に責め合う場にしないよう配慮する↓一言が一生許せなくなり、縁も切れる

●【経済面】生前の対策は「財産を減らすこと」＋「評価を下げること」

節税のしくみを知ろう①「財産を減らすこと」

相続税は累進課税で、課税額が高くなるほど税率も高くなる仕組みです。財産が多くなれば、相続税も高くなり、財産が少なくなれば、相続税も少なくなります。よって、相続税を減らすためには「財産を減らすこと」と「評価を下げること」が対策となります。

「財産を減らすこと」の代表格は「贈与」です。中でも現金の贈与は節税対策のもっとも手軽な方法です。贈与税の基礎控除は年間110万円ありますので、計画的に取り組むことができます。「教育資金の一括贈与」や「結婚・子育て資金贈与」も創設され、「住宅取得資金贈与」もありますので、贈与の活用は広がっています。ただし、いくつかの要件があり、それを満たす必要があります。

現金贈与ではなく「不動産の贈与」という方法もあります。現金よりも不動産の評価のほうが低くなる特徴を生かし、正味価値よりも低い価格で贈与することができるので、節税効果も大きくなります。配偶者に居住用の不動産や住宅を取得するための現金を贈与する場合は、贈与税の特例がありますので、効果的に活用しましょう。

節税のしくみを知ろう②「評価を下げること」

「評価を下げる」代表格は「不動産」です。不動産のうち、土地の評価額は「路線価×面積」で算出されますが、土地は、たとえ同じ「路線価」の道路に接しているとしても、その形状等は個々に違いがあり、評価する土地には何らかのマイナス要因を含んでいることがあります。必ずしも「路線価×面積」が適正な評価とはならないのです。こうした状況を正確に判断するには、土地の現地調査をし、マイナス要因を把握することによって、土地の評価減を引き出します。

一定面積以上の土地は、広大地であり、要件を満たせば評価が下がります。広大地とは、その地域における標準的な宅地に比べて著しく地積が広大な宅地で、分譲をする場合に道路負担などが必要とされる土地です。ただし、道路の状況や周辺の環境などにより、広大地評価ができないこともあり、個別の判断が必要です。また、土地を貸す（貸地）、賃貸住宅を建てる（貸家建付地）ことでも評価は下がり、現金を不動産に替えることでも評価が下がりますので、それぞれが節税対策になります。

相続後の対策は「評価を下げること」＋「納税を減らすこと」

相続後は、生前に行う贈与ができません。相続後の節税対策は、「評価を下げる」＋「納税を減らす」ことになります。納税を減らす主なものは、「配偶者税額軽減」と「農地の納税猶予」です。

［相続後にできる相続税の節税対策例］

財　産	評価を下げてできる節税	財産を減らしてできる節税
現　金	×　要注意。名義預金が増える	×　（○寄付）
株	×　要注意。名義株が増える	×　（○寄付）
生命保険	△　非課税枠がある（500万円×法定相続人数）	×
不動産	○　土地評価（広大地、不整形地、接道、特殊要因など） ○　分筆（取得者ごとに分ける） ○　小規模宅地等の特例 ○　時価評価（売買価格） ○　鑑定評価	×　（△寄付）

納税の減額	配偶者の税額軽減	農地の納税猶予

［生前にできる相続税の節税対策例］

財　産	評価を下げてできる節税	財産を減らして できる節税
現　金	○　不動産を購入 ○　建物資金に利用	○　贈与 普通　110万円 教育資金　1,500万円 住宅取得　500～1,500万円 配偶者控除　2,000万円 結婚・子育て資金　1,000万円 ○　寄付
株　式	○　同族会社株であれば計画的に評価が下がる状況を作る	○　贈与
生命保険	○　非課税枠1人500万円	○　現金→保険加入
不動産	○　土地活用、資産組替 ○　分筆 ○　広大地確保 ○　小規模宅地等特例要件	○　寄付 ○　贈与 ○　売却→現金→購入

その他 対策	養子縁組 （基礎控除増 1人 or 2人）	法人設立（現金増を回避）

節税は3つのステップで考える

対策に取り組む際の節税については、次の3つのステップに分けて考えます。

1．相続発生時に可能な節税
2．生前贈与などの特例を利用してできる節税
3．現金・不動産を利用してできる節税

1．親が認知症などで積極的な対策が何もできない場合でも、相続税の申告のときにできる小規模宅地等の特例などを適用してできる節税を検証します。土地の評価についても広大地評価、不整形地など節税の可能性を確認します。遺産分割がまとまることが前提となります。

2．生前にできる贈与を主とした対策を検証します。配偶者の贈与特例を適用した自宅の贈与や不動産の贈与などを活用してできる節税を検証します。

3．現金や不動産を使ってできる積極的な節税対策について検証します。生前だからできる対策で、不動産を売却、購入、活用してできる節税、現金で不動産を購入してできる対策で節税できます。生前対策では、不動産を活用することで、確実な節税が実現します。不動産対策には、【贈与】【贈与】【建物】【購入】【組み替え】【活用】【法人】など、いくつも方法があり、組み合わせによって節税効果を高めるようにします。具体的な内容を次に説明します。

[現状分析と課題]

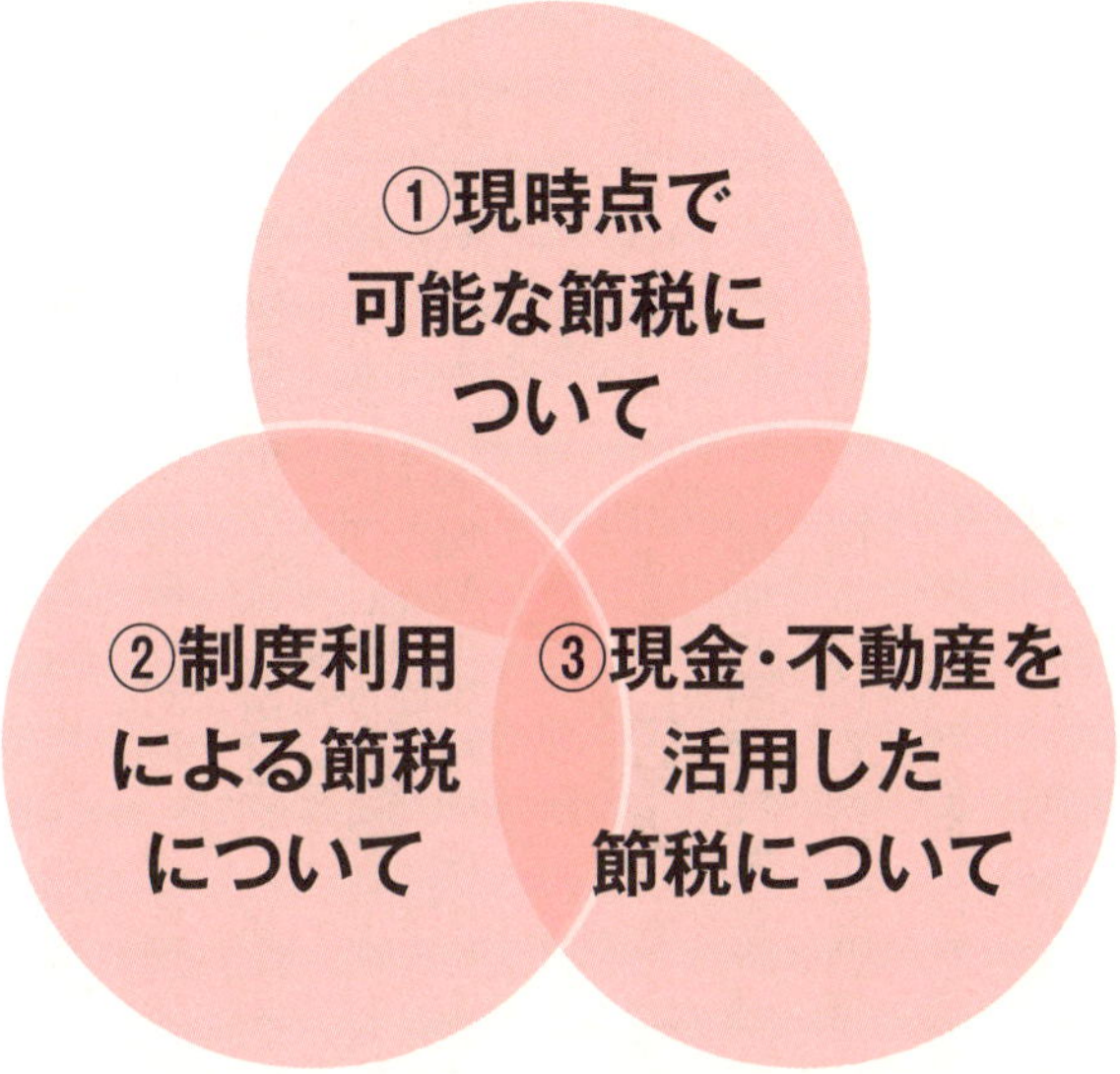

① 現時点において相続発生時に適用可能な節税対策の検証を行います（特例・広大地など適用）。

↓

② 生前にできる対策を検証します（現金や不動産の贈与、養子縁組など）。

↓

③ 現金や不動産を活用してできる積極的な節税対策を検証します（不動産の活用・購入・組み替え・生保など）。

●不動産でできる節税対策

【贈与】自宅を配偶者に贈与して節税する。配偶者の贈与の特例を利用

婚姻20年以上の配偶者には特例があり、居住用の不動産や住宅を所得するための現金を贈与しても2,000万円までは贈与税がかかりません。通常の贈与を組み合わせると2,110万円までは贈与税がかからずに財産を受け取ることができます。相続になる3年以内でも贈与が成立しており、相続税は課税されません。登記費用や取得税がかかりますが、一番手軽で確実な節税になります。

【贈与】不動産を贈与して節税する。現金よりも土地で贈与するほうが有利

不動産は時価よりも低い路線価や固定資産税評価額で評価されますので、より多くの価値を贈与することができます。住宅購入資金として現金を贈与してもらうより、親が住宅を購入して贈与してもらったほうが節税になります。また、賃貸物件を贈与すれば、相続税の節税だけでなく、所得の分散をすることで所得税の節税効果もあり、納税資金として蓄えることができます。

相続時精算課税制度では、贈与財産が贈与時の価額で相続時に加算され、節税にはなりません。

[区分マンション（東京都中央区）を購入して賃貸した実例]

定期預金
利率0.025%
（1年定期全国平均
平成27年9月現在）

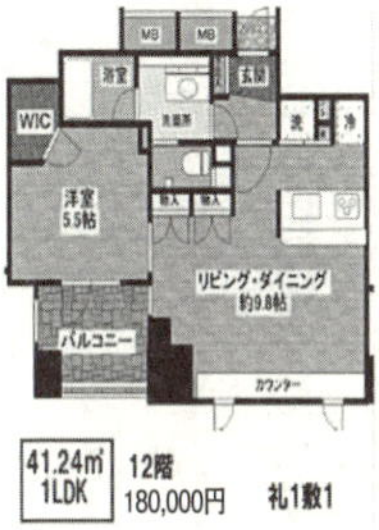

賃貸不動産
利回り6.7%

建物（時価） 2,120万円 → 固定資産税評価額 40%→25% 535万円 → 貸家評価 70% 374万円 → 購入価格の17.6%の評価となる

土地（時価） 1,060万円 → 路線価評価 80%→48% 514万円 → 貸家建付地評価 76% 390万円 → 購入金額の36.7%の評価となる

→ 24%の評価となる

（通常 公示価格×80%＝路線価）

購入価格 3,180万円 → 評価額764万円（24%） → 2,416万円評価減（76%）

※現金3,180万円で区分マンションを購入して賃貸した場合の実例検証

【建物】現金を建物に替えると節税になる。建物は固定資産税評価額となる

建物は、相続の時には実際にかかった建築費用ではなく、固定資産税評価額で評価をされます。一般的には、評価額は土地については時価の60～70％（公示価格の70％）、建物については建築費の50～70％ぐらいだとされていますが、現実の評価はこの割合以下のことが多く、建築費の半分以下になるイメージです。

建物を賃貸していれば貸家となり、固定資産税評価額の70％として評価されます。よって、賃貸住宅の建築代金は借入ではなく現金で支払うことで、確実に節税となります。

【購入】資産は多額の現金より不動産で持つ（資産の組み替え）

預金のままでは評価を減らすことはできません。むしろ税務調査の対象となり、家族名義の預金などを指摘されて追徴課税されます。よって貯め続けるのではなく、現金で「賃貸不動産を購入すること」が節税するには効果的な方法です。現金を不動産に替えることによって評価が下がります。

たとえば、現金で１億円（建物５、０００万円、土地５、０００万円）の賃貸マンションを購入し、賃貸した場合、建物は固定資産税評価額（購入価格の40％程度）となり、貸家評価で70％になります。土地は路線価で約80％になり、さらに貸家建付地となり約80％になります。

[土地を活用して賃貸住宅を建てると節税効果が得られる]

路線価4,500万円（450㎡　路線価10万円／㎡）の土地に
1億円借りて賃貸マンションを建築した場合

建物

事業費（借入）
△1億円③
建物価格（90%）
9,000万円

→ 固定資産税評価（40%）
3,600万円

→ 貸家評価（70%）
2,520万円②

建物9,000万円が2,520万円の評価になる（28.0%）

土地

路線価
4,500万円

→ 貸家建付地（82%）
減額
△810万円①

土地4,500万円が3,690万円の評価になる（82%）

建物評価額は建築費の40%と想定
借地権割合は60%で算出

節税効果

①＋②＋③
△8,290万円評価減となる
税率50%の場合、相続税は
4,145万円減らすことができる

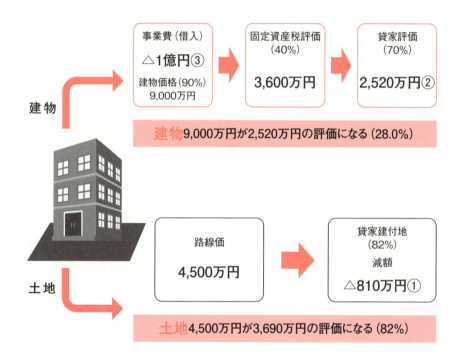

【資産組み替え】相続した土地を守るより価値を上げて残す（不動産の買い替え）

多くの土地や大きな土地を所有する場合、そのままでは節税対策はできません。返済もなく固定資産税分程度のマイナスだとしても長年では負担になります。そうした土地は売却して、売却代金で建物を建てたり、賃貸マンションを購入したりし、収益を上げられる不動産に組み替えていくことで節税になるのです。いままでどおり持ち続けるのではなく、たとえば、空き地を売却して、複数の区分マンションに買い替えることで節税になり、収益も改善されます。空き地や空き家など、自分では利用しない不動産は役目を終えたと考え、活用する人に売却することで土地本来の価値が生かされます。

【活用】土地に賃貸住宅を建てて賃貸事業をする

賃貸事業に適している土地は、活用して賃貸住宅を建てることで相続税は大きく節税できます。節税効果は次のように計算します。①建てる土地は「貸家建付地」評価となり、借地権が60％、借家権が30％のところは更地評価から18％を引くことができ、82％となる。②建築費の借入金は負債として引くことができる。③建物評価は固定資産税評価額となり（建築費の40％程度）、賃貸物件の場合は借家権30％を引いた70％評価となる。賃貸事業は「小規模宅地等の特例」があり、200㎡までは50％評価減できます。居住用の特例が使えない場合、賃貸物件を所有することも一案です。

[不動産を活用してできる節税対策は多い]

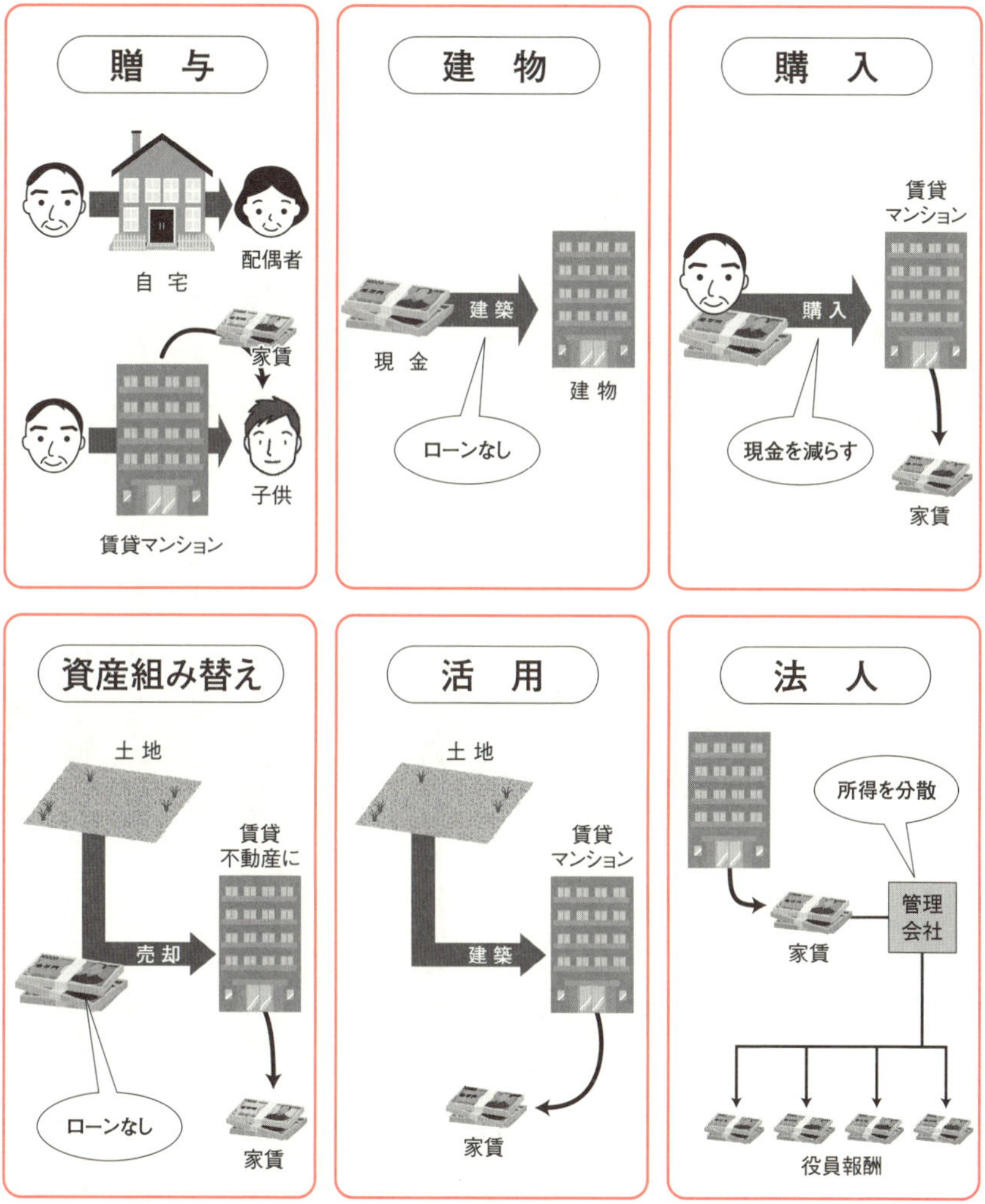

組み合わせて節税効果を高める

【法人】賃貸経営の会社をつくって資産増を回避する（賃貸管理会社）

賃貸事業を始めると家賃が入るようになり、所得税が課税されますが、それでも手取りが増えることで、現金が財産として残っていくことになります。そうした場合、現金が増えるのを避けるために、賃貸管理会社を作り、会社に家賃の一部を払うようにすれば、現金が増えることを防ぎ、所得税の節税にもなります。また、配偶者や子どもなど親族に役員報酬を払うようにすれば、納税資金を貯めることもできます。

賃貸管理会社には、アパート・マンション等を一括にして貸し付ける方法（サブリース方式）と、管理会社にそのアパート・マンション等の管理をまかせる方法（管理委託方式）とがあります。管理委託方式は、管理の実務が必要で10％程度を管理料として受け取るのが一般的で、サブリース方式では、家賃の15％程度を法人の収入とするのが一般的です。他に賃貸物件を法人が所有する「所有方式」もあり、この場合は会社が家賃の全額を受け取ります。

[節税の基本評価の仕方には違いがある]

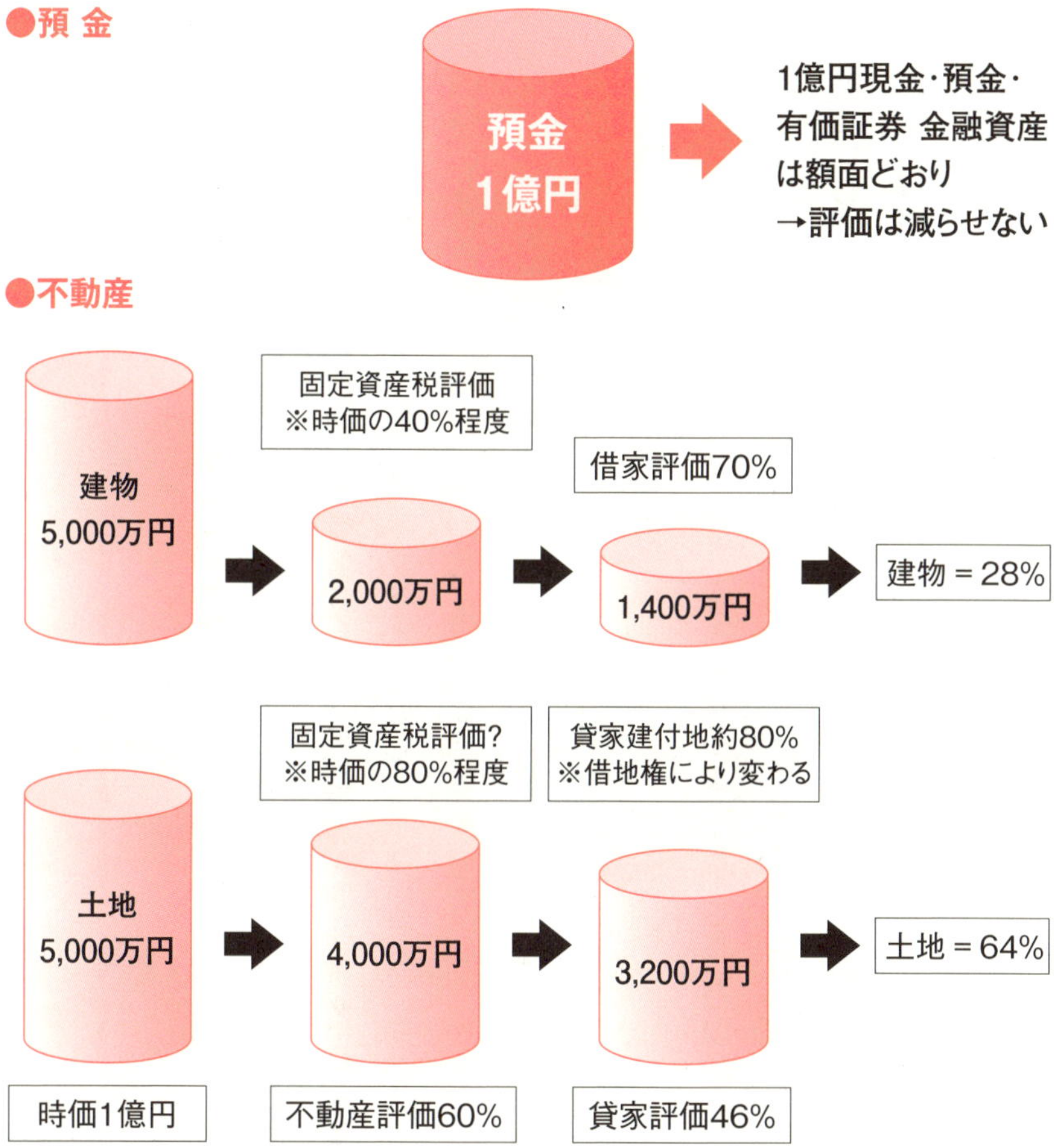

1億円の現金で土地5,000万円、建物5,000万円の1棟アパートを購入したと想定して評価を検証すると、4,600万円になる。

不動産評価の特徴が節税効果となる

●節税対策の基本

評価の仕方には違いがある「現金」vs「不動産」

現金（預金）の価値は一定で変わりません。価値が変わらないのは安心ですが、節税を考えると、現金（預金）をそのまま持ち続ければ、価値が変わらないだけに、相続税は節税できません。

ここで知っておきたいことは、現金と不動産の評価の仕方の違いです。前述のとおり、現金は金額がそのまま価値となります。しかし、不動産は評価の仕方が違うのです。

土地は路線価で評価し、時価の約8割になります。賃貸していれば借地権、借家権を掛けた割合を引くのでさらに8割になります。建物は固定資産税評価で評価しますので時価の4割程度になり、貸していれば借家権を引いた7割になります。

たとえば、現金1億円で1棟マンションを買うとすると、土地は5、000万円の0・8×0・8＝0・64となります。建物は、5、000万円の0・4×0・7＝0・28となります。土地、建物を合わせると46％となり、半分以下の評価になります。よって、現金（預金）で持ち続けるよりも、賃貸不動産を購入したほうが半分以下の評価に変わり、節税になります。

不動産の評価の検証　①区分マンション

前述の1億円の場合は、土地にアパートが建っている1棟マンションを想定しましたが、共同住宅の1室、区分所有の分譲マンションを購入する場合も検証してみましょう。

区分マンションの土地は共有であり、全体のうち一部を所有していますので、一般的には、土地の価格よりも建物の価格が大きくなります。実例を検証すると、3,180万円で購入して賃貸している区分マンションは、764万円の評価となり、購入価格の24%に下がります。よって、1棟マンションよりも建物価格の割合が大きい区分マンションのほうが節税効果が高いのです。

不動産の評価の検証　②土地活用

所有する土地を活用して賃貸アパートを建てる場合、土地は、他人に賃貸している借地権と借家権をリスクと想定し、掛けた割合を引くようになります。この貸家建付地評価は約8割になります。建物は資産として増えますが、固定資産税評価となり、借家権をかけて7割になります。さらに、建築資金のための借入金は財産から差し引いて計算しますので、結果的にマイナスのほうが大きくなり、節税になります。450㎡の土地に1億円を借りて賃貸アパートを建てると、8,290万円の減額となり、税率50%であれば相続税が4,145万円減らせるのです。

[相続税の全体像を知っておく]

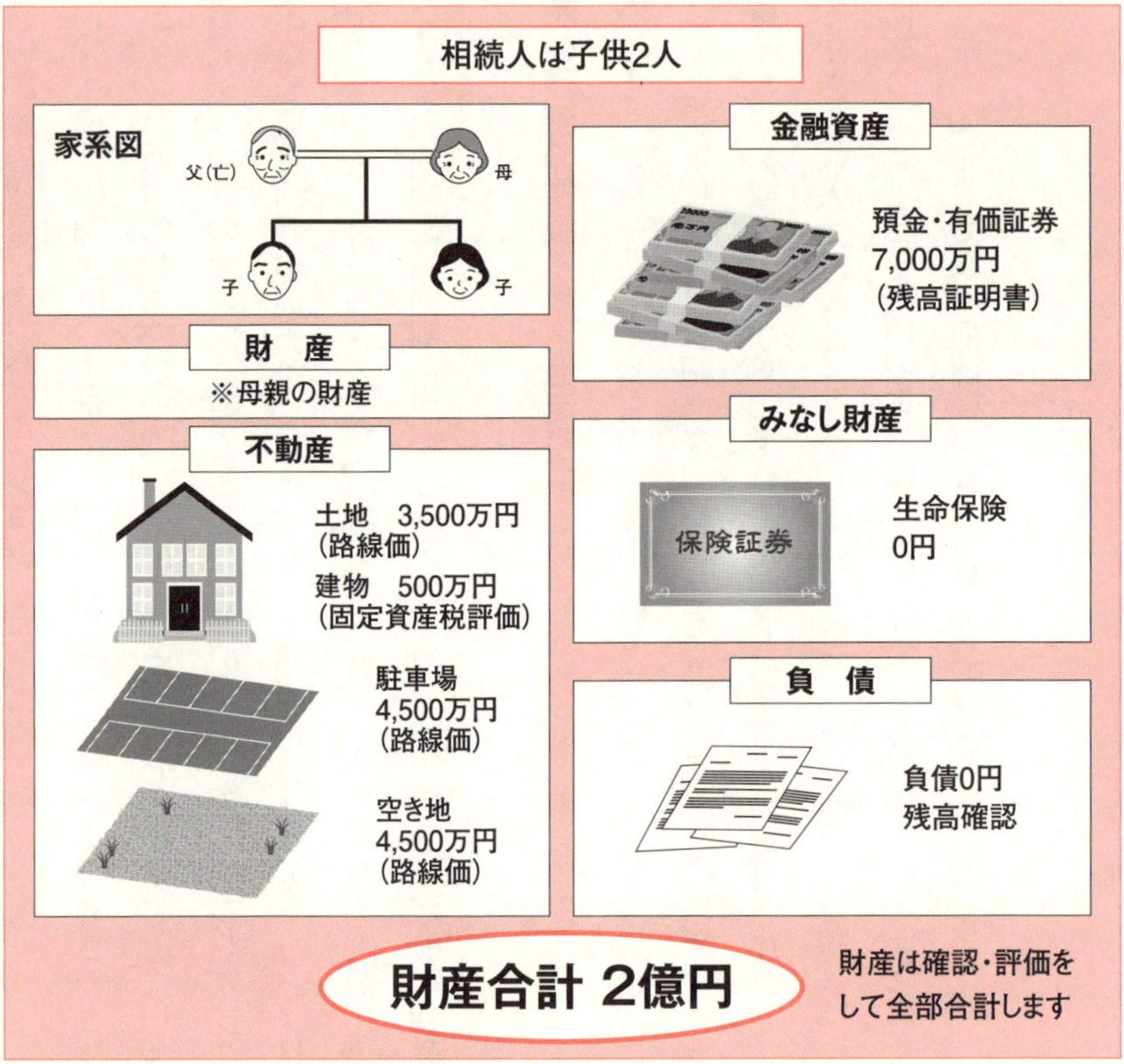

●相続税の計算

財産価格 2億円
基礎控除 ▲4,200万円（3,000万円+600万円×2人）
課税財産 1億5,800万円

1億5,800万円÷2=7,900万円（1人分）
7,900万円×税率30%−700万円=1,670万円
1,670万円×2人=3,340万円

相続税 3,340万円

相続税は現金から払えるが、減ってしまう

基礎控除を超えると相続税が課税される

［節税の基本　相続税の節税イメージを知っておく］

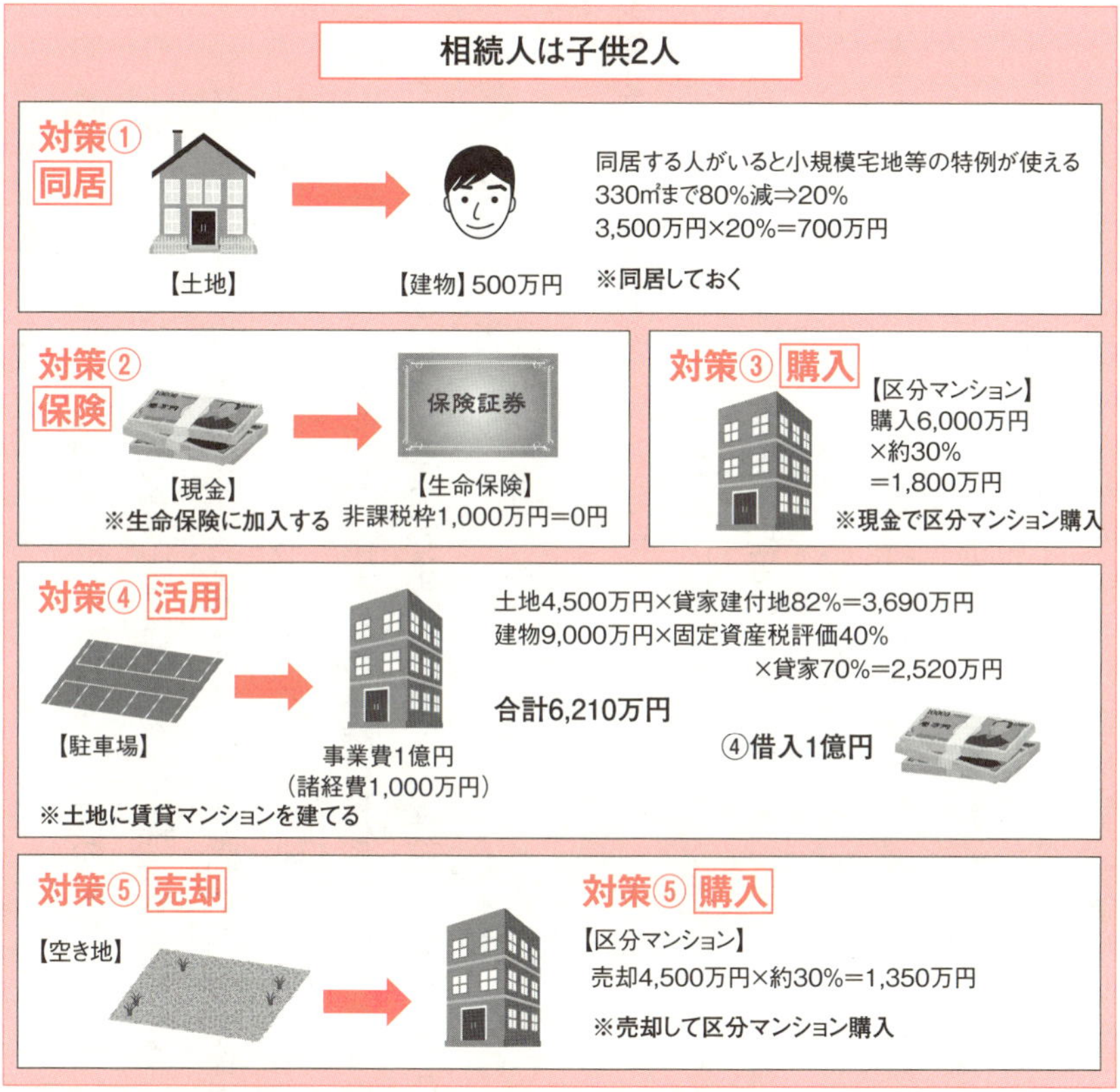

同居なしのパターン

①3,500万円+500万円→同居なし
②0円
③1,800万円
④6,210万円−1億円
⑤1,350万円

財産合計
3,360万円

差引合計 3,360万円
基礎控除 ▲4,200万円

→ **相続税 0円→申告も不要**

※②〜⑤を実行すれば
同居しなくても相続税は0円

生前に対策をすれば節税は可能になる

相続税の算出方法を知っておこう

一般的な財産の評価や相続税の計算は、そう難しくはありません。財産を全部評価して足したり、引いたり、掛けたりするだけのシンプルな作業です。土地は路線価あるいは倍率で評価し、建物は固定資産税評価をします。現金・預金、有価証券は残高を確認し、生命保険の死亡保険金などを足し、ローンなどの負債は引きます。自宅土地3、500万円、建物500万円、駐車場4、500万円、空き地4、500万円、預金7、000万円、生命保険と負債がない場合、財産は2億円です。相続人が子供2人だと相続税は3、340万円です。預金から相続税は払えますが、相続のときに預金は半分に減ってしまいます（P86参照）。

節税対策のイメージを知る

相続になって財産が減ってしまうのは残念です。そこで生前それぞれの財産につき対策を取ります。①自宅は同居していれば、小規模宅地等の特例を適用できます。②預金7、000万円のうち、1、000万円は生命保険に加入、一時払いします。③預金6、000万円で区分マンションを購入し、賃貸します。④駐車場には、1億円借り入れして賃貸マンションを建築します。⑤空き地は売却し、区分マンションを購入します。②～⑤につき、全部を実行すると財産評価は3、360万円となり、①の同居をしなくても基礎控除の範囲内の財産評価に変わります。相続税は0となり、申告も不要になります。このように生前対策をすることで相続税は簡単に減らせます（P87参照）。

●節税対策のヒント

①評価を下げるために形を替える

相続税を下げるには、財産の評価を下げなければなりません。財産の内容は様々ですが、そのままでは評価を下げることはできないため、財産の形を替えることを考えます。相続税の基礎控除を基準として、形を変えて、バランスを取るように対策をします。

たとえば、土地が多い場合は数を減らします。広い場合は一部、または全部を売却するようにします。現金が多い場合は、贈与で減らしたり、保険や不動産に替えるようにします。

②不動産から収益を得る

不動産は、持っているだけで収益がなければ、固定資産税や維持費がかかり、財産とはいえないばかりか、相続税の節税効果はありません。節税対策を考える場合、多くの土地を持つよりも、形を替え、評価を下げて相続税を節税しながら、収益があがる不動産として所有することが財産となります。

③空き地のままにしておかない

何度も繰り返しになりますが、空き地は、その土地から収益が生まれないため、固定資産税分の持ち出しとなり、相続税の減額要素がありません。そのままでは負担になります。土地は、建物を建てて住んだり、貸したりしないと、評価が下がらず、税金も減らせません。

駐車場にして駐車料金が入っていたとしても、相続税は減らせません。駐車場には建物が建っておらず、更地ですので、空き地とおなじ100%評価で減額の要素はありません。ただし、アスファルトや砂利敷きにした貸し駐車場であれば、貸付事業用小規模宅地等の特例を適用することができ、200㎡、50%の評価減を選択することが可能になります。

④空室のままでは効果はない

賃貸住宅でも入居者がいるか、サブリース契約をしていなければ、貸家評価にはなりません。家賃を受け取って、税務署に申告、納税をしていなければ貸家評価ができないのです。空室には節税効果はないということです。たとえば10室のうち入居者があるのが5室、残りの5室が空室となったままのアパートで、いずれ壊すつもりでリフォームもせず、募集もしていなかったという場合、相続のときは、「貸家建付地」は敷地の半分だけとなり、効果は半減します。

⑤空き家のままでは負担になる

全国で空き家が増えて問題になり、平成27年2月に「空家等対策の推進に関する特別措置法」（空家対策特措法）が施行されました。老朽化して倒壊しそうな空き家や防犯上の不安が生じるような空き家に関しては、行政より解体命令が出せるようになったのです。そうなると、今まで建物が建っていれば、土地の固定資産税は6分の1とされていた優遇措置が撤廃されますので、固定資産税は一挙に6倍になります。

活用していない土地は建物の解体だけでなく、土地の処分や活用も検討することが必要です。

⑥現金（預金）も持ち続けない

預金はかつてない低金利で、ほとんど利息がつきません。預金が増える時代でもないのに、貯め続けていると、相続になったとたんに貯めてきた預金も相続税が課税されます。相続税で減ってしまうのです。さらに、最近の相続税の税務調査は、預金調査が中心で、亡くなった人の名義だけでなく、家族名義の預金を調査され、申告漏れがあると追徴課税されます。このような状況からも財産を銀行預金で持つことは節税できないばかりか、方法を間違うと税務調査の対象にもなるのです。預金で持つことは安心とはいえず、リスクもあると考えなければなりません。株式なども同様です。

⑦生命保険の非課税枠は活用したい

生命保険の死亡保険金には、相続人1人につき500万円という非課税枠があり、その分は節税となります。ところが、年齢が高い方の場合、60歳くらいで保険の満期を迎えたあと、生命保険に入っていない方が多いようです。また、非課税枠があるというメリットを知らない人もいるようです。

そこで、預金があれば、70代でも80代でも、一時払いをすれば入れる生命保険がありますので、死亡保険金を受け取ることができる生命保険に加入し、非課税枠は効果的に使い切るようにします。

まとめ

①　相続対策をするときのポイント（感情面）……相続争いのリスクを回避するサポートが必要。生前対策は家族みんなで

・「相続させる立場」と「相続する立場」の両方で考える

・生前対策は意思確認がとれるうちに行う（認知症になったら前向きな対策ができない→後見人は財産管理だけ）

・遺産分割でもめたら、節税できない（もめない対策が必須）

・遺言書はオープンにする（隠し事から、もめ事になる）

・遺言書はこっそり作らない（誰かが作らせたという疑いは持たせない。全員に知らせておく）

・遺産分割は公平にするのが無難（遺留分には配慮しておく）

・公平に分けられないときは理由を明記する（付言事項を活用し、理由や意思を書いておく）

・財産のことだけでなく、感謝や気持ちも残す（全員に向けたメッセージや思いは最良の説得材料になる）→〝配慮のある遺言書〟があれば深刻なもめかたはしない

②　相続対策をするときのポイント（経済面）……「財産を減らすこと」＋「評価を下げること」

・節税は3つのステップで考える

ＳＴＥＰ１　相続発生後に可能な節税

ＳＴＥＰ２　生前贈与などの特例を利用してできる節税

ＳＴＥＰ３　現金・不動産を利用してできる節税

③　節税の基本を知っておく

④　節税のノウハウ

・評価を下げて収益を得る

・空き地のままにしておかない

・空室のままでは効果はない

第5章

相続コーディネート実務士の実践業務

●【相続相談】ヒアリングから有料業務の委託の獲得まで

①相談内容ヒアリング＝カウンセリング

相続は個別事情ですので、お客様から具体的な内容をお話し頂く必要があります。そのため、「相続相談」として、お客様に来てもらうようにします。「ＨＰ」「セミナー」「書籍」などで、常に「相続相談」ができることを情報発信しておきましょう。財産の確認や相続税クイック診断、課題の整理、提案、解決に向けてのアドバイスから有料業務への委託につながるようにします。

「相談シート（お客様カード・財産内容）」…事前に、家族構成や現状（生前・相続後）や質問内容を記入して送ってもらうようにすることで準備ができます。不動産や動産など財産の内容も記載してもらいます。

相談は3名で対応…主なヒアリング担当、資料の確認や評価、データ入力や、有料業務の説明、見積もりの提示など、３人が役割分担をしながら、協力して相談に対応します。

ヒアリング…お客様の現状や不安をお聞きします。相続人のこと、財産のこと、遺産分割のこと、申告・納税のこと、生前対策のこと、専門家のことなど、いろいろな項目が関わってきます。

カウンセリング…「夢相続カウンセリング」シートを活用して、状況を確認します。

②財産内容確認、【相続税クイック診断】

相続相談の時間に【相続税クイック診断】をすることで、財産の全体像を確認します。

最初に、「相談シート」にて、生前か、相続後かを確認します。家族構成を確認し、生前であれば〝本人〟、相続後であれば〝被相続人〟を確認し、相続税算出のもとになる〝相続人の数〟と〝基礎控除〟を出します。

次に、相続財産の内容を確認します。不動産の固定資産税納付書、謄本、公図など手元にある書類を持参してもらいます。土地の所在地を地図（グーグルマップなど）で確認し、利用状況も確認の上、路線価あるいは倍率により、評価を算出します。建物は固定資産税評価額となります。預貯金、株式、生命保険などの金融資産については、概算をお聞きします。債務についても確認します。

【相続税クイック診断】のフォームに、相続人の数、財産の明細を入力し、財産の総額を出します。基礎控除の額により、相続税の申告の要否も判断します。次に基礎控除を超える場合、相続税額を算出します。「相続税クイック診断」では、基本的な相続税を算出しますが、特例制度を適用することによる相続税の節税の可能性の有無を判断します。

・小規模宅地等の特例　居住用↓　配偶者／ご自宅の同居人あり／持家なし
・小規模宅地等の特例　賃貸用↓　賃貸不動産あり　小規模宅地等の特例　事業用↓　事業用地あり
・広大地の評価↓　面積の大きい土地あり　・農地の納税猶予の特例↓　市街化区域の農地あり

[お客様カード]

ご相談カード

来社	TEL	参加人数	DB	受付者	担当者

※太枠の中だけご記入ください。

受付日	平成　年　月　日(　)　：　～	→	ご来社日	平成　年　月　日(　)　：　～

フリガナ		年齢	性別
ご氏名		歳	
ご住所	〒　－		
電話番号		携帯電話	
FAX番号		その他連絡先	
Eメールアドレス	@		
携帯メールアドレス	@		

●当社をお知りになったきっかけについてお聞かせ下さい。
①書籍（書籍名：　　　　　　　　　　　　）
入手経路（書店 ・ 図書館 ・ ネットショップ ・ 当社）
認知媒体（新聞・雑誌・TV・当社HP・ネット・書店・紹介・他）
媒体名（　　　　　　　　　　　　）
②郵便局（　　　　　　　　　　）
③TV（　　　　　　　　　　）
④当社HP
⑤新聞・雑誌（　　　　　　　　　　）
⑥セミナー（　　　　　　　　　　）
⑦ご紹介（　　　　　　　　　　）
⑧その他（　　　　　　　　　　）

●下記2項目、不可の場合は、チェックをして下さい。
□ ご相談内容について、プライバシーに関する情報をふせて、HPまたはその他の方法でご紹介させて頂く場合がございます。
□ 弊社からメールマガジンや広報誌等をお送りします。

①生前　□遺言　□有効利用　□売買　□贈与　□財産評価　□その他（　　　　　　）
②相続後　□申告　□分割協議　□売買　□登記　□その他（　　　　　　）

★ 相続関係基本データ

相続開始　　年　月　日
申告期限　　年　月　日
相続人数　　　　人
遺言書　有（公正証書・自筆）・なし
申告要否　必要 ・ 不要 ・ 不明

★ 家系図

【家系図記入例】

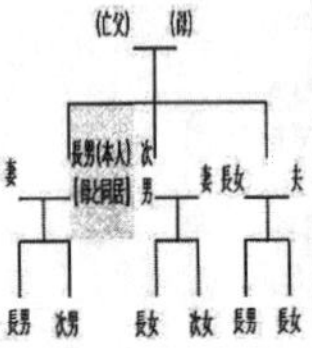

ご相談内容

※個人情報については、ご相談に対する回答、提携税理士や司法書士等の各専門家との打合せ及び当社からのお知らせのため以外には使用致しません。

[財産内容]

【FAX03-5255-8388】財産内容　事前確認シート

受付

平成　　年　　月　　日

				当社記入欄
1	自宅の土地	住所：	面積　㎡	路線価　円 相続税評価額　円
	※該当する利用状況に○印をつけて下さい			
2	賃貸住宅 貸家・借地 貸宅地	住所：	面積　㎡	路線価　円 相続税評価額　円
3	賃貸住宅 貸家・借地 貸宅地	住所：	面積　㎡	路線価　円 相続税評価額　円
4	賃貸住宅 貸家・借地 貸宅地	住所：	面積　㎡	路線価　円 相続税評価額　円
5	自宅の建物	固定資産税評価額　円		相続税評価額　円
6	賃貸住宅 or 貸家の建物	固定資産税評価額　円		相続税評価額　円
7	現金・預貯金	円		
8	有価証券・国債 投資信託	円		
9	生命保険	円		
10	借入金	円		資産合計　円

※ご記入いただきました個人情報につきましては、ご相談に対する回答、提携税理士や司法書士等の各専門家との打合せ及び当社からのお知らせのため以外は使用致しません。

ご記入いただきましたら、ご返信をお願い致します。（株）夢相続

[相談ブースの配置（当社の場合）]

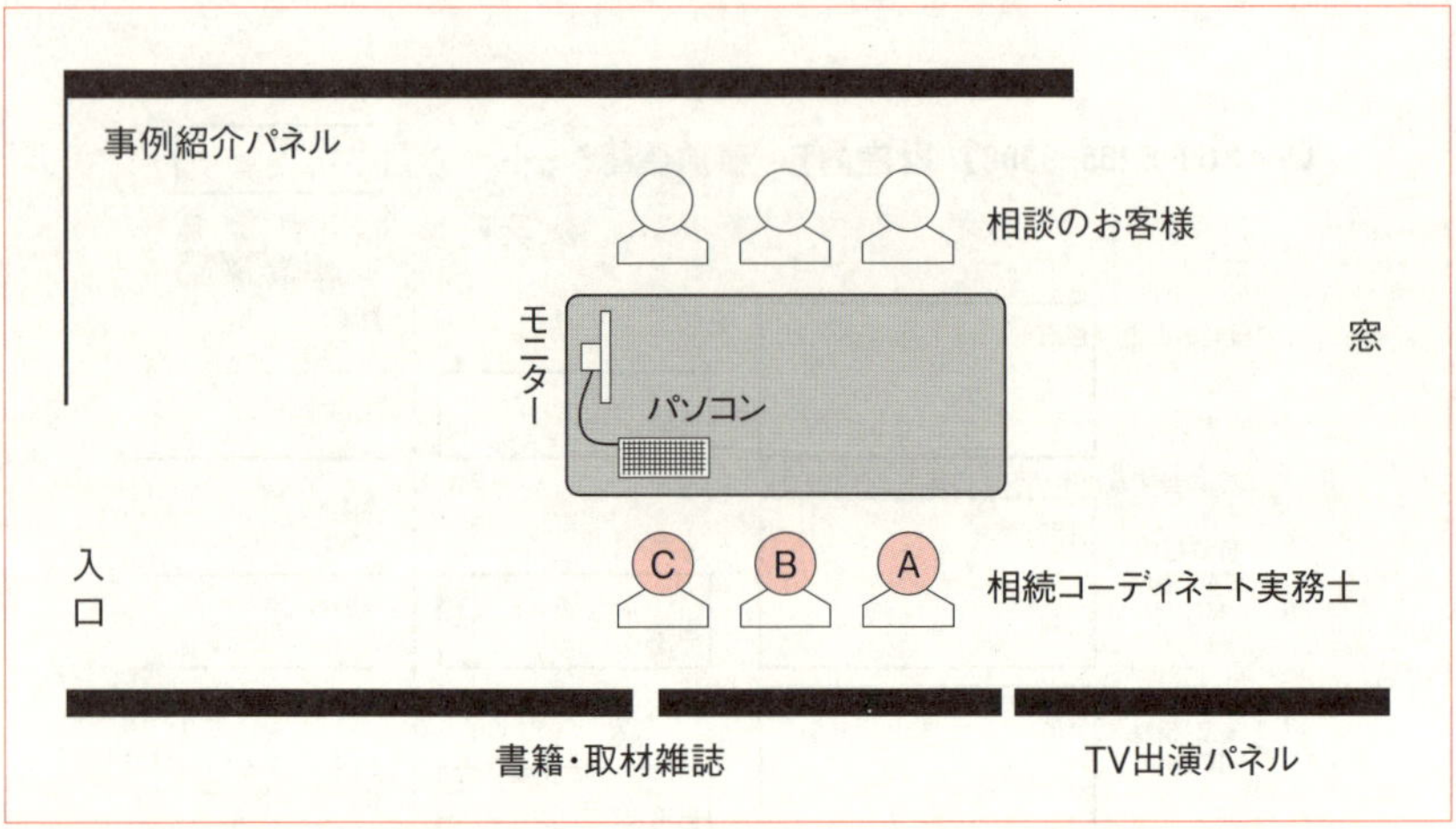

Ⓐメインの相続コーディネート実務士

相談内容のヒアリング、課題整理、解決提案、相続プランの作成と説明

Ⓑメインの相続コーディネート実務士をフォロー

Ⓒパソコンで所在地確認や税額計算等を行う

※ⒷとⒸは兼務可

Ⓒの業務内容

・不動産の所在地確認
・相続税額計算
・相談内容に沿った委託書、サンプルの準備
・謄本や公図の取得
・資料のコピー

ⒸはⒶ、Ⓑが相談に集中できるようにフォローをする。

[新規相談の時間配分と目的(60分)](目安)

①導入(10分)

相談カード
財産明細
} お客様にご記入いただく。その後、受取り。…… → Ⓑか©

ご挨拶(自己紹介)…… → ⒶとⒷと©

②診断アドバイス(25分)

相談内容ヒアリング＝カウンセリング …… → Ⓐ
財産内容確認・不動産評価 …… → Ⓑと©
相続税クイック診断
課題整理・解決のアドバイス …… → Ⓐ

③対策提案(25分)

「相続プラン」のご提案、サンプル説明 …… → ⒶとⒷ
(「遺言書作成」のご提案、手順説明)
費用と必要書類の説明 …… → Ⓑ
決断への意思確認 …… → Ⓐ
委託書へのサイン …… → ⒶとⒷ
現地調査の日程決め …… → Ⓑと©
(必要書類確認)…… → ©
※お客様のデータ入力・見積書作成

[相談の分類グラフ(当社実績)]

H26年度
相続相談の内訳

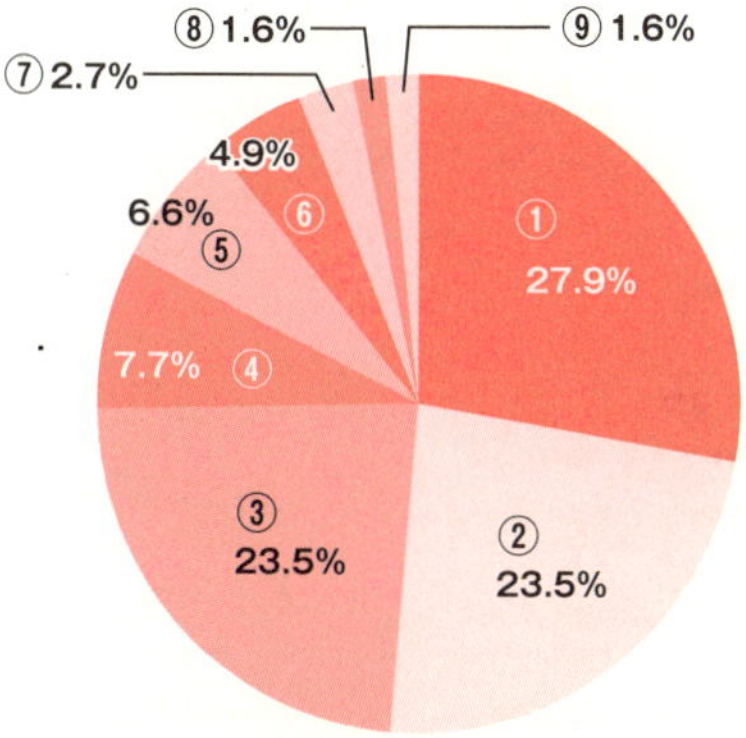

①相続プラン
②相続手続
③相続税申告
④有効利用
⑤遺言書
⑥売買
⑦登記
⑧贈与
⑨その他

[相続税クイック診断]

提案と解決、相続コーディネーター
夢相続
無料相談受付
代表曽根恵子がお話を直接うかがう
「無料面談」のほか、電話・メールでもアドバイス
相続コーディネーターはやわかり
業務案内
夢相続の実例
夢相続の本
相続セミナー
メディア出演
会社情報
ホーム > 相続税クイック診断
相続税 quick 診断
3分で完了! クイック診断で相続税予定額を即診断!
インターネットで簡単に「相続税予定額」を診断することができます。
必要な項目を入力してから、「診断開始」ボタンをクリックしてください。
※このクイック診断は、相続予定額の目安です。診断結果は実際の税額と異なる場合がございます。
クイック診断 確認事項
相続人の数 0 人
特例
配偶者 選択
同居相続人 選択
持家のない子 選択
賃貸事業用地 選択
事業用地 選択
土地
500㎡以上の土地 選択
農地 選択
相続財産評価額
項目
評価額
構成比
資産
不動産
土地 小規模土地の評価減摘要前の評価額 0 万円
土地合計 0 万円 0 %
建物 0 万円 0 %
金融資産等
現金・預金 0 万円 0 %
有価証券・国債・投資信託 0 万円 0 %
生命保険 ※非課税枠500万円×法定相続人○人 0 万円 0 %
その他 0 万円 0 %
(I) 資産合計 0 万円 0 %
負債
借入金等 0 万円 0 %
その他 0 万円 0 %
(II) 負債合計 0 万円 0 %

(HPの入力画面)

[カウンセリングシートの活用]

夢相続カウンセリング

■あなたの現状はどうか、相続の課題を確認します
何から始めるか、知ることがスタートです！

経済面	感情面
①【財産に関すること】	④【被相続人、相続人に関すること】
□ 1【不動産が多い】自宅の他にも不動産がある	□ 1【独身】配偶者も子もいなく、親か兄弟姉妹が相続人
□ 2【借地権】借地上に建物を所有している	□ 2【配偶者】子はいるが、配偶者がいない、あるいはすでに他界
□ 3【底地】借地人が居住している土地がある	□ 3【子がいない】配偶者がいるが、子はいない
□ 4【賃貸経営】賃貸物件を所有している	□ 4【相続人がいない】配偶者、子、親、兄弟姉妹もいない
□ 5【名義預金、保険】自分が契約した家族名義の預金や保険がある	□ 5【再婚、認知】前妻・前夫の子供や、認知した子供等がいる
□ 6【会社経営】同族会社があり、株をもっている	□ 6【代襲相続人】子供や兄弟姉妹が先に亡くなり、代襲相続人がいる

②【申告・納税に関すること】	⑤【遺産分割に関すること】
□ 1【財産評価】相続税の申告・納税が必要かわからない。	□ 1【主張】遺産分割につき、個々の主張が違う
□ 2【申告】前回も相続の申告をしている	□ 2【寄与】介護や事業に貢献してくれた相続人に多く分けたい
□ 3【節税】相続税を節税したい	□ 3【二次相続】二次相続でも納税が必要
□ 4【納税】相続税が払えるか不安	□ 4【不動産】動産よりも不動産の評価が高い
□ 5【納税】納税するための現金はない	□ 5【不動産】不動産が分けられない、または分けにくい
□ 6【顧問税理士】相談している税理士がいる	□ 6【収益不動産】収益不動産があり、分けにくい

■生前の場合	■相続発生後の場合
③【生前対策に関すること】	⑥【手続きや専門家に関すること】
□ 1【生前対策】これといった生前対策はしていない	□ 1【代表者】誰が中心になって相続手続きをするか決めていない
□ 2【不動産の整理】問題を抱えた不動産がある（境界、共有名義等）	□ 2【詳細】相続手続きを進めている相続人から詳細を教えてもらえない
□ 3【財産継承】事業や後継者に不安がある	□ 3【専門家】付き合いのある税理士が頼りない
□ 4【賃貸事業】賃貸事業の見直しが必要	□ 4【専門家】誰に相談したら良いかわからない
□ 5【認知症】認知症、意識不明等で意思確認が難しい	□ 5【専門家】不動産の売却が必要となる
□ 6【土地の有効活用】遊休地がある	□ 6【弁護士】他の相続人が弁護士を依頼したのでどうすればよいか

お名前	

夢相続

③課題整理・解決のアドバイス

相続財産の確認をしたあと、相続人の状況や相続財産の内容から、課題となる項目を整理します。次に、どのように解決していくかという方法も明確にしてアドバイスをします。相続相談をされたのは、不安を解消しておきたい、課題を解決しておきたいという意思があるからこそですので、具体的な方法までアドバイスします。そして、解決までサポートすることが、相続コーディネート実務士の役割だといえます。

④対策の内容、費用の説明、決断への意思確認

生前か相続後かによって、サポートする内容は違いますが、有料業務になる場合は、業務の流れや事例サンプルを説明して、相続コーディネート実務士がサポートするメリットや違いを説明します。それぞれの費用は、業務内容により、定額としていたり、算出方法を決めているものがありますが、最初に費用を提示、納得していただいてから委託をもらいます。不動産の数が多い場合や複雑な場合などは個別に見積りをします。相続後の場合は、基本報酬に財産の総額によって加算していく方式であるため、クイック診断で算出した財産額を基準にして計算をします。

主な業務【生前】「オーダーメード相続プラン」「公正証書遺言作成サポートプラン」
【相続後】「相続税申告コーディネートサポートプラン」

[相続税Quick診断]　①相続税予想額算出②節税の可能性判断

◆ 相続税Ｑｕｉｃｋ診断　報告書 ◆

〇〇 〇〇 様

相続財産評価額

項目				評価額	構成比
資産	不動産	土地	小規模宅地の評価減適用前の評価額	8,000万円	
		小規模宅地評価の特例による評価減			
		土地合計		8,000万円	31.4%
		建物		500万円	2.0%
	金融資産等	現金・預金		10,000万円	39.2%
		有価証券・国債・投資信託			
		生命保険	※非課税枠500万円×法定相続人〇人	5,000万円	19.6%
		その他			
			（Ⅰ）資産合計	23,500万円	92.2%
負債	借入金等			2,000万円	7.8%
			（Ⅱ）負債合計	2,000万円	7.8%
			（Ⅰ）−（Ⅱ）純資産価格	21,500万円	

相続税予想額　税制改正後 平成27年1月1日以降　2,772万円

⇩

【相続税Quick診断結果】　節税可能性リスト

□	小規模宅地の特例　居住用	□	配偶者税額軽減
□	小規模宅地の特例　賃貸用	□	農地納税猶予
□	小規模宅地の特例　事業用	□	その他
□	広大地	□	
□	不整形地	□	
□	道路	□	

具体的な評価減は正式な相続プランにて確認いたします。

夢相続

・資産合計額の算出
・相続人数より基礎控除の算出
・相続税額の算出

『節税可能性リスト』の
該当項目に☑を入れる

（相談時のフォーム）

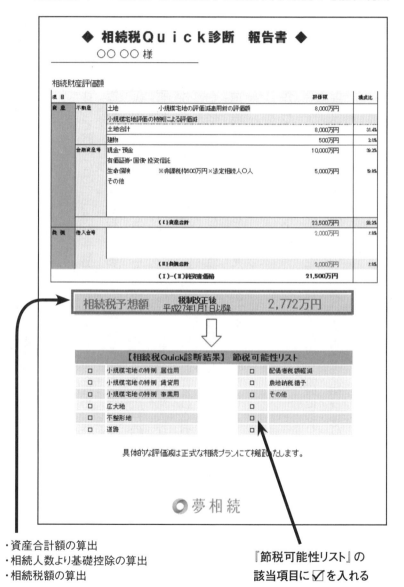

●【生前の業務①】「オーダーメード相続プラン」の作成と提案

相続を事前に用意しておくことで円満な手続きができます。そのため、感情面、経済面に配慮した「オーダーメード相続プラン」の作成を行い、対策の提案とサポートをします。

相続では、配慮のある生前対策をしておくことが大切です。そうした相続の用意がないと、残された家族は迷い、主張し、争うことになります。相続になっても残された人が円満に、不安なく、争わずに乗り切れるよう、感情面と経済面の両方に配慮しながら、対策をしておくことで、相続の価値が高まります。それだけでなく、そうした意思を残し、対策をしてこられたご本人への感謝や評価が高まり、家族の絆が再確認できる機会となります。そのための「相続プラン」作りをサポートします。

「オーダーメード相続プラン」のメリット

●生きているうちに「相続プラン」を作るので、自分の意思が明確になり、残せること

●家族で対策に取り組むことをお勧めしているので、オープンな相続になること

事前準備1　→相続相談、カウンセリング

「相続プラン」は、主に現状分析と評価、税額の算出、課題整理と解決への提案、生前対策と効果により構成しますが、財産の内容や相続人の状況などにより、「相続プラン」はオーダーメードになりますので、おひとりずつ、全部違うものになります。面談して、ご希望や不安に思うことなどをお聞きし、カウンセリングします。ご家族の状況からお聞きし、次に財産の内容をお聞きします。そして、不安に感じていることや困っていることを伺います。できることはその場でアドバイスをし、財産評価の概算も算出し、「相続プラン」のイメージを作ります。

「相続プラン」で行う内容の一例は次のような構成になります。

1．評価の前提、2．ご所有不動産評価額、3．現状の相続財産評価額、4．現状分析とご提案、5．特例等の検証①【広大地評価の検証】、6．特例等の検証②【小規模宅地等の特例の検証】、7．特例等の検証③【配偶者の税額軽減】、8．特例等適用後の相続財産評価額、9．特例等適用後の節税イメージ、10．生前対策①【資産組替】、11．生前対策②【借地権・底地権交換等の検証】、12．生前対策後の節税イメージ、13．分割検証、14．公正証書遺言の作成、15．参考資料

事前準備2　→相続人の確認、状況の確認、把握をする

相続人を確認し、家系図を作成します。相続人の確認により、相続税の基礎控除が算出できます。配偶者であっても後妻の場合では、先妻の子や後妻の子がある場合は、円満な話し合いができないことも考えられます。養子縁組や認知された子も、実子と円満にいかないこともあります。さらには相続人がすでに亡くなっており、代襲相続人の場合も、他の相続人と温度差があることもしばしばありますので、隠さずお話し頂くようにします。相続人の住まいやその家族、職業などを確認します。小規模宅地等の特例の要件となる同居や自宅を所得しているのか、否かの確認もします。

次に、家族の関係がどういう状況か確認します。すでに不仲の状態であれば、円満な分割協議は難しいと思われるため、対策が必要になるからです。他人にはわかり得ない特殊な事情もありますので、ありのままを確認、把握することができれば、深刻な対立や争いを未然に防ぐことができます。

家族関係は複雑でなくても、相続人により生活環境や健康状態などは個々に違うのが当然です。人工透析をしていたり、精神疾患をかかえていて仕事ができないということもあるかもしれません。離婚して母子家庭、あるいは退職して無職になったということもあるでしょう。相続人が独身ということもあり、結婚していても子供がいる場合、いない場合でも違いが出てきます。

このように、相続人の状況の確認をすることにより、対策の方向性が見えてくるといえます。

事前準備３　→財産の確認、現地調査、評価、課題整理をする

不動産は、名寄帳、固定遺産税納税通知書、固定資産税評価証明書などの書類により、土地や家屋の面積、評価額を確認します。共有者がある場合は、権利証や登記簿謄本で共有の割合を確認します。

不動産以外の預金、株式、保険などの動産についても確認します。預金は通帳の残高、株式は証券会社の預かり証、保険は保険証券で確認するようにします。

同族会社の株や法人への貸付金がある場合も、評価をして財産に加えます。

負債は、アパートや住宅のローンであれば、金融機関の返済表などの明細で確認します。

不動産、動産、負債を確認したあと、財産評価をします。プラス財産からマイナス財産を引き、相続人を確認して基礎控除を引いた残りが課税財産となり、相続税の予想額まで計算します。相続税がかかるのか、また相続税はいくらかがわかると必要資金として想定します。不動産の共有や担保設定、連帯保証など、将来の課題になることは整理しておいたほうがいいでしょう。

・財産評価をするための必要書類一覧
・財産を確認、評価することで、相続税も知っておく
・整理が必要なことはないか？（共有、担保、連帯保証など）

●「相続プラン」の重要ポイントは、不動産の現地調査

不動産の現地調査で、マイナス要因を見つけ出し、土地の評価額に反映させます。評価が下がることが相続税の節税になりますので、重要ポイントです。土地のマイナス要因の目安は次のとおりです。

・現況の地目及び利用状況　↓登記簿と現地の違い、利用状況はどうなっているか
・現況地積　↓縄縮みや縄延び（登記面積より増減）はないか、公図との違いはないか
・間口や奥行の長さ　↓間口と奥行の確認、地形の確認、不整形はないか
・道路幅員　↓道路幅が４ｍ以下ならセットバックが必要、道路は公道か、私道か
・道路接道の有無　↓道路に接していない（無道路地）状況はないか
・がけの有無、隣地との高低差　↓がけ地や周辺地と極端に高低差はないか
・土壌汚染の有無　↓土壌汚染や埋設物の可能性はないか
・埋蔵文化財の有無　↓埋蔵文化財包蔵地に該当していないか
・高圧線の有無　↓高圧線下となっていないか
・近隣の開発状況、近隣の建物　↓マンション建設用地に該当しない広大地ではないか
・その他の個別事情　↓墓地、ゴミ焼却、騒音、悪臭施設はないか

不動産の調査は現地だけでなく、関係役所でも調査し、評価減の根拠となる資料の収集や、道路、

法令関係の確認をします。

感情面の対策1　→分けられる財産にする

相続になっても遺産分割の話し合いがつかないばかりに、実質的な遺産分割ができないことがあります。複数の相続人がいるのに、不動産は自宅1カ所で分けられない場合や、賃貸物件で収益があるものと自宅のように収益がないもので価値が違うため、分けにくいこともあります。分けにくいからといって不動産を共有してしまうと、将来的に問題に発展することもあり、お勧めできません。

そのため、生前から分けられる用意をしておくような対策をアドバイスします。ひとつの不動産を売却して複数にするなどし、誰がどこを相続するかを指定しておきます。

感情面の対策2　→遺産分割を決めて遺言書をつくる

不動産を分けやすくするなど、次世代の継承の仕方の意思がまとまれば、遺産分割の具体的な方法については、相続人が迷わず、争わないための羅針盤になる「遺言書」を作成することをアドバイスします。自筆の遺言書では無効になることもあるため、「公正証書遺言」をサポートします。

「公正証書遺言」には、証人が2人必要になるため、相続コーディネート実務士2名が証人業務を担当します。残された人達を思いやる愛情にあふれた遺言書であれば、もめごともなく、円満な手続きができるため、家族にもオープンにした遺言書作りを目指します。

経済面の対策1 →分割金、納税資金を確保する

相続税の予想額を計算した上で、遺産分割まで考えると、相続になったときにどれくらいの現金が必要になるか、想定をしておかなければなりません。現状の財産の中で、すでにそれに見合う現金や有価証券などの動産がある場合は大きな不安はないといえるでしょう。しかし、不動産はあるが、必要とされる現金がない、という人が多いのも現実です。

それでも遺産の分割金や納税資金は必要ですから、そのための用意や方法の道筋をつけておくことは必要です。相続になってからでは、短期間にお金を用意することは簡単ではありません。

そのため、相続になったときに慌てなくてもいいように、相続税の予想額や財産の分割金を目安とした生命保険に加入しておき、分割金・納税資金を準備することもできます。

売りにくいと思われたり、売却に時間がかかると思われる不動産は、早めに資産組み替えをしたり、相続になったら分けられる形にしておくことも対策となります。

また、まとまったお金がない、作れない場合でも、賃貸事業などの安定収入があれば、分割金や納税資金に充てることができ、相続税を分割払いする方法もあります。そのため、収益が安定した賃貸事業にしておくことが大切です。賃貸事業は20年、30年という長丁場ですので、スタート時には適切な投資額にしておき、過度の借入をする必要はなく、適切な収支バランスを心がけましょう。

経済面の対策2　→積極的な節税対策をする

相続税がかかることがわかれば、次は節税対策をしたいということになります。節税対策の方法はいくつもあります。なかでもバブル経済の頃に流行った、土地有効利用で賃貸住宅を建てることは、節税対策の定番で安定事業ではありますが、むやみに取り組むことはリスクがあります。「借金しておけば相続対策に有利」は過去の話なのです。

選択肢の一つとして賃貸事業を始めるのであれば、他物件と差別化することが大切で、家賃収入と経費の支出バランスが保てる、安定経営ができるという見極めが必要です。これができれば確実な節税対策となります。

不動産を減らして節税することも対策になります。たとえば贈与税の特例の範囲を活かして、配偶者に不動産や住宅資金を贈与することは、財産を移すことで確実な節税になります。不動産を公的機関に寄付することは、活用しない不動産を減らすことで節税対策になります。

不動産を利用しない状態で長期間保有する負担を考えれば、処分し換金しておくことも対策の選択肢といえます。

また、相続人が増えれば基礎控除が増えるので、養子縁組で相続人を増やすことも対策の一つです。孫や嫁と養子縁組をすることが一般的で、節税の効果はありますが、あとで相続人間の感情的な問題にもなるため、事前に同意を得ておくようにするなど配慮をすることが必要でしょう。

節税対策の手法例

【贈与】配偶者の特例を利用する……自宅の贈与は2、110万円まで無税

【贈与】現金、不動産を贈与する……生前に財産の前渡しをする

【建物】現金を建物に替える……建物評価は半分以下になる

【購入】現金で不動産を購入する……不動産で評価を下げる

【組替】土地を売却、賃貸不動産に買い替える……立地や形を変えて事業を継続する

【活用】土地に賃貸住宅を建てて賃貸事業をする……確実に節税できる

【法人】賃貸経営の会社をつくる……現金の資産増を回避する

【養子】養子縁組で相続人を増やす……基礎控除は増える

［オーダーメード相続プランのサンプルで内容を説明］（抜粋）

サンプル

〇〇　〇〇〇　様

報告日　平成〇〇年〇〇月〇〇日

【オーダーメード　相続プラン】

提案と解決。相続コーディネーター
夢相続

〒103-0028
東京都中央区八重洲1-8-17　新槇町ビル5階

株式会社 夢相続

TEL：03-5255-3388　FAX：03-5255-8388
E-mail：info@yume-souzoku.co.jp
URL：http://www.yume-souzoku.co.jp

サンプル

評価の前提と提案内容

a)家系図

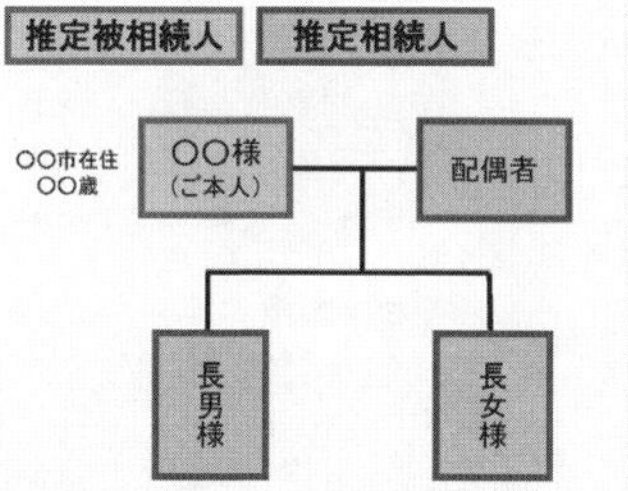

【民法上の法定相続分】

推定相続人	人数	法定割合
配偶者	ー	1／2
子	2人	各1／4

b)目次

1

夢相続

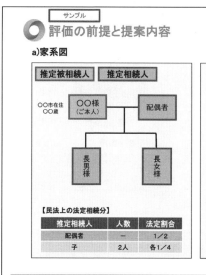

[不動産の現地調査をし、評価減の可能性を検証]（抜粋）

サンプル

土地の所在と概要【〇〇区〇〇町〇丁目】ご自宅・駐車場

自用地

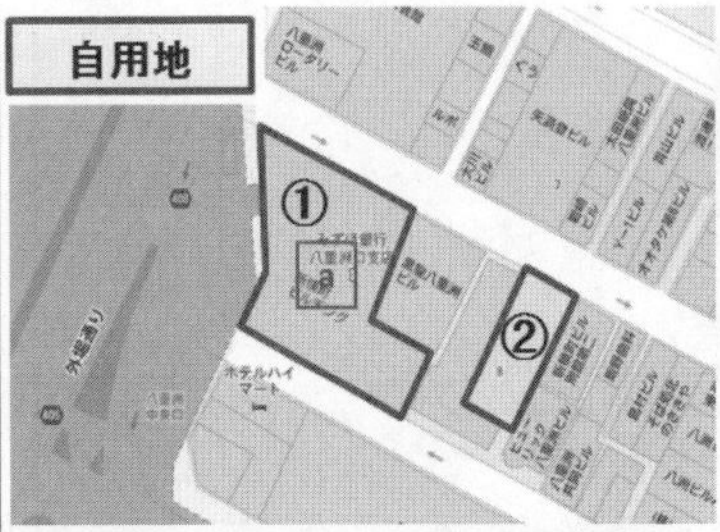

公図

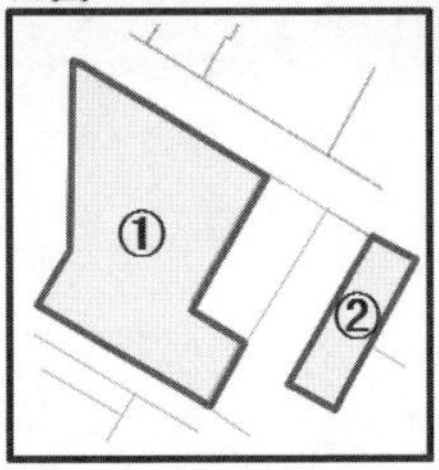

路線価図

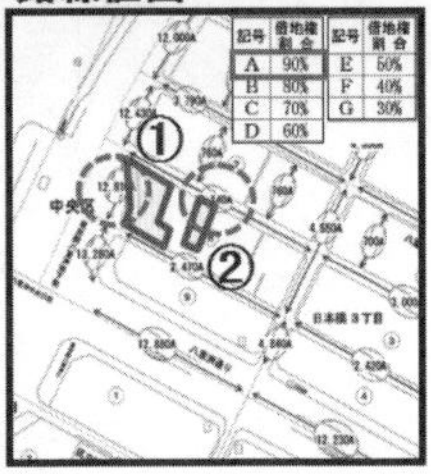

土地 ： ① 〇〇区〇〇町〇番〇 【地番】ご自宅

地積	路線価	評価率	持分	評価額
〇〇㎡	〇〇〇円	100%	□□/□□	128,000,000円

土地 ： ② 〇〇区〇〇町〇番〇 【地番】駐車場

地積	路線価	評価率	持分	評価額
〇〇㎡	〇〇〇円	100%	□□/□□	47,000,000円

家屋 ：a 〇〇区〇〇町〇番〇 【家屋番号】ご自宅

固定資産税評価額	評価率	持分	評価額
10,000,000円	100%	〇/〇	10,000,000円

駐車場はアスファルト敷コインパーキング。
建物は平成〇〇年築。延床面積は〇〇㎡。〇〇造〇〇階建。

合計（土地＋建物）	185,000,000円

サンプル

相続財産評価額【現状での評価】

		項目	評価額	構成比
			万円	%
資産	土地	①ご自宅	5,400	47.0
		②駐車場	3,300	1.7
		差引	8,700	88.1
	建物（ご自宅）		300	2.7
	現金・預貯金		4,000	5.4
	有価証券		2,000	2.7
	（Ⅰ）資産合計		15,000	100
負債	（Ⅱ）負債合計			
（Ⅰ）－（Ⅱ）純資産価額			15,000	100

財産構成グラフ

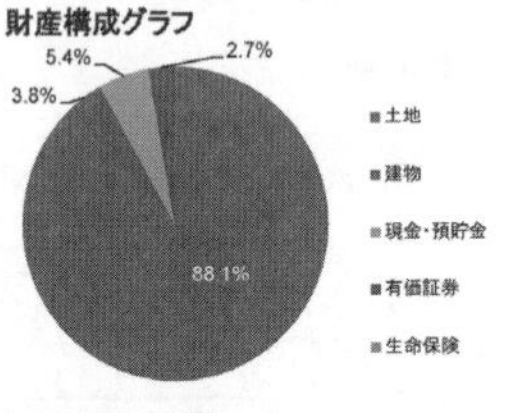

相続税予想額

予想額 14,950,000円

■家族構成・・・配偶者・子供３人

基礎控除額	48,000,000
課税遺産総額	102,000,000
相続税額	14,950,000

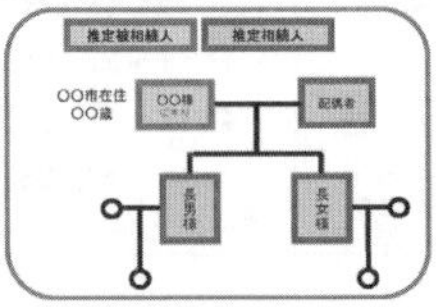

※相続時、特例を利用し、相続税を減額することは可能です。

①小規模宅地等の特例
（自宅や賃貸住宅用地について、一定面積まで評価減）
②広大地評価
③配偶者の税額軽減
（相続財産の1/2以下もしくは1億6000万円まで非課税）

4

夢相続

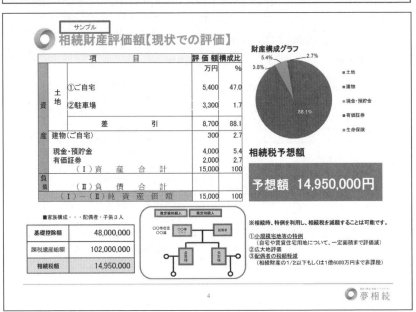

[特例制度の検証]（抜粋）

・小規模宅地等の特例・広大地評価の特例
・納税猶予の特例・配偶者の税額軽減など適用可能な制度の検証

現時点で適用可能な制度の検証①【広大地評価】

【広大地評価】

広大地とは、その地域の標準的な土地の面積に比べ著しく広く、その土地を開発するとした場合には、道路や公園等の公共公益的施設用地を設ける必要があると認められる土地のことを言います。（※○○市の場合、開発行為は500㎡以上）

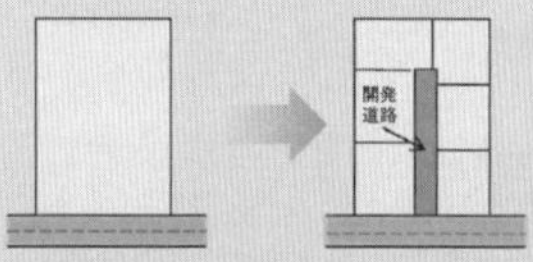

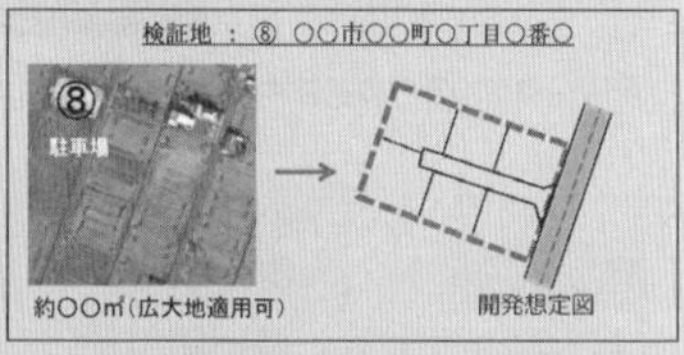

候補地	評価額	評価率	広大地評価	評価減額
⑧ ○○市○○町○丁目○番○	33,000,000円	0.6−0.05×○○㎡/1,000㎡	18,562,500円	▲14,437,500円

減額評価合計　**14,437,500円**

➡ **【263万円の節税】**

※上記評価減を利用する為には、当社と税理士にて現地を確認して、不動産鑑定士による意見書を添付し相続税の申告をする必要があります。

5

夢相続

現時点で適用可能な制度の検証②【小規模宅地等の特例】

【小規模宅地等の特例】

亡くなった人が事業や居住に使っていた土地は、生活基盤財産であり、簡単に処分できない土地です。こうした土地に高い評価額がつくと、相続税の負担が大きくなり、場合によっては土地を手放さざるを得ないことになりかねない為、相続した土地のうち、居住用は240㎡、事業用は200㎡までに対し、その土地の評価額の80%または50%を減額することができます。

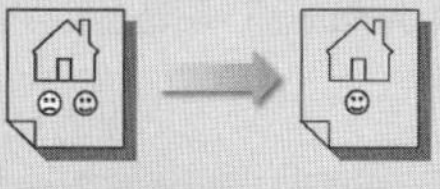

宅地等			上限面積	軽減割合
事業用	不動産貸貸業	継続	200㎡	▲50%
	上記以外	継続	400㎡	▲80%
居住用		継続	330㎡	▲80%

順位	適用地	路線価	地積	適用面積	評価率	持分	軽減割合	減額できる額
1	①ご自宅	540,000円	200㎡	200㎡	100%	1/1	▲80%	▲43,200,000円

減額評価合計　**43,200,000円**

※相続税の申告期限（亡くなった日から10ヶ月後）まで居住・事業継続されないと、本特例は適用されません。

➡ **【763万円の節税】**

※特例を利用する為には申告期限までに分割協議が整っていることが要件となります。

6

夢相続

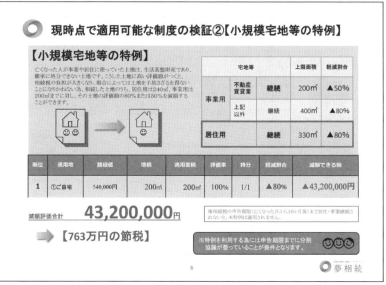

[生前対策の提案]（抜粋）

・節税対策、分割対策としてお客様に合わせたご提案を検討
・実行した場合の節税効果の検証

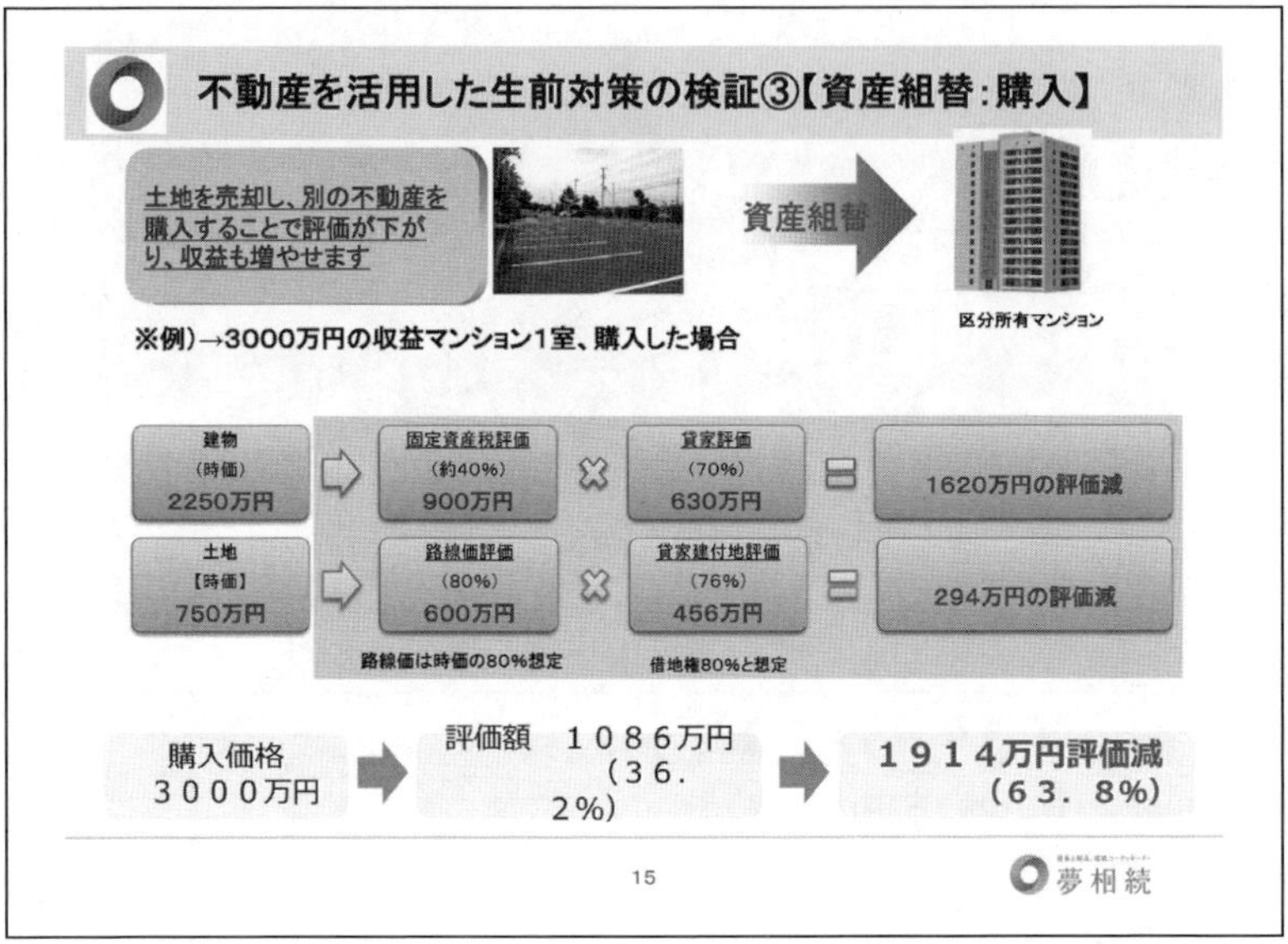

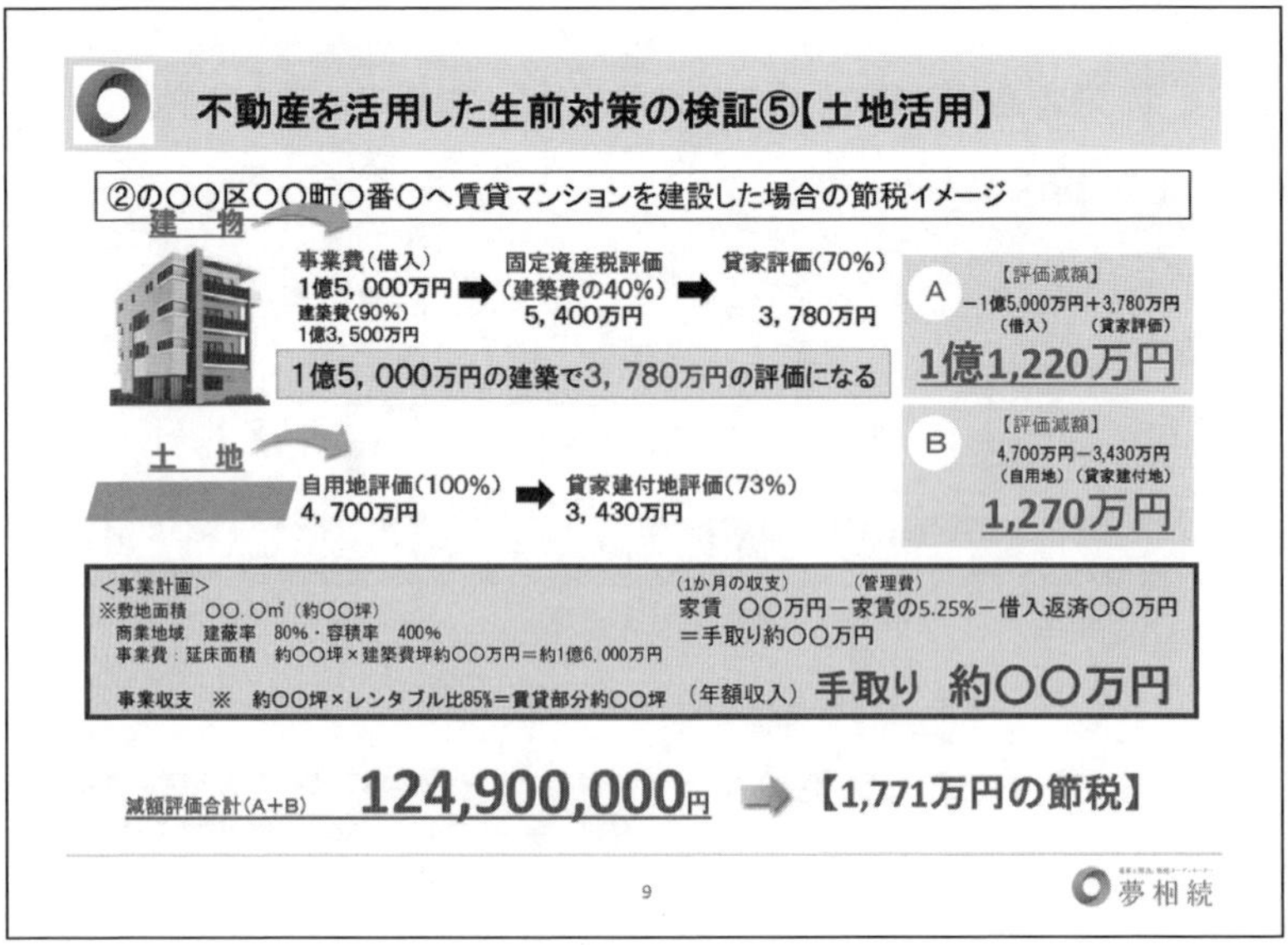

[生前対策をした人の内容分析①]

（平成20～26年　291人　当社データ）

①依頼者の男女比

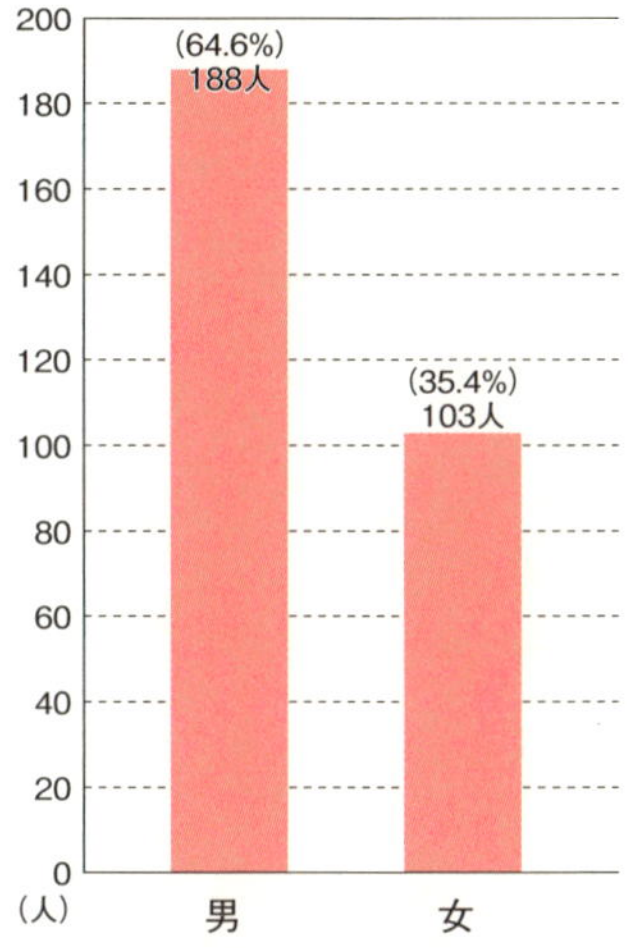

②依頼者の年齢

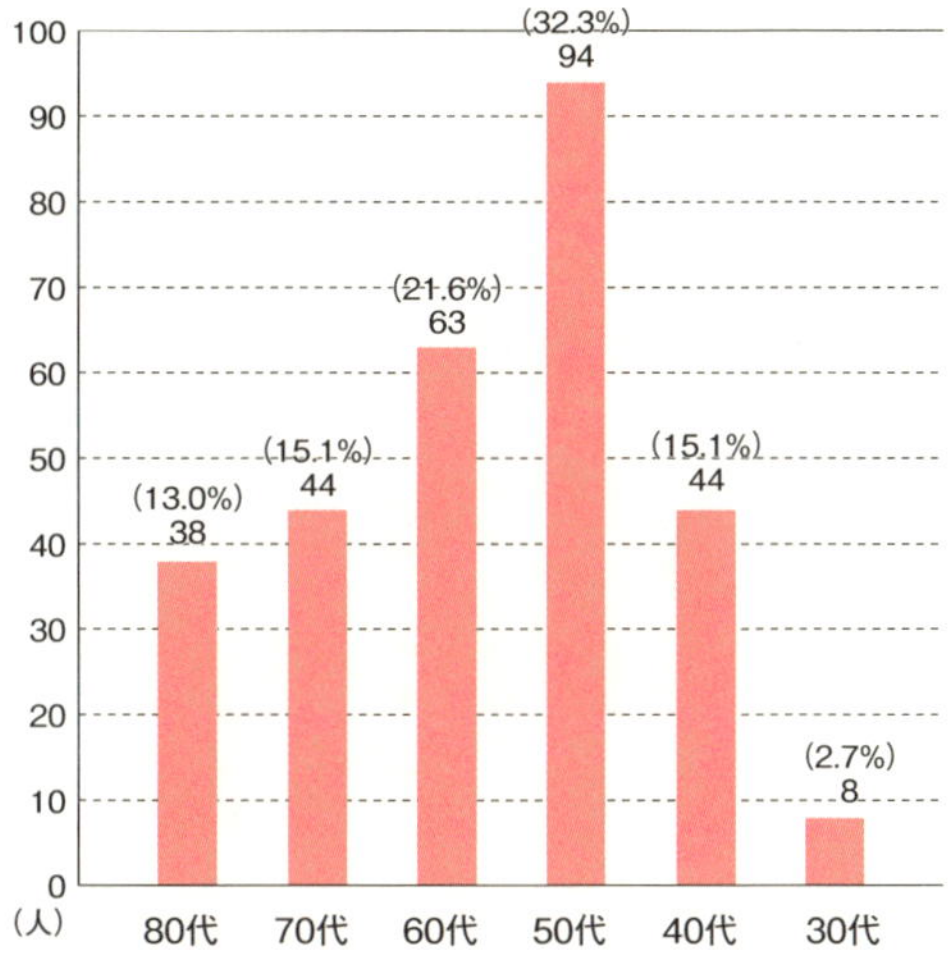

③配偶者の有無

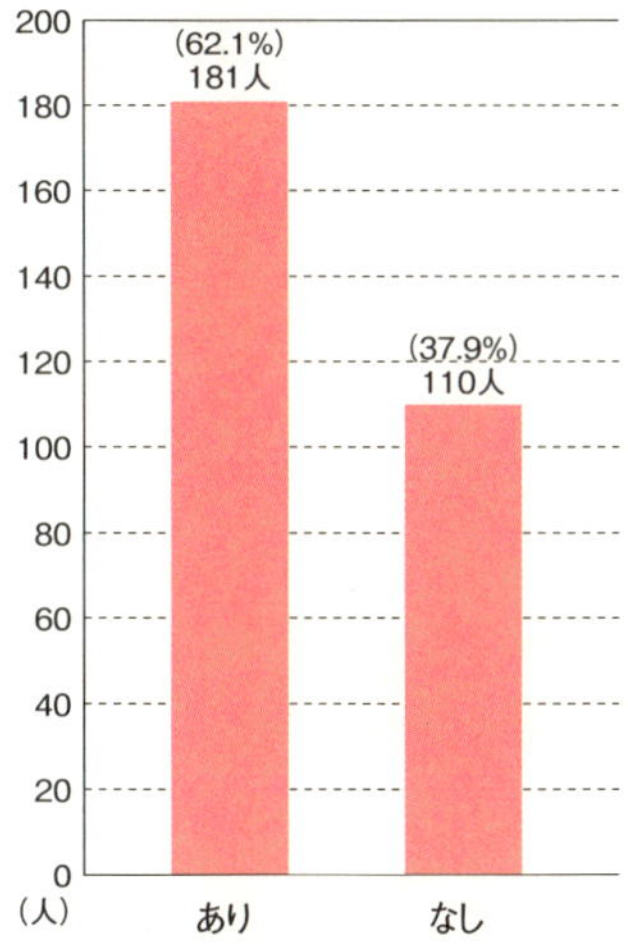

④相続人の数

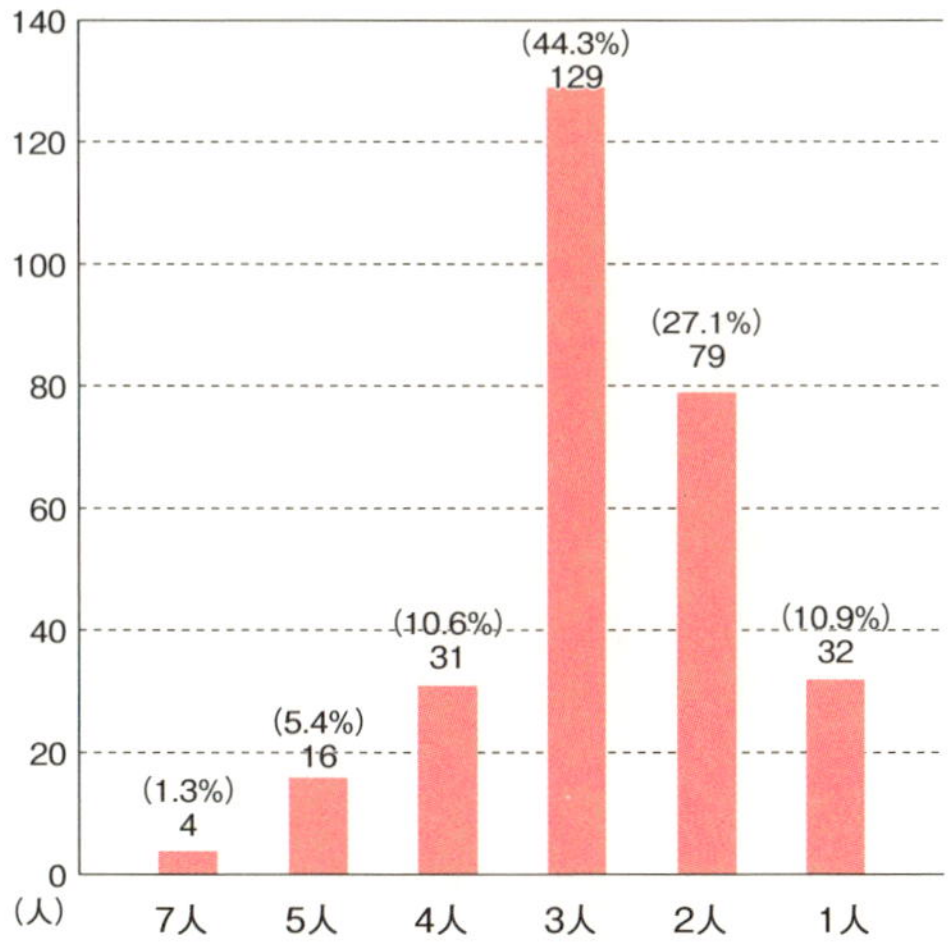

[生前対策をした人の内容分析②]

(平成20〜26年　291人　当社データ)

⑤財産額

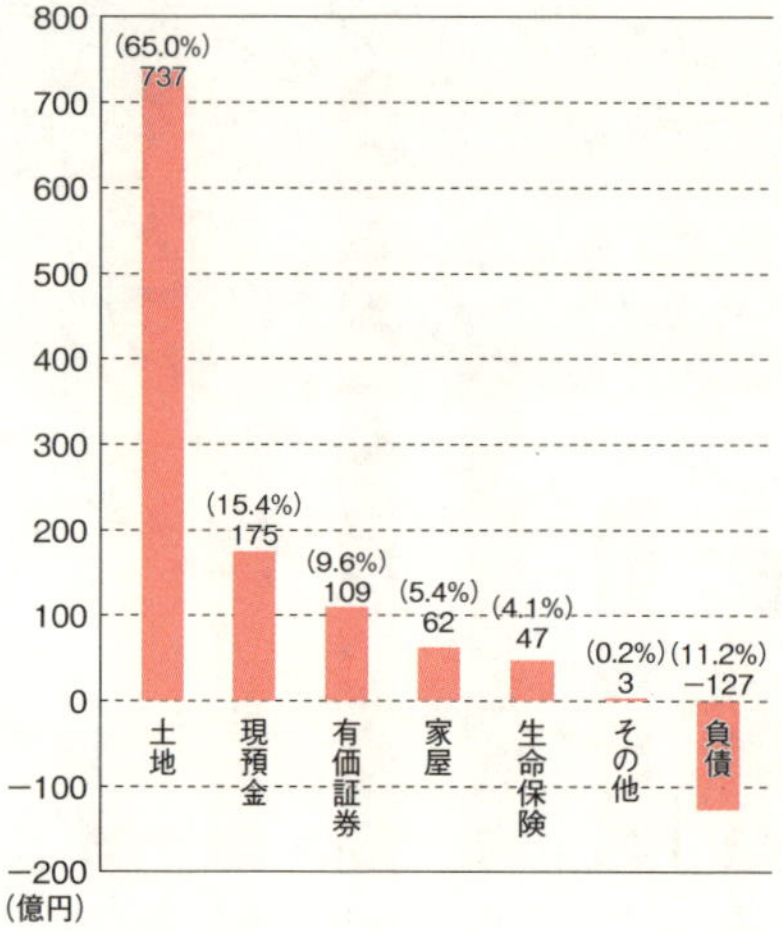

⑥財産の平均　合計3億823万円

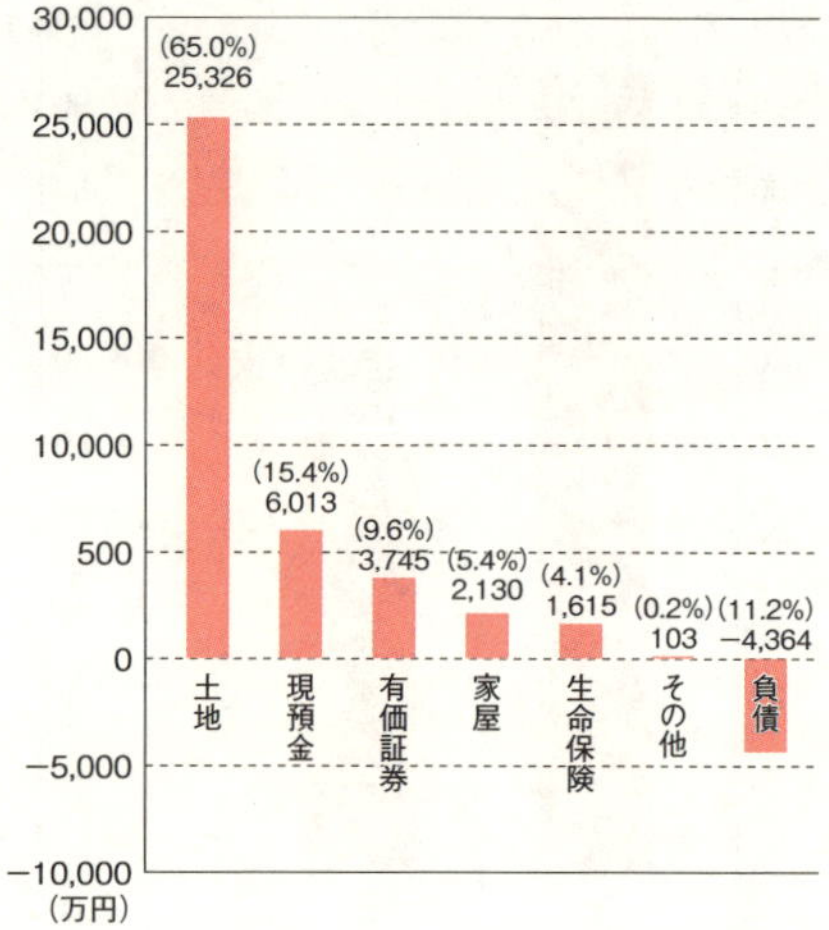

⑦提案内容

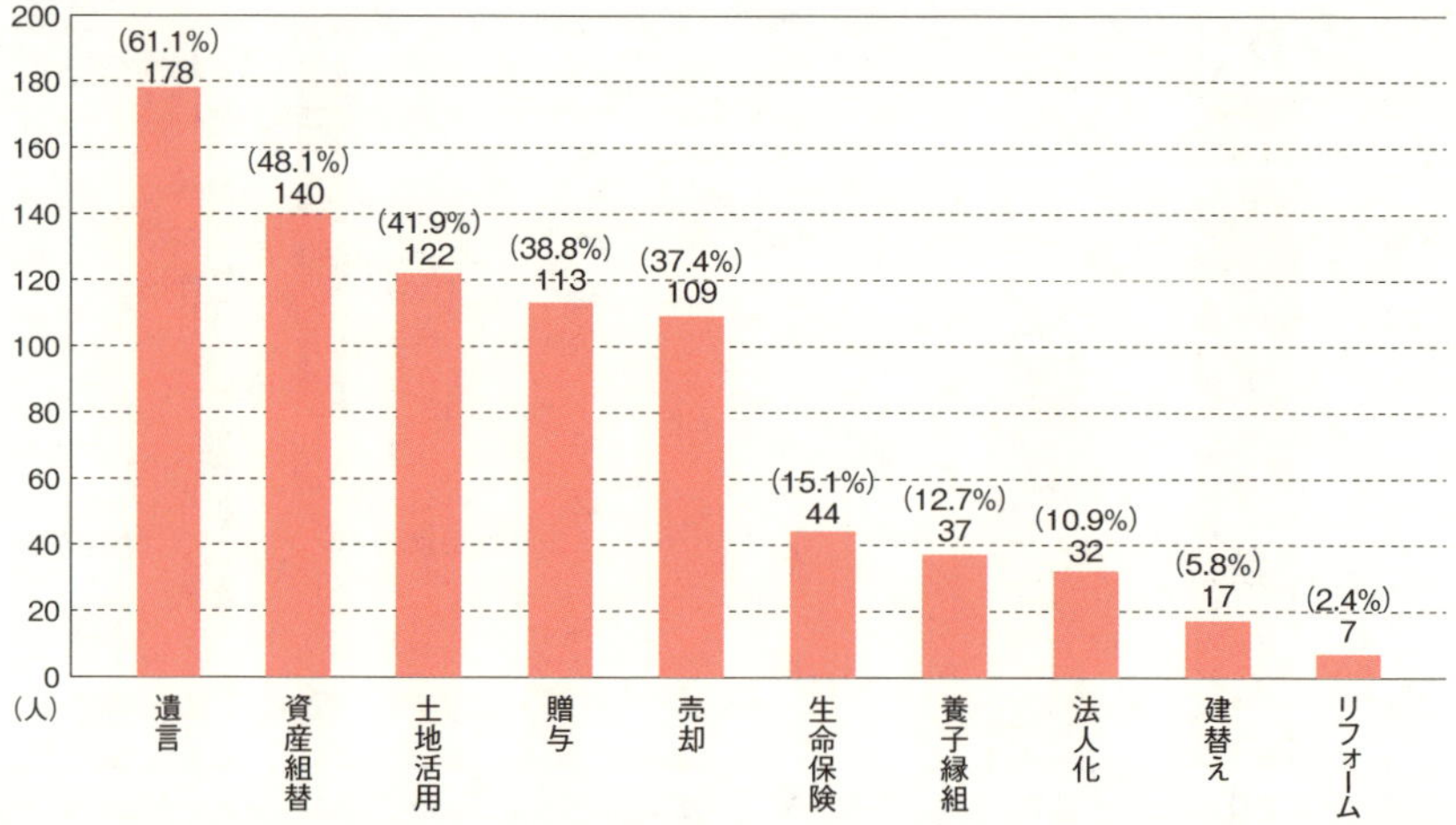

[遺産分割]（抜粋）

・相続人間でもめないための分割案をご提案
・遺言作成のおすすめ

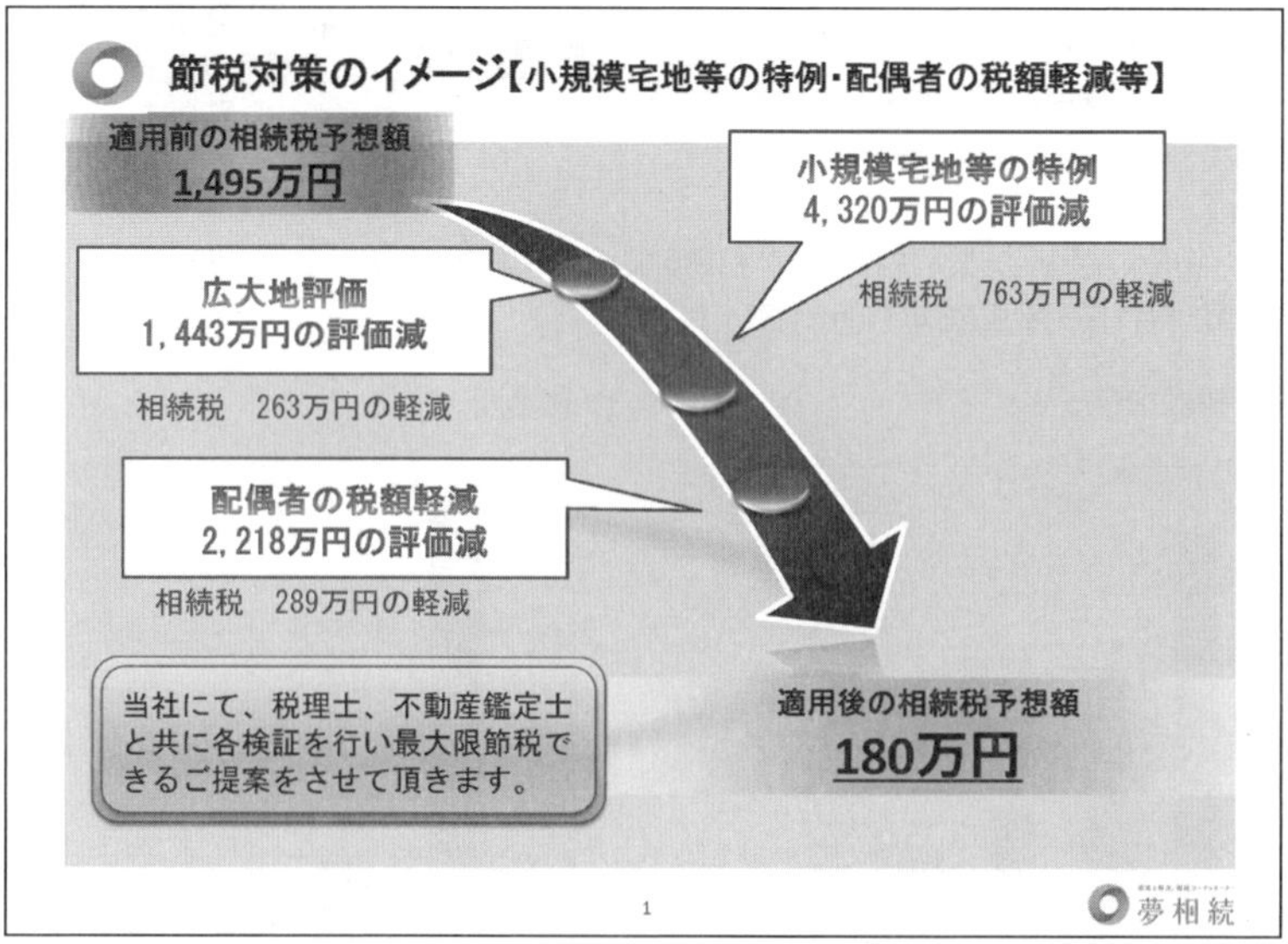

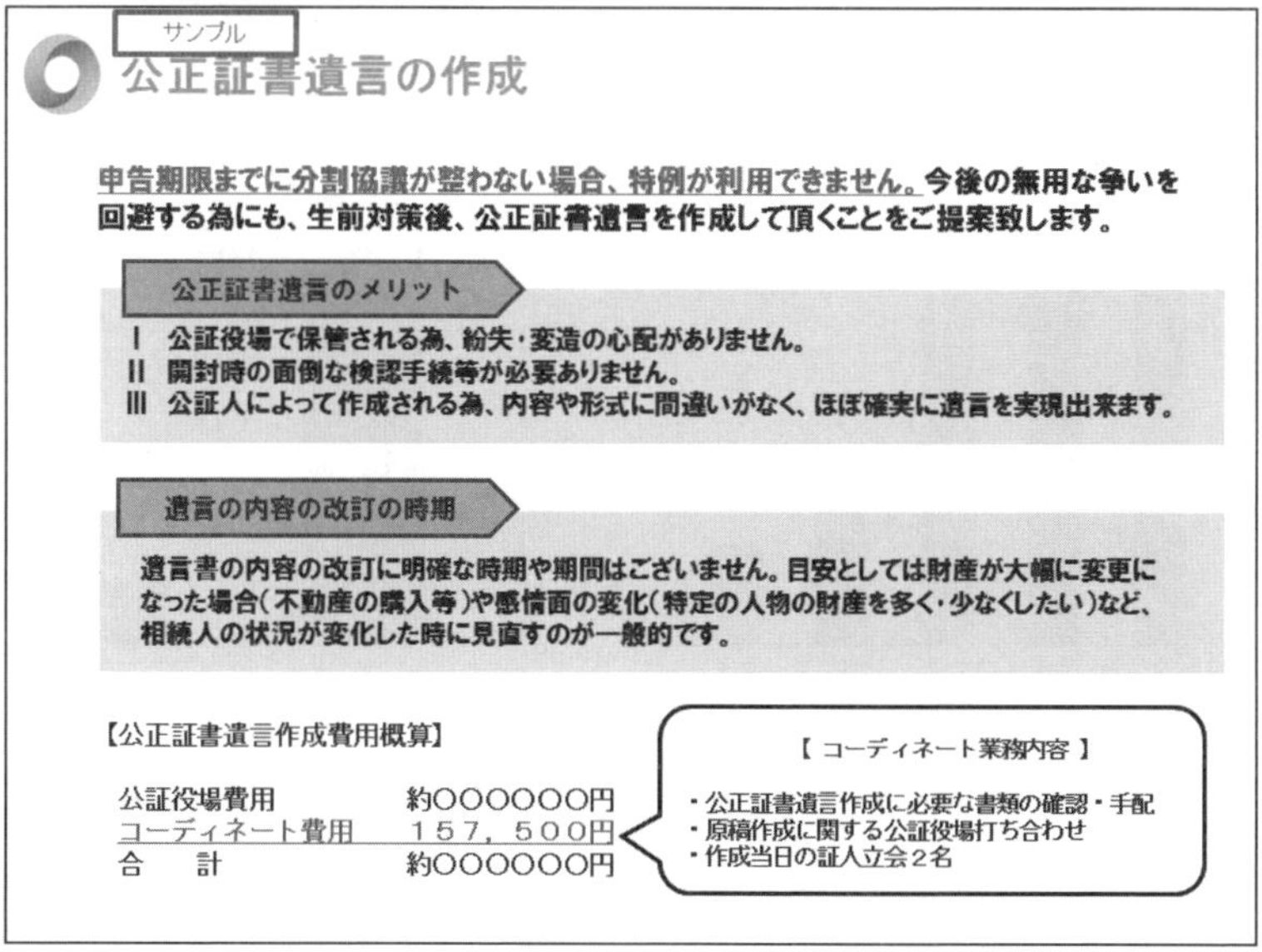

公正証書遺言の作成

申告期限までに分割協議が整わない場合、特例が利用できません。今後の無用な争いを回避する為にも、生前対策後、公正証書遺言を作成して頂くことをご提案致します。

公正証書遺言のメリット

I 公証役場で保管される為、紛失・変造の心配がありません。

II 開封時の面倒な検認手続等が必要ありません。

III 公証人によって作成される為、内容や形式に間違いがなく、ほぼ確実に遺言を実現出来ます。

遺言の内容の改訂の時期

遺言書の内容の改訂に明確な時期や期間はございません。目安としては財産が大幅に変更になった場合（不動産の購入等）や感情面の変化（特定の人物の財産を多く・少なくしたい）など、相続人の状況が変化した時に見直すのが一般的です。

【公正証書遺言作成費用概算】

公証役場費用	約〇〇〇〇〇〇円
コーディネート費用	157,500円
合計	約〇〇〇〇〇〇円

【コーディネート業務内容】

・公正証書遺言作成に必要な書類の確認・手配

・原稿作成に関する公証役場打ち合わせ

・作成当日の証人立会2名

[遺言書作成プランの証人業務]

遺言書を作るときに配慮したいこと

・こっそり作らない
・財産分与は公平にするのが無難
・公平な財産分与にならない時に理由を明記する
・財産分与だけでなく、感謝や気持ちも残す

→ 争いに発展させずに意思を伝えることを目指す

遺産書作成の分析結果（株式会社夢相続が証人業務を受けた遺言書の内容）
（平成19年1月1日～平成26年12月31日）

遺言書作成のきっかけ

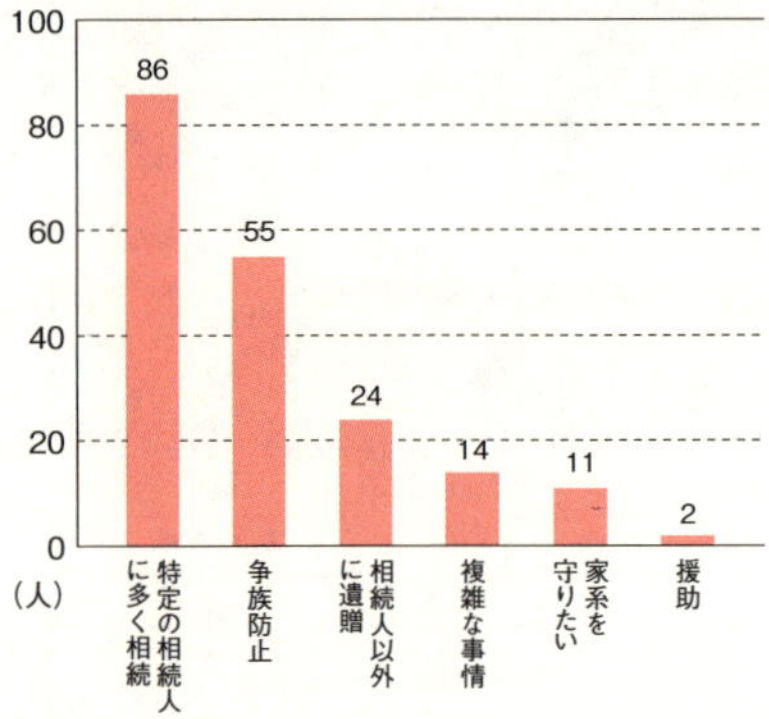

作成場所

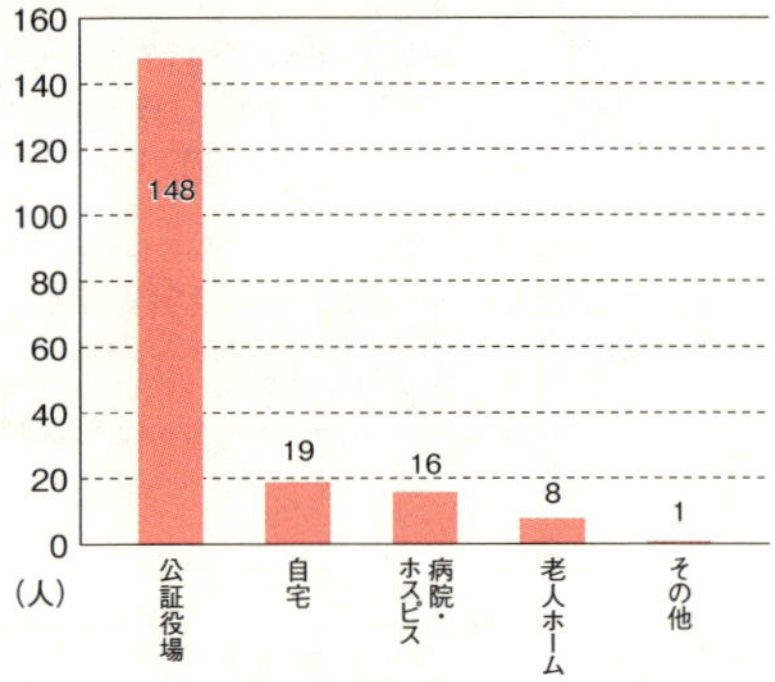

財産額

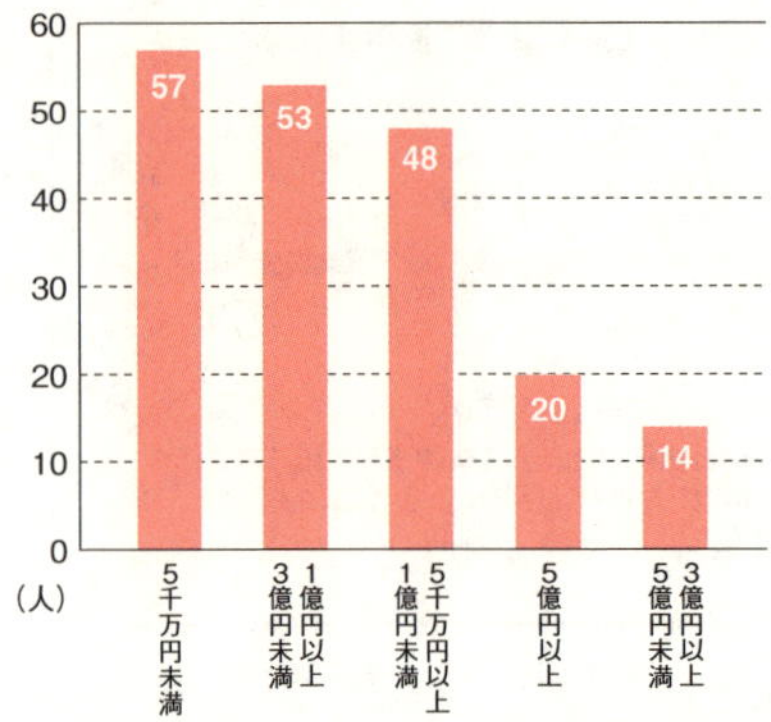

遺言書の有無

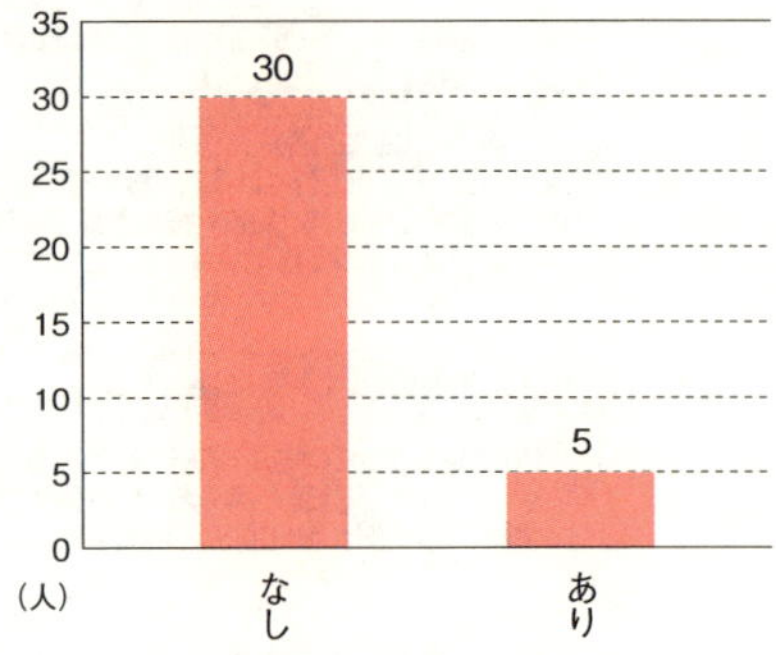

●【生前の業務②】「公正証書遺言作成サポートプラン（証人業務）」の作成と提案

【公正証書遺言作成の手順】……公正証書遺言作成証人業務

相続コーディネート実務士は、〝争いのない相続を残すことも財産〟というポリシーのもとに、公正証書遺言作成をサポートします。残された家族がもめないように意思を残していただくことが、争いを未然に防ぐことになります。ご本人の意思を尊重して、それが生かせるようにし、また、残された家族で争いにならないように、遺留分の問題や納税についても提案し、公正証書遺言作成の証人業務を引き受けます。公正証書遺言の作成手順は次のとおりです。

【無料相談】お客様と面談にて、相談内容を伺います。相続人となる方の状況や財産の内容をお聞きし、課題点の整理をするためのアドバイスをします。公正証書遺言の作成が必要だと思われる場合は、作成の手順や必要な書類、概算費用等の説明をします。

【意思決定】意思確認のため、「遺言コーディネートの委託書」に署名、押印をいただき、証人業務を受けます。この委託書にて実務をスタートさせます。費用の概算は見積書としてお渡しします。

【書類と財産内容の確認】印鑑証明書、戸籍謄本、不動産の登記簿謄本などを用意して頂き、書類の確認をします。相続人以外の孫などに遺贈する場合は、受け取る人の住民票も用意が必要です。財産の確認ができれば、評価をし、相続税の申告が必要か否かの判断をします。あわせて遺留分に抵触しないかの確認、アドバイスをします。

【原稿作成】公正証書遺言の内容については、見本と作成シートをお渡しし、お客様に内容案を記入してもらい、お預かりします。あるいは、こちらで意思をヒアリングさせていただき、まとめることでも構いません。ご本人のお気持ちを尊重し、ご家族の状況を考慮した上で、どのような遺言内容がよいか、ご提案、アドバイスして、遺言書作りのサポートをします。

【公証人の書類確認、原稿作成】お客様の遺言書の原稿をもとに、「公証役場」の公証人と打ち合わせをします。お預かりした印鑑証明書などの書類を公証人に渡し、公正証書遺言の原稿を作成してもらいます。公証人との書類確認、原稿作成等は相続コーディネート実務士がお客様に代行をして行います。全国どちらにお住まいの方でもお客様が出向ける場合は、相続コーディネート実務士が指定する、あるいは、お客様の希望の公証役場へ出向いて公正証書遺言を作成します。ご本人が入院されている場合やご高齢で出向くことが困難な場合は、公証人と相続コーディネート実務士2名の証人が、病院やご自宅等に出張して公正証書遺言を作成することもできます。

【原稿確認と費用の確定】公証人が作成した公正証書遺言の原稿を郵送またはＦＡＸでお送りし、お客様に内容を確認していただきます。内容の訂正や変更がなければ、その内容で用意します。原稿の最終確認ができてから、公証役場では作成費用が確定されますので、公証役場の費用と証人業務の費用とを合わせて、正式な見積額を提示します。

【作成日時の確定】お客様の希望日を確認し、公証人、証人となる相続コーディネート実務士の都合を合わせて、公正証書遺言の作成日時を決定します。所用時間は30分程度です。ご希望や状況により、公証役場へ出向くか、公証人と証人が出張するか決めるようにします。

【遺言書作成当日、遺言書完成】公証人が公正証書遺言の内容を読み上げ、最終的にご本人の意思確認をします。ご本人の意思が確認できたあと、公正証書遺言書に署名をし、実印を押印します。証人2名もその場に立ち会いの上、同様に署名し、押印します。公正証書遺言書は、原本、正本、謄本の3通が作成されます。原本は公証役場にて20年以上保管されます。正本は、遺言執行時に使用するものので、ご本人か遺言執行者が保管します。謄本は写しで、証人が保管します。

【費用の支払い】公正証書遺言の作成費用は遺言書作成の終了後、現金払いとなりますので、お客様には、当日、現金を用意してもらうようにします。公証役場に支払う作成費用と、相続コーディネート実務士が受け取る証人費用を分けて受け取ります。

【遺言書の保管】公正証書遺言の謄本は、社内に保管します。

●【相続後の業務】「相続税申告コーディネート」の実務

最良のストーリーを描いてオーダーメード相続を創り出す

相続コーディネート実務士は、相続人の意思やご家族の事情などにあわせて、【経済面】（節税対策や土地の有効利用などの金銭的メリット）と【感情面】（家族間のトラブル回避）の両面を配慮して、ご家族の絆が深まる機会になるようなストーリーを描いて提案します。いくつもの選択肢の中から、相続人とともに、最良のストーリーを実現できるよう、サポートします。このような「オーダーメード相続」を提案、サポートすることが相続コーディネート実務士の役割で持ち味だといえます。

「遺産分割」「評価・申告」「納税」のときにできる節税の選択肢を提案する

亡くなってからでも相続税を節税することはできます。それには、「遺産分割」のときにできる節税（特例を生かす）、「評価・申告」のときにできる節税（土地評価、時価申告などで減額）、「納税」のときにできる節税（配偶者、農地など）があり、比較、選択して、組み合わせ、決断していく必要があります。わかりやすく説明することも、相続コーディネート実務士の役割です。

●節税を引き出す相続コーディネートのプロセスとポイント

相続実務は、次のようなプロセスによって、サポートしていきます。

【ステップ1】相続相談を受け、相続コーディネート業務の委託を受ける

相続になったときも、実務をサポートします。お客様から親族が亡くなったという連絡があったときには、必要書類を用意してもらい、相談に来てもらうようにします。相続評価に必要な路線価を確認しながら「相続税クイック診断」をするためには、パソコンの環境が必要になるため、来社してもらうことが望ましいといえます。

お客様には、財産や負債の内容がわかる書類を用意してもらうようにし、相談日に概算評価と相続税額を算出し、申告の有無までを判断するようにします。合わせて、相続コーディネート実務士がサポートするメリットを説明し、意思決断をしてもらえば、委託書に署名をしてもらいます。

・相続財産の概算評価をし、申告の要否を判断、かかる費用の見積書を作成する
・委託書は相続人の代表者の署名でスタートするが、全員の合意を得るようにする

【ステップ2】相続財産・債務の確認・法定相続人の確認・遺言書の確認をする

相続の手続きには、財産の確認と相続人の確定が必要です。相続財産は亡くなった日現在の財産ですので、預貯金はその日の残高となります。負債も同様で、ともに金融機関ごとの残高証明書を取得してもらいます。預金口座は、亡くなってもすぐに凍結されることはありませんが、相続発生日の残高証明書を発行してもらう際には凍結され、入金も出金もできなくなります。家賃の入金やローン返済口座の場合は、別の口座を指定してから手続きをするようになります。

法定相続人を確認するためには、被相続人の出生から死亡までの戸籍謄本が必要です。被相続人の住民票の除票も必要です。また、相続人全員の戸籍謄本、住民票、印鑑証明書も必要です。

また、遺言書の有無も確認をします。自筆証書遺言の場合は、家庭裁判所の検認が必要になります。公正証書遺言の場合は、そのまま手続きができますが、内容を確認するようにします。

資料確認をし、代理取得できる路線価図、登記事項証明書（登記簿謄本）、公図、測量図、固定資産税評価証明書などを入手します。

相続コーディネート業務の内容例

・被相続人名義の財産の確認・相続税申告に関して税理士の選任、相続財産の分割に関する提案
・相続税納税に関する計画案の提案と実行、相続税申告書類に関する確認及び助言
・司法書士・土地家屋調査士・不動産鑑定士など相続に関する専門家の選任　など

【ステップ3】専門家チームの選択と財産確認・不動産の現地調査をする

依頼する税理士など専門家を選任し、打ち合わせを開始、相続税申告のスケジュールを組みます。相続には税理士、土地家屋調査士、不動産鑑定士、司法書士などの専門家が必要になるため、相続コーディネート実務士が窓口として、まとめ役になることで、お客様が自分で動き回り、あちこちに依頼したり、各専門家を探したりするわずらわしさを解消することができます。

節税の成果を上げるためには、相続に特化した専門家を集め、各専門家が協力し、知恵を出し合えるチーム作りをして業務を進めていきます。各専門家の費用についても、相続コーディネート実務士が全部の見積りを集めて、提示した上で業務を進め、すべての窓口になります。

相続財産の確認の中で重要になるのは、不動産の現地調査です。現地調査に基づいて減額項目を見つけますので、確実な節税を生み出します。現地調査は、相続人、相続コーディネート実務士、税理士で行いますが、不動産の状況を判断して、測量や鑑定をしたほうがいい土地も見極めます。

また現地調査に入る前に、業務ごとに「業務委託契約書」を相続人と締結します。相続コーディネート実務士のものと、税理士のものとは別々の契約とします。

・不動産の現地調査資料を作成し、効率よく調査を行う準備をしておく
・現地調査、役所調査で評価減のポイントを見つける

【ステップ4】財産評価と相続税額の算出をする

相続財産の評価や相続税申告書の作成は、税理士の担当です。不動産の現地調査が終わり次第、なるべく早いうちに財産評価を出してもらいます。財産評価と税額の算出は、申告期限に間に合えばよいということではなく、申告書を提出するまではいろいろな検討を重ねますので、何度も計算をしてもらうようにし、何度もミーティングをするようにします。

そうした成果は単に専門家が共有するだけでなく、相続人の全員にもその都度、伝えるようにします。お客様に来てもらい、相続コーディネート実務士の立ち会いのもと、税理士が評価の説明をします。また、税理士の財産評価の書類では、お客様にはわかりにくいことが多いため、相続コーディネート実務士は、税理士の書類をもとに、わかりやすい説明資料を作成することもあります。

また、不動産の評価は妥当か、他の評価方法や節税案はあるか、不動産以外の財産での節税項目はあるかなど、細部については、相続コーディネート実務士、税理士、不動産鑑定士などの専門家がアイデアや具体策について互いの知恵を出して、節税を引き出すようにします。

・土地の評価方法や申告の方針などは税理士と何度もミーティングをする
・相続人の全員にも評価方法などの情報は伝えて共有する

【ステップ5】評価における節税案の提案と検討を重ねる

土地の評価は、市街化区域であれば路線価評価が原則ですが、現況を確認すると特殊な事情がある場合が多く、不整形地や道路の接道状況や私道の有無などにより、路線価評価に見合った価値がないと判断できることがあります。そうした減額要素を土地ごとに確認して、積み重ねます。

面積が大きい広大地は、開発道路などの負担が必要になり、全体面積を使うことができないため、有効宅地率を想定して半分程度の評価になる広大地評価を適用します。この際、税務署には不動産鑑定士の意見書を添付資料とすることが多いため、不動産鑑定士ともミーティングが必要です。不動産鑑定評価を添付して相続税の申告をした場合でも、税務署では必ずその評価が認められるとは限らないため、そうしたリスクがあることも説明した上で進めます。

該当する宅地が二方道路や三方道路などの場合や、間口が広い地形の場合には、開発道路の必要がなく、効率よく区画割りできるため、広大地評価は適用できません。

土地の評価だけでなく、他の要因で減額要素がある場合には、評価に反映し、節税効果を高めるようにします。こうした確認作業については、相続コーディネート実務士も案を出します。

・財産評価は減額につながる要素を積み重ねる

・評価も税理士任せにせず、案を出して、ミーティングをする

【ステップ6】納税案の提案と土地売却などの実務のサポートをする

相続税の概算が出たあと、納税方法を提案します。相続財産を現金で納税できる場合は問題がありませんが、今後のためや分割金のために、現金を使えないことはよくあることです。

相続税がかかる場合、大半は、土地を所有されています。以前は、土地で納税する「物納」を選択されることが多かったのですが、現在では、要件が厳しくなり、簡単にはできなくなりました。

そうなると土地を売却して納税することを提案します。どの土地を売却して、どの土地を残すということや、どれくらい売却すれば納税に足りるかということも整理して、提案するようにします。

納税計画を提案するときには、簡単に売りやすいところからという選択よりも、将来を見据えて活用できる土地など価値が高いところは残し、利用価値の低いところを納税用に考えます。

土地を売却して納税するのであれば、申告期限までに売却を終えていることが望ましいといえます。よって、申告期限を目安として、なるべく早く決断をしてもらうよう、サポートします。申告後3年以内であれば相続税を取得原価とする特例を利用することができますので、遅くともその間には完了させることをアドバイスします。

・申告期限に納税ができるようなスケジュールを組む

・価値の高いところは残し、価値の低いところから売却する

【ステップ7】遺産分割案の検討、合意を確認し、分割協議書の作成をする

財産の分け方によっても、相続税を下げるポイントがあります。特に配偶者の税額軽減の特例をどう利用するか、小規模宅地等の特例をどう利用するかによって、相続税額や納税額が大きく変わってきます。節税のためには、特例を効果的に使えるような遺産分割をすることもできますので、選択肢を用意します。相続人の決断、合意が得られたら、遺産分割協議書を作成、調印のサポートをします。

遺産分割の案は相続コーディネート実務士が、相続人全員に提案するようにしますが、節税効果や納税の違いなど、税理士の協力も得て、効果の検証や説明資料を作成します。

なお、不動産の共有は課題となることがあるため、分けることが可能であれば分筆して、単独名義にするなどし、特にきょうだいの共有はできるだけ避けるよう提案します。ただし、納税用とする場合で、相続後すぐに売却する場合は、きょうだいの共有にすることもありますが、契約後との手間を考慮し、代表者が相続して、納税額を代償金として渡す方法もあります。また、分けられないものは売却して現金化することも提案、サポートします。こうした売却は、相続税の申告や不動産登記にも関連してくるため、税理士や司法書士と打合せをしながら進めます。

・遺産分割案を作成し、納税額を比較して提案する
・遺産分割案は全員に提案し、相続人が決断できるようにする

【ステップ8】相続税の申告と納税を確認、サポートする

相続税の申告書作成と提出は税理士が行いますが、相続コーディネート実務士が提案、サポートして、遺産分割の内容を反映して作成ができているか、評価の仕方などが違っていないかなど、税理士に任せきりではなく、自ら確認するようにします。

相続税の申告書の調印は、相続人に集まってもらい、税理士が申告内容の説明をした後、全員に調印してもらいますが、その場でも相続コーディネート実務士がサポートします。合わせて、納税額の確認と納付書を渡して、期限までに納付するようにしてもらいます。

・相続税の申告書の調印に立ち会う

【ステップ9】不動産登記、預金等の名義変更の案内をする

不動産の名義を亡くなった人から相続人に変えるための手続きをするのは、司法書士の担当です。事前に登記費用の見積りをもらっておきますが、再確認し、必要書類もそろえて司法書士に依頼します。登記の委任状も相続コーディネート実務士が代理で取得するようにし、窓口になります。

納税で土地の売却が必要な場合だと、いつ頃までに売却を終えなければならないかという目安に合わせて遺産分割協議書を作成し、不動産登記も進めるようにします。

・売却する土地だけ登記を進めることもできる

【ステップ10】 相続人につき、今後の生前対策の提案、実行をサポートする

亡くなった方の相続手続きが終わると一段落となりがちですが、継続して、相続された方の相続対策が必要になります。特に一次相続で配偶者の税額軽減の特例を利用した場合は、二次相続では特例が使えないために納税が必要になりますので、節税対策を提案、サポートするようにします。

一次相続を経験されているので生前対策には早めに取り組んでもらうよう、提案をしていきましょう。

生前の対策は、「オーダーメード相続プラン」として、次の内容を提案します。

1　全財産の確認と評価をする
2　相続税の予想額を出す
3　具体的な生前対策を実行する

・不動産を減らさない生前対策　↓土地有効利用など
・不動産・動産を減らす生前対策　↓贈与、不動産の売却など
・養子縁組で相続人を増やす
・遺産分割を決めておく　↓公正証書遺言作成など
・納税資金や遺産分割金を確保しておく　↓生命保険など

[土地の評価の減額]

~ 不整形地 ~

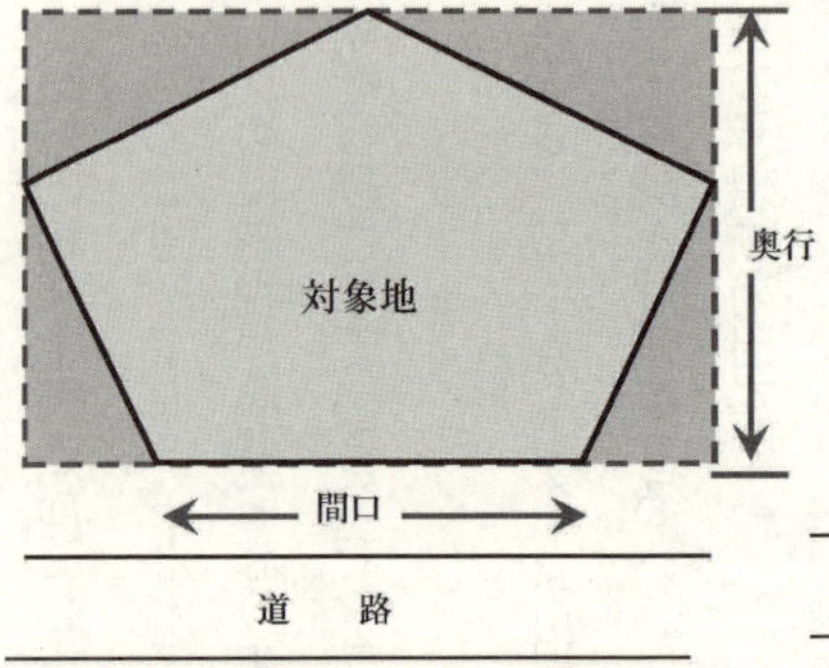

不整形の程度、位置及び地積の大小に応じ、不整形地補正率表に定める補正率を乗じた価額。

~ 無道路 ~

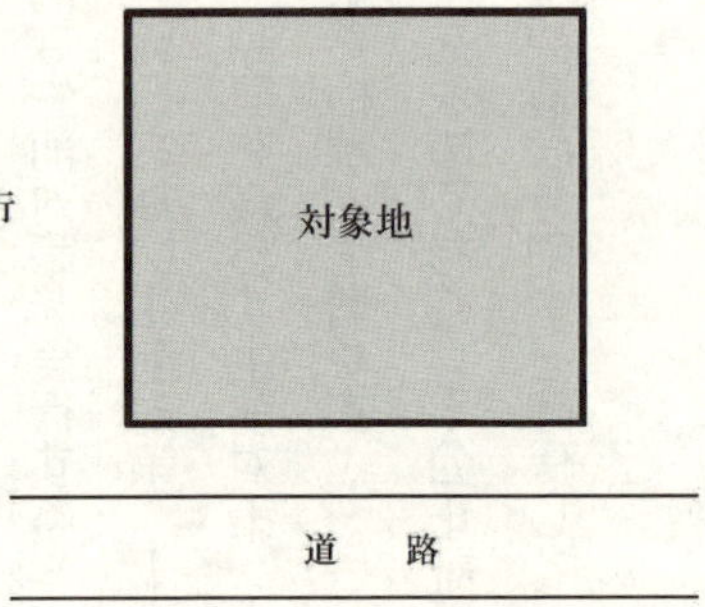

実際に利用している路線の路線価に基づき計算した価額からその価額の100分の40の範囲内において相当と認める金額を控除した価額。

~ セットバック ~

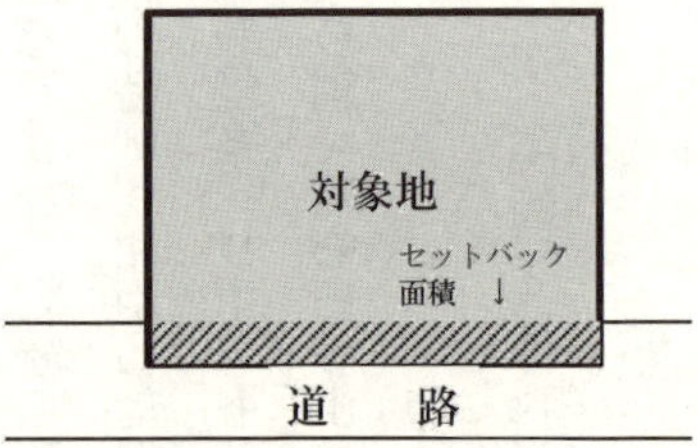

通常どおりに評価した価額から70%相当額を控除した評価額。

~ 崖地・傾斜地より評価減 ~

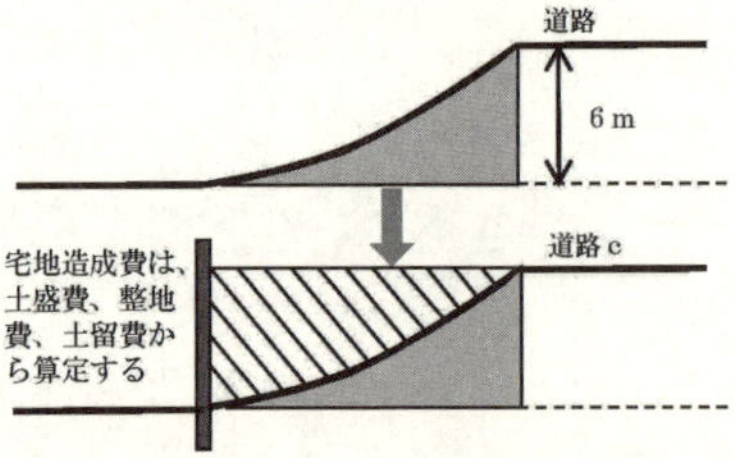

道路より高い又は低い位置にある宅地で、付近の宅地に比べて著しく高低差がある。通常どおりに評価した価額から10%相当額を控除した評価額。

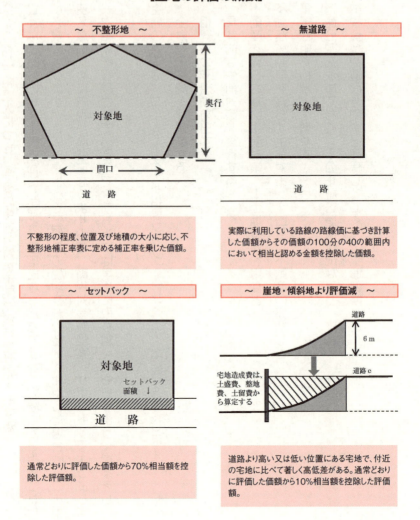

～　高圧線下の土地　～

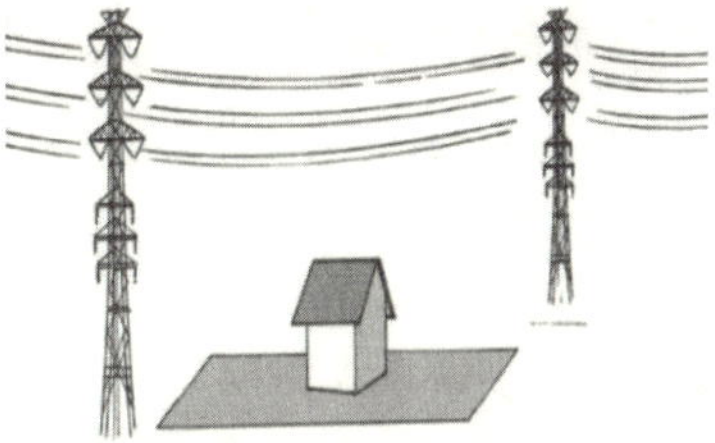

高圧線により建築制限がかかる部分について30%相当額を控除した評価額(建築不可の場合は50%相当額)。

～　広大地評価　～

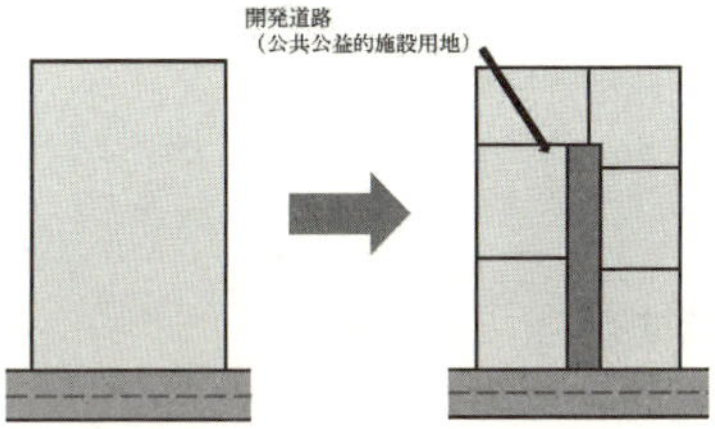

広大地とは、その地域の標準的な土地の面積に比べ著しく広く、その土地を開発するとした場合には、道路や公園等の公共公益的施設用地を儲ける必要があると認められる土地のこと。通常評価の35%が下限となる。

～　道路計画道路地の土地　～

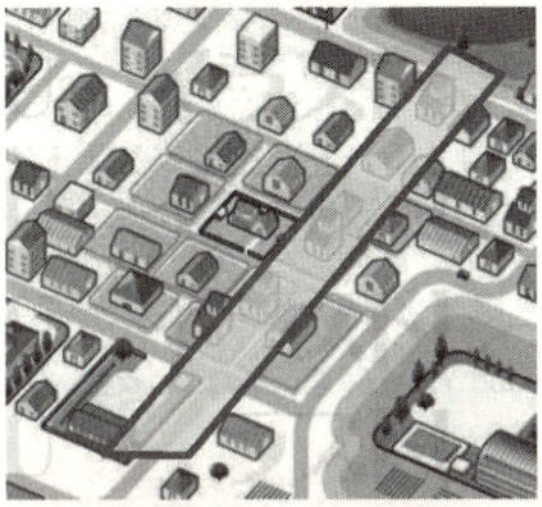

都市計画道路予定地の区域内となる部分を有する宅地の価額は、都市計画道路予定地の区域内となる部分でないものとした場合の価額に、地区区分、容積率、地積割合の別に応じて定める補正率を乗じて計算した価額によって評価する。

～　鑑定評価　～

利用価値が著しく低下している宅地として、不動産鑑定士による鑑定評価額が合理的であると認められるときに適用可能。

$$広大地補正率=0.6-0.05\times\frac{広大地の地積}{1{,}000㎡}$$

[相続税節税項目チェック表]

【相続後でも節税できること】評価を減らす ＋ 納税を減らす

【遺産分割】のときにできる節税（評価を減らす）

- □ ①小規模宅地等の特例の使い方で変わる①誰が相続するか
- □ ②小規模宅地等の特例の使い方で変わる②どこに適用するか
- □ ③土地を分筆することで減額になる
- □ ④配偶者税額軽減の特例を利用する（納税を減らす）

【評価・申告】のときにできる節税（評価を減らす）

- □ ⑤測量をして面積、地形を確認する（面積の増減）
- □ ⑥道路の状態で評価減する（無道路、セットバック、計画道路）
- □ ⑦土地の形状で評価減する（不整形）
- □ ⑧崖地、傾斜地等の現況を評価する
- □ ⑨高圧線下の土地は減額できる
- □ ⑩区画整理中の土地は減額要素がある
- □ ⑪広大地評価を適用する
- □ ⑫鑑定評価を採用する
- □ ⑬路線価評価で売れなかった土地は時価申告する
- □ ⑭特殊な事情は評価に反映させる
- □ ⑮用途地域境の評価減

【納税】のときにできる節税（納税を減らす）

- □ ①売却は3年以内にする（相続税の取得費加算を利用）
- □ ②売却するなら相続した土地にする（相続税の取得費加算を利用）
- □ ③納税がない相続人は売却地を取得しない ⎫
- □ ④農地の納税猶予を受ける ⎬【遺産分割】時に決める
- □ ⑤生産緑地の納税猶予を受ける ⎭
- □ ⑥配偶者の税額軽減を適用する

[セミナー＆相談会の風景]

[セミナーのご案内資料]

相続対策セミナー & 相談会のご案内

開催日

セミナー1「顧問税理士が教えてくれない資産タイプ別相続・生前対策完全ガイド」

講師：島津会計税理士法人東京事務所 所長　岸田 康雄

セミナー2「相続税を減らす生前の不動産対策」

講師：株式会社 夢相続 代表取締役　曽根 恵子

（当日のスケジュール）

14:00～16:00

島津会計税理士法人東京事務所 所長　岸田 康雄

株式会社 夢相続 代表取締役　曽根 恵子

16:00～17:00　個別相談会

無料個別相談をご利用ください。

個別相談をご希望される方は、申込時にご連絡ください。（当日でも受付できます）

（参加費）無　料

（会　場）田中八重洲貸会議室

住所：東京都中央区八重洲1-5-15

東京駅徒歩3分／日本橋駅徒歩3分

講師紹介

岸田 康雄

島津会計税理士法人東京事務所 所長

島津会計税理士法人東京事務所（日本橋相続税相談室）所長、事業承継コンサルティング株式会社代表取締役。

・一橋大学大学院商学研究科修士課程修了

・公認会計士、税理士、中小企業診断士、国際公認投資アナリスト（日本証券アナリスト協会検定会員）

・監査法人、金融機関に在籍して、大企業の組織再編から中小企業の相続対策まで数多くの事業承継と組織再編のアドバイスを行う。

【主な著作】

「顧問税理士が教えてくれない資産タイプ別相続・生前対策完全ガイド」

曽根 恵子

株式会社夢相続 代表取締役

【相続コーディネート実務士】の創始者として1万3000件の相続相談に対処。夢相続を運営し、感情面、経済面に配慮した"オーダーメード相続"を提案。"相続プラン"によって「家族の絆が深まる相続の実現」をサポートしている。

【主な著作】

「相続発生後でも間に合う完全節税マニュアル」

「相続税を減らす生前の不動産対策」等 28冊

【メディア出演】

NHK「あさイチ」「ゆうどきネットワーク」

TBS「はなまるマーケット」等

平成27年10月23日（金）　相続対策セミナー参加申し込み

フリガナ		年　齢	性　別
お名前		歳	男・女
ご住所	〒　　－		
電話番号	（　　）	携帯電話	（　　）
ＦＡＸ		職　業	
Eメールアドレス	@		
携帯メールアドレス	@		

夢相続

主催／（株）夢相続　〒103-0028 東京都中央区八重洲1-8-17 新横町ビル5階

協賛／（社）相続コーディネート協会

TEL：03-5255-3388　FAX：03-5255-8388　http://www.yume-souzoku.co.jp

第6章

相続コーディネートの実例15

生前・相続プラン実例①

老人ホームに入った高齢の父親の対策をした春田さん

［実務］

□購入　□売却　☑組替え　□活用　□贈与　□遺言　□法人

□生命保険　☑相続税申告　☑登記　☑その他（賃貸管理）

［ご家族の状況］

○依頼者　春田さん（女性・50代）・職業　公務員

○家族関係　父、長女（本人）、長男

○財産の内容　自宅、駐車場、現金、有価証券

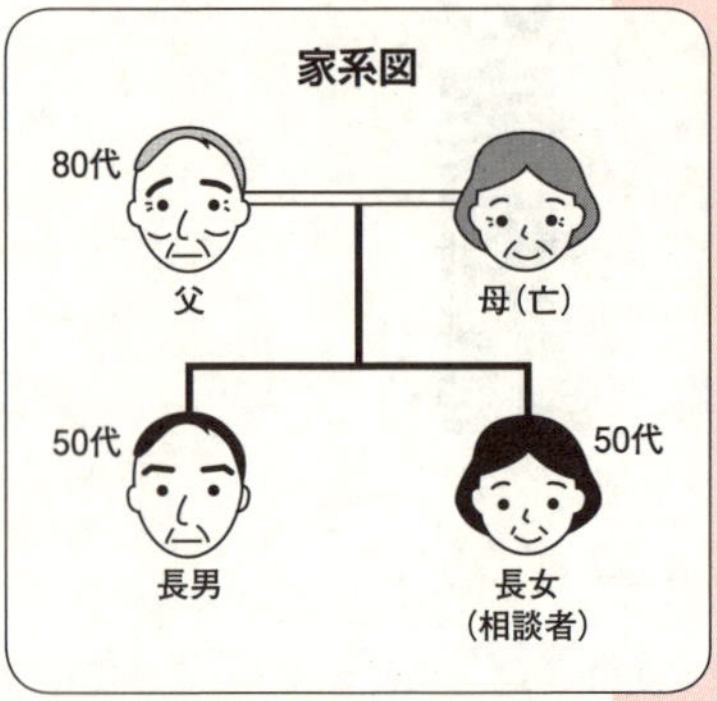

［相談内容］

春田さんの母親は10年ほど前に他界、その後、父親は自宅で一人暮らしをしてきましたが、80代になると、一人暮らしに不安が出てきたために、数年前から老人介護施設に入所しています。

春田さんも弟も実家を離れて住居を構えているので、同居する選択肢はとれそうにありません。定期的に様子を見にいってはいましたが、ともに仕事を持っているため、頻繁にというわけにはいかず、不安をかかえていました。そのうち、父親が家の中で転倒して骨折してしまい、入院し、退院後は自宅に帰らず、介護施設に入所しました。

その後もリハビリを続けていますが、自宅に戻れる可能性は低く、自宅がずっと空き家になっていることも春田さんの心配事でした。今後どうすればよいのか、弟と2人で相談に来られました。

■課題

・自宅が空き家で子供が同居する状況ではなく、居住用の「小規模宅地等の特例」は使えない
・貸駐車場は満車にはならず、固定資産税の支払にも足りない

■課題を解決する提案

【対策①】自宅をリフォームして賃貸する

自宅は築年数が経っていますが、あまり経費をかけずに節税対策ができることを提案しました。父親が自宅に帰って住むという状況は難しそうで、さらに春田さんも弟もすでに自宅を持っていることから、評価減になる居住用の「小規模宅地等の特例」を使える状況ではありません。

そこで、父親のお金で室内をリフォームすることによって、その経費である現金の消費が節税につながり、さらに貸付することで貸付事業用の「小規模宅地等の特例」を使って評価減できるようになります。

【対策②】貸駐車場を売却して、収益マンションに買い替える

父親が購入した土地は、将来、子供のいずれかが住むことを希望していましたが、立地的にかなわず、貸駐車場として維持してきました。ジャリ敷きで6台がとめられる区画ですが、現在は、3分の

1程度しか契約がなく、固定資産税がようやく払える状況です。空き地のままでは自用地評価となり減額はできないため、節税効果は見込めません。この土地に賃貸アパートを建てる計画も立案できますが、建築費の借入が必要となり、子供2人で運営するには課題があります。そこで、売却して、分けやすくするために、その売却代金で2つの収益マンションを購入することを提案しました。

【対策実行後の効果】　相続税は、1、010・5万円の節税

春田さんは父親、弟と相談のうえ、自宅をリフォームすることを決断しました。リフォーム後にすぐ入居の希望があり、家賃17万円が入ることで、父親の介護施設の費用が捻出できるようになり、貸付事業用「小規模宅地等の特例」も使えるようになりました。そうすることで相続になっても節税できます。

貸駐車場は売却する方向で父親が決断し、その売却代金で区分マンションを2部屋購入できました。

この資産組替えにより、節税と収益増加の両方が実現しました。

ここがポイント

・自宅を賃貸すると貸付事業用「小規模宅地等の特例」が使えるようになる。
・更地は減額できないため、収益マンションに組替えして評価を下げる。

[対策前の財産評価]

項目			評価額（万円）	構成比（%）
資産	土地	自宅　土地（200㎡）	5,290	46.00
		貸駐車場　土地（200㎡）	4,660	40.52
		合計	9,950	86.52
	建物　自宅		150	1.30
	現預金		400	3.48
	有価証券		1,000	8.70
	資産合計		11,500	100

[対策前の財産構成グラフ]

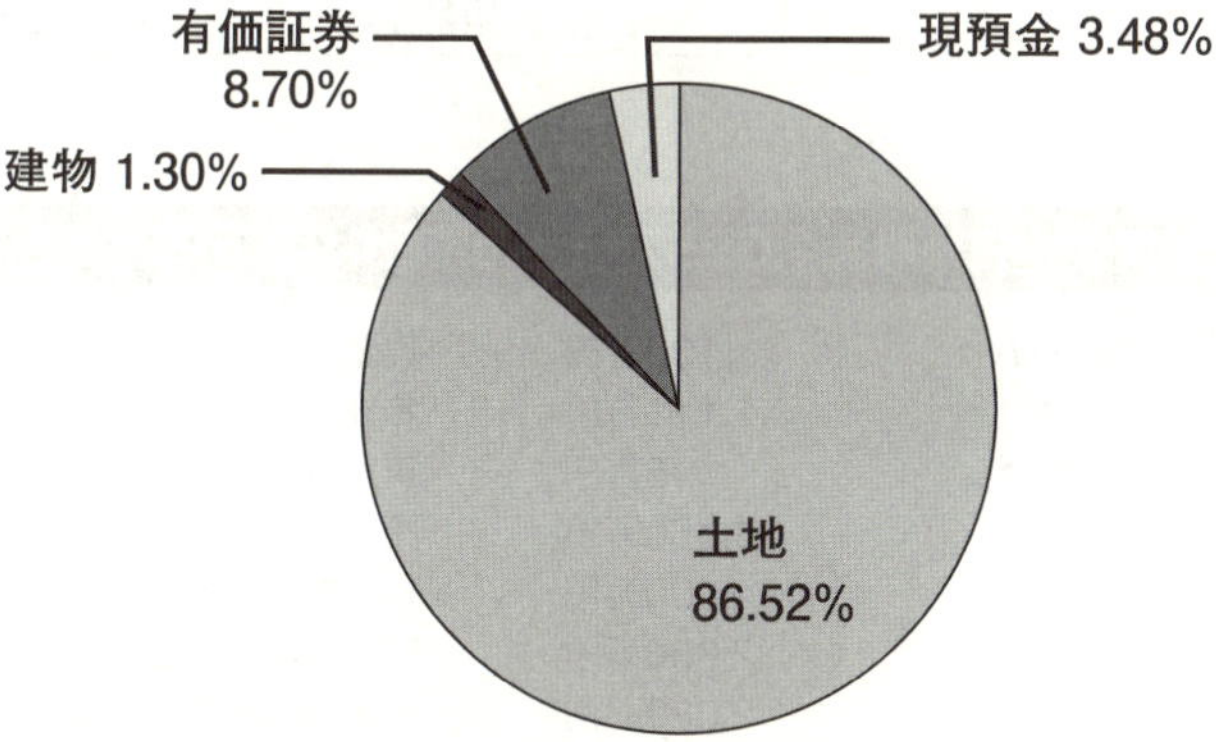

基礎控除（相続人2人）
4,200万円
課税財産
7,300万円

※相続税の計算の仕方
7,300万円÷2＝3,650万円
3,650万円×20%−200＝530万円
530万円×2人＝1,060万円

相続税予想額　1,060万円

[対策実行後の節税効果検証]

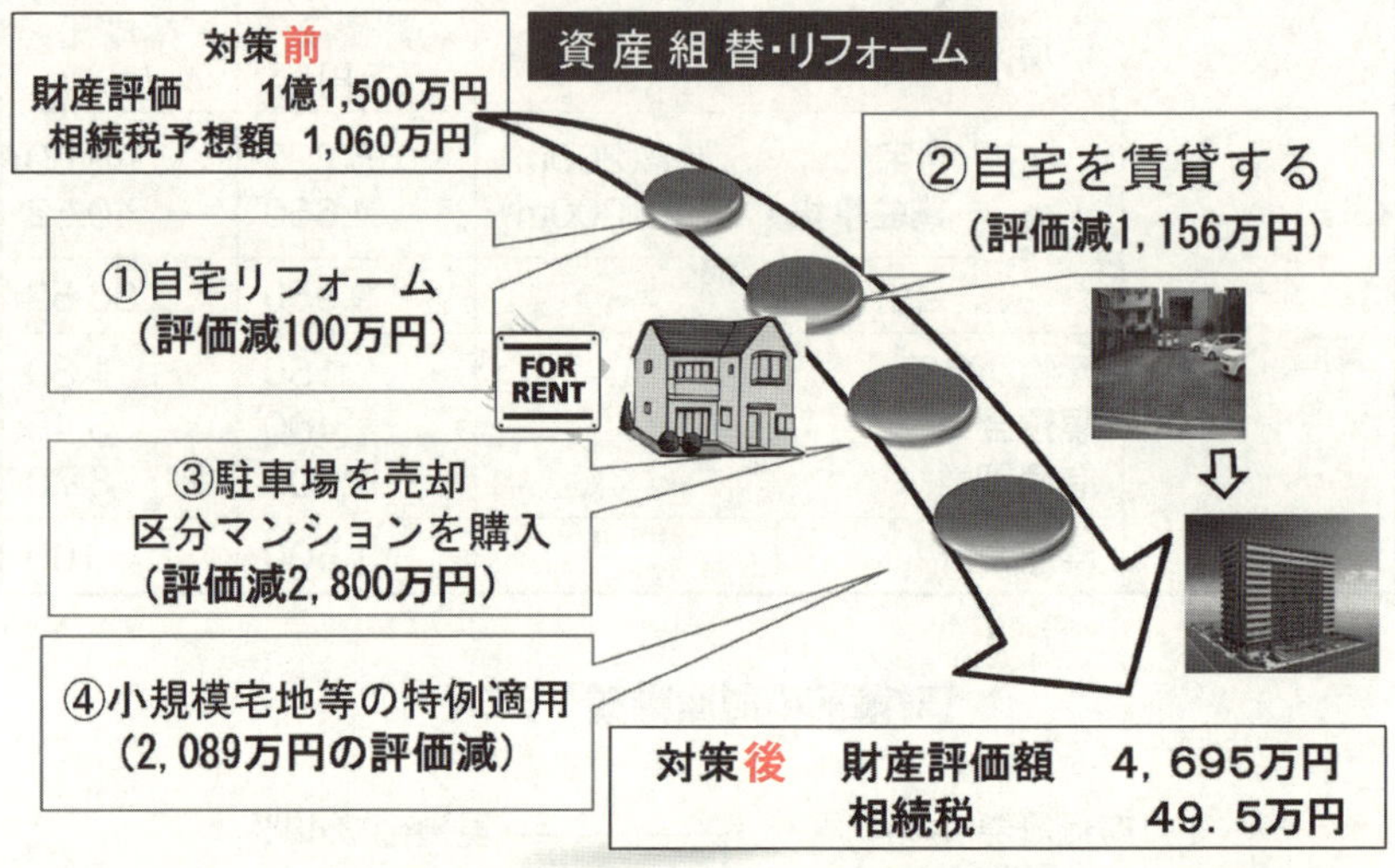

対策後　相続財産4,695万円　相続税49.5万円

対策	①自宅	リフォーム代	△100万円	…………現金消費
		貸家建付地	△1,111万円	…………貸家評価
		貸家評価	△45万円	…………貸家評価70%
	②駐車場売却		△4,660万円	…………売却、660万円は費用消費
	③区分マンション購入		＋4,000万円	…………税引き後4,000万円が原資
		貸家評価70%	△2,800万円	…………時価の30%と想定
	○小規模宅地等特例		△2,089万円	…………①200㎡50%
対策の評価減合計			△6,805万円	

基礎控除（相続人2人）
4,200万円
課税財産
495万円

※相続税の計算の仕方
495万円÷2＝247.5万円
247.5万円×10%＝24.75万円
24.75万円×2人＝49.5万円

【節税額】 1,010.5万円

生前・相続プラン実例②

父親から相続した家を売却、賃貸住宅を購入した松田さん

【実務】
□購入　□売却　☑組替え　□活用　□贈与　☑遺言　□法人
☑生命保険　☑相続税申告　☑登記　☑その他（賃貸管理）

【ご家族の状況】
○依頼者　松田さん（女性・60代）・職業　無職
○家族関係　長女（本人）、おい2人（代襲相続人）
○財産の内容　自宅、現金、有価証券

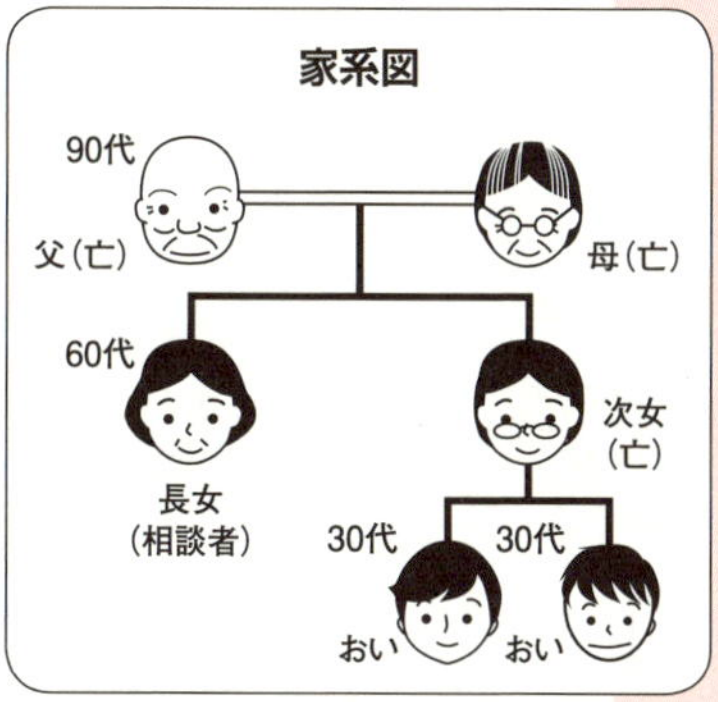

【相談内容】

松田さんは以前に父親の代理で相談に来られました。父親にもお会いし、当社が公正証書遺言作成の証人となり、業務をサポートしました。父親が亡くなったのは、遺言書の作成から5年後で、相続税申告のコーディネートも担当しています。

松田さんは父親とは同居をしておらず、独身のため、一人暮らしです。母親は20年前にすでに他界しており、妹も父親が亡くなる直前に亡くなってしまい、自分の相続人は2人のおいです。

高齢になった父親の世話をしたのは松田さんで、妹の協力は得られませんでした。松田さんは実家

に通って父親の世話をするため、フルタイムの仕事をすることはできませんでした。松田さんの貢献に感謝して、父親は松田さんに不動産をはじめとするほとんどの財産を相続させるという遺言書を作成されたのです。妹には現金を相続させる遺言書になっていましたので、その部分は松田さんとおいで分割協議書を作成しました。

相続後、財産の中で大きな割合を占める父の家をどうするかが課題でした。自分の住まいとは離れているうえ、住まない家を持っていても収益もなく、固定資産税などの税金が掛かるだけです。

■課題

・父親から相続した家は空き家となっている
・父親の家は築40年以上で老朽化している
・土地は広いが、活用の予定はない
・自宅からは遠く、維持するのに苦労しそう

■課題を解決する提案

【対策①】住まない家は売却

建物を壊してアパートを建て、不動産収入を得ることも検討しましたが、なにより、自分の住まいと離れていることから、思い切って売却して、立地のいい収益不動産（賃貸マンション）を購入することを提案しました。

父親の家は、閑静な住宅街にあり、面積は180坪ほどあります。二方が道路に面した整形地なので、建売住宅に適しています。そうした好条件が幸いし、ほどなく売却ができました。

【対策②】４つの賃貸マンションに分ける

賃貸経営は、一カ所にまとめるよりは、分けたほうがリスク分散ができると判断し、４つの賃貸マンションに分けて購入し、それぞれ賃借人も決まりました。物件を選ぶ基準は、駅に近く環境もよいこと、売却するにも流通しやすい価格帯にすることなどです。

【対策実行後の効果】

毎月、安定した賃料を得ることができ、生活の基盤も確保できるようになりました。売却で得た金銭を貯金し日々の生活費として切り崩していくようであれば、預金が減る不安があります。けれども毎月安定した家賃収入を得るようになったことで、精神的な不安からも解消され、落ち着いた生活を取り戻すことができたと喜んでいただきました。

ここがポイント

・住まない実家は固定資産税が負担になる。売却して収益のある不動産に組替えが妥当。
・賃貸物件は立地や間取りを替え、複数購入することがリスクヘッジになる。
・賃貸物件は貸しやすく売りやすい、人気のある立地で、コンパクトなものにする。

[対策前の財産評価]

項目		評価額（万円）	構成比（%）
資産	土地　自宅（595㎡）	7,000	67.96
	建物　自宅	600	5.82
	現預金	900	8.74
	有価証券	1,800	17.48
	資産合計	10,300	100

[対策前の財産構成グラフ]

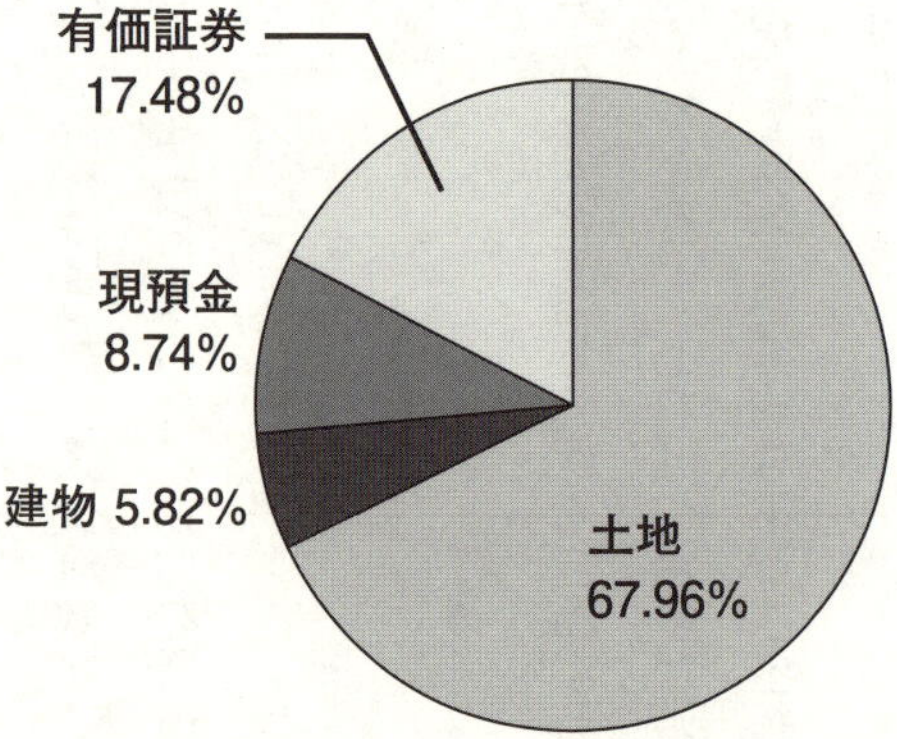

基礎控除（相続人2人）
4,200万円
課税財産
6,100万円

※相続税の計算の仕方
6,100万円÷2＝3,050万円
3,050万円×20%−200万円＝410万円
410万円×2人＝820万円

相続税予想額　820万円

[対策実行後の節税効果検証]

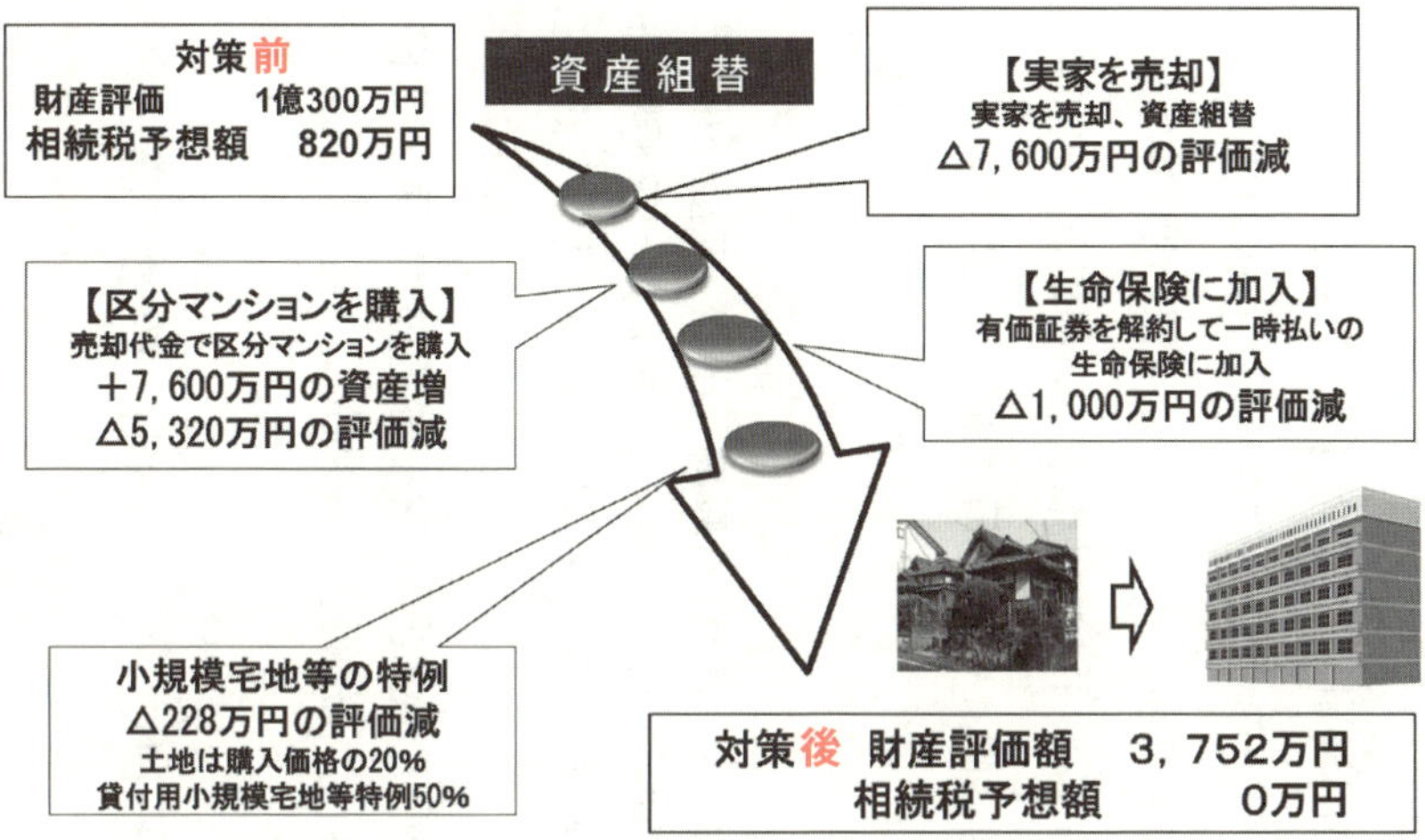

対策後　相続財産3,752万円　相続税0円

対策	①自宅　土地売却	△7,000万円	評価以上に売却
	建物解体	△600万円	
	②区分マンション購入	+7,600万円	税引き後手取り
	貸家評価	△5,320万円	貸家評価減時価の70%
	③生命保険	1,000万円	
	生命保険非課税枠	△1,000万円	
	④有価証券	△1,000万円	生命保険加入
	○小規模宅地等特例	△228万円	②土地25%、50%減
対策の評価減合計		△6,548万円	

基礎控除（相続人2人）
4,200万円
課税財産
0万円

※対策後の財産が基礎控除の範囲内につき、申告、納税は不要

【節税額】820万円

生前・相続プラン実例③

故郷の土地を売却、近くに購入した山下さん

【実務】

□購入　□売却　☑組替え　□活用　□贈与　☑遺言　□法人

☑生命保険　☑相続税申告　☑登記　☑その他（賃貸管理）

【ご家族の状況】

○依頼者　山下さん（男性・70代）・職業　不動産賃貸業

○家族関係　夫（本人）、妻、長男、次男

○財産の内容　自宅、賃貸マンション、駐車場AB、貸倉庫

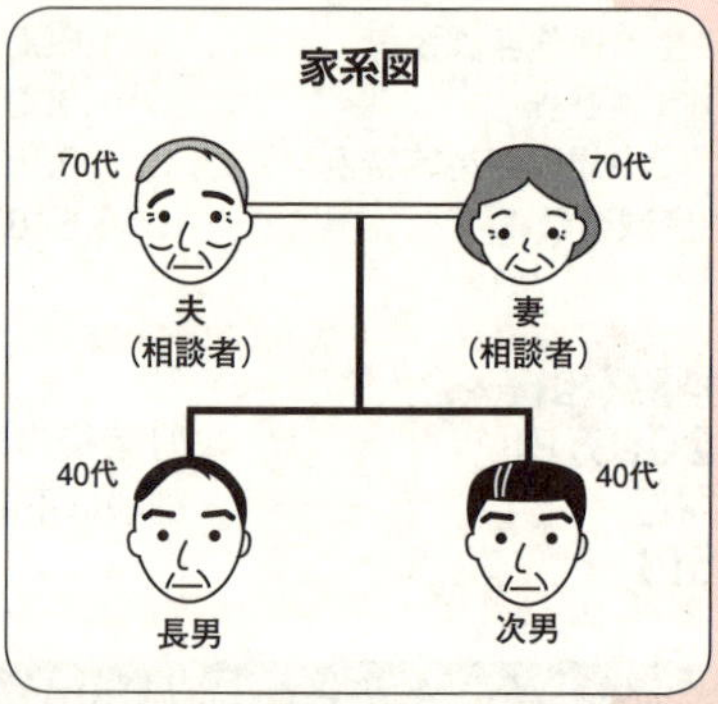

【相談内容】

山下さんは地元の上場会社に就職し、退職前は役員になってリタイヤしました。その間、何カ所かの転勤をしたこともあり、地元を離れて本社のある首都圏に住むようになりました。そのまま自宅を購入して現在に至ります。2人の子どもは仕事の関係で、家を離れて生活をしており、現在では妻と2人暮らしとなりました。70歳で退職後もなかなか暇にならず、いよいよ80歳が近づいてきたため、今後のことも考えないといけないと、夫婦で相談に来られました。

山下さんは、自宅以外に親から相続した地方の不動産も複数所有しているため、相続税はどれくら

いかかるのか、生前にどのような対策をとることができるのか、知っておきたいということでした。

■課題

・多額の相続税が予想されるため、相続税の節税対策と納税対策が必要
・地方に活用されていない不動産がある
・2人の子供に対して分割対策が必要

■課題を解決する提案

【対策①】活用されていない地方の不動産を売却する

地方の不動産のうち、駐車場A、Bの2カ所は空き地となっています。以前、地元の企業に貸していたときは収入がありましたが、現在は、固定資産税などの支出があるだけとなっています。そこで、2カ所の土地について、どのようにするのが妥当か、調査・検討しました。

まずは、賃貸住宅を建てて事業ができるか、活用の可能性について検討したところ、2カ所とも最寄駅から徒歩15分以上かかる立地であること、周辺の賃貸需要は飽和状態であることから、賃貸住宅を建てることはリスクがあると判断しました。

次に、売却して別の立地で賃貸不動産を購入することを検討すると、周辺は戸建て住宅に適した立地であり、建売用地として売却することが妥当だと判断できました。まとまった面積があるため、販売先は建売業者が妥当だといえます。

こうした提案により、山下さんは売却の決断をされました。ほどなく、希望価格で地元の建売業者への売却が決まりました。

【対策②】売却した資金で都心の不動産に買い替えする

山下さんの土地は、相続評価額以上で売却できましたので、そのまま現金で保有をしたとすると、相続税の節税にはならず、かえって増税となってしまいます。

そこで売却代金を元手に、都心に8世帯の中古アパートを購入しました。2人の子どもに相続しやすいように近いところへ移したのです。購入資金の不足は銀行借入をしました。これで、評価を下げながら、収益を増やす対策が実現しました。

【対策実行後の効果】

山下さんは、提案どおりに売却、購入を決断され、節税が実現しました。将来、子供たちが維持しやすい不動産へ組替ができたことが、安心感となりました。

ここがポイント

・活用していない土地は評価減できないため、売却して、対策物件の購入原資にする。
・売却代金で賃貸不動産を購入することで評価を下げ、家賃収入も得られる。
・資産組替えは借金のない節税対策ができる。

[対策前の財産評価]

項　目			評価額（万円）	構成比（%）
資産	不動産	土地　自宅（150㎡）	2,600	11.4
		土地　賃貸マンション（500㎡）	5,100	22.4
		土地　貸駐車場A・B（700㎡）	5,500	24.1
		土地　生家（500㎡）	3,200	14.0
		土地　貸倉庫（1,000㎡）	4,500	19.8
		土地合計	20,900	91.7
		建物（自宅・マンション・生家・貸倉庫）	1,900	8.3
	資産合計		22,800	100

[対策前の財産構成グラフ]

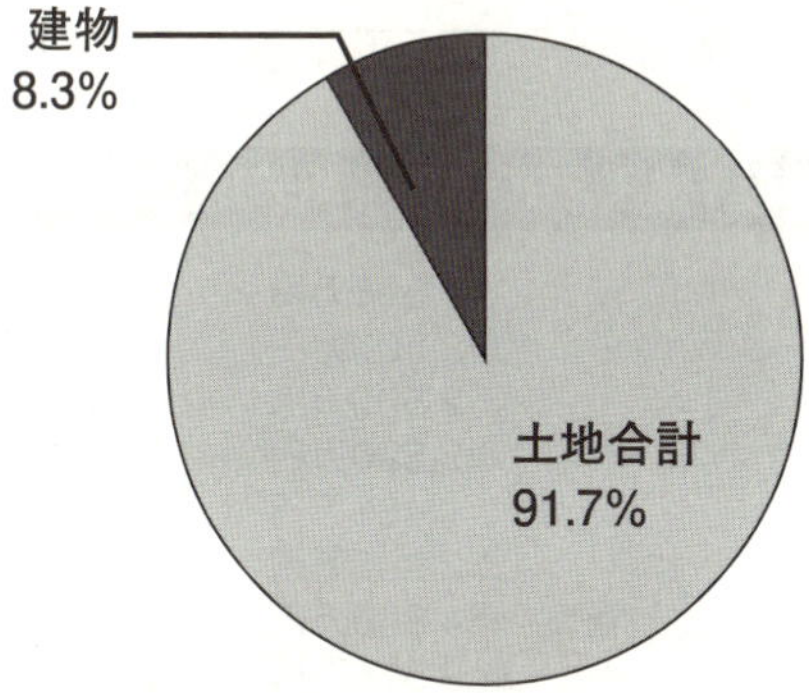

基礎控除（相続人3人）
4,800万円
課税財産
1億8,000万円

※相続税の計算の仕方
妻…18,000万円÷2=9,000万円
9,000万円×30%−700万円=2,000万円
子…18,000万円÷4=4,500万円
（4,500万円×20%−200万円）×2人=1,400万円
2,000万円+1,400万円=3,400万円

相続税予想額　3,400万円

[対策実行後の節税効果検証]

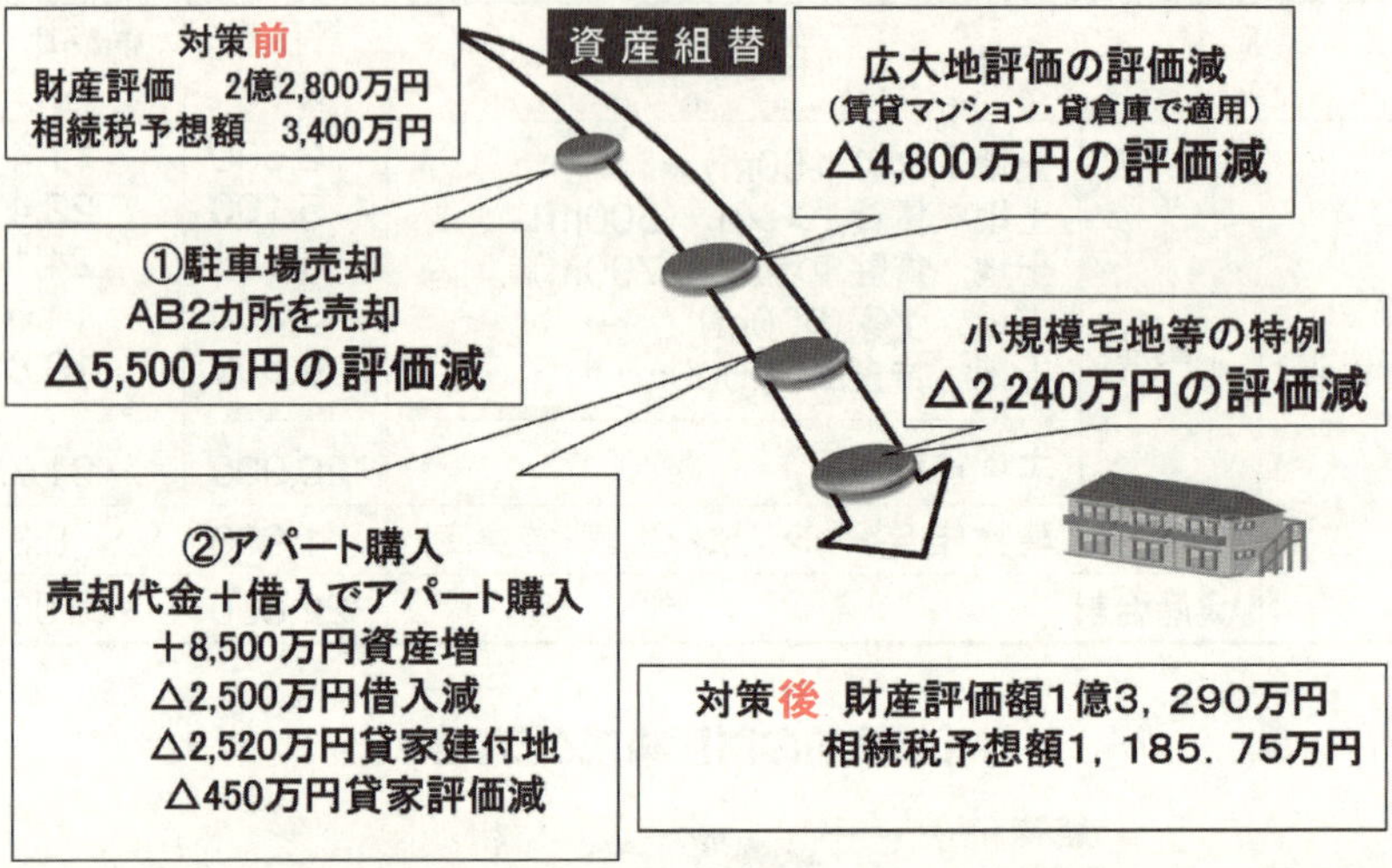

対策後　相続財産1億3,290万円　相続税1,185.75万円

対策①駐車場　土地AB	△5,500万円	………売却により減額
②中古アパート購入	＋8,500万円	………売却5,500万円が原資
購入資金不足借入	△2,500万円	………銀行借入
貸家建付地減	△2,520万円	………7,000万円
貸家評価 70%	△450万円	………1,500万円30%と想定
○小規模宅地等特例	△2,240万円	………②アパート200㎡
○広大地評価　賃貸マンション・倉庫	△4,800万円	………50%減と想定
対策の評価減合計	△9,510万円	

基礎控除（相続人3人）
4,800万円
課税財産
8,490万円

※相続税の計算の仕方
妻　8,490万円÷2＝4,245万円
4,245万円×20%－200万円＝649万円
子　8,490万円÷4＝2,122.5万円
2,122.5万円×15%－50万円＝268.375万円
268.375万円×2＝536.75万円
649万円＋536.75万円＝1,185.75万円

【節税額】2,214.25万円

生前・相続プラン実例④

生命保険を解約して対策をした山本さん

【実務】
☑購入　□売却　□組替え　□活用　☑贈与　□遺言　□法人
☑生命保険　☑相続税申告　☑登記　☑その他（賃貸管理）

【ご家族の状況】
○依頼者　山本さん（女性・60代）・主婦
○家族関係　夫、妻（本人）、長男
○財産の内容　自宅、区分マンション

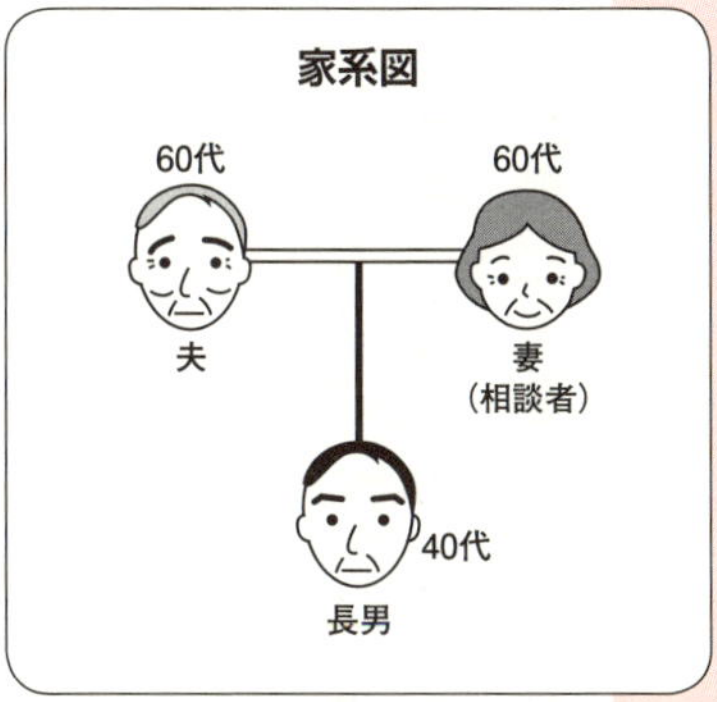

【相談内容】

山本さんの夫は会社を定年退職し、ほっとしたのもつかの間、体調を崩してしまいました。近くの総合病院で検査を受けたところ、深刻な病気だと診断され、入院、手術をしました。その後、何度か入退院を繰り返して、闘病生活をしてきましたが、いよいよ余命半年と宣告されたというのです。山本さんは相続のことが不安になり、本を読んで親子で相談に来られました。

夫は会社員でしたが、父親から相続した財産があり、全部換金してまとまった生命保険に入っていました。しかし、そうしたことも夫が元気な頃はすべて夫がやってきましたので、ほとんど知らなかったのです。しかも夫の相続なんてまだまだ先の話だと、考えもしませんでした。それが思いもしない病気になり、余命半年と聞いて、このまま相続を迎えるにはあまりに不安になり、本を読んで相談してみようと思ったのです。

幸い、子供は独身の息子ひとりで、争いにはなりません。息子も仕事の合間に病院に来たり、自宅に来たりと協力してくれることが救いでした。相続のことも自分だけでは心細いので、息子と一緒に相談に来られたのです。

■課題

・自宅不動産の評価が低く「小規模宅地等の特例」の効果は少ない
・財産の大部分は一時払いの生命保険で、節税にならない

■課題を解決する提案

【対策①】【贈与】居住用の配偶者贈与の特例で自宅を妻に贈与する

夫の体調を考慮し、すぐにできる節税対策として、自宅を妻の山本さんに贈与することを提案しました。万一、他の節税対策が間に合わないようなときでも、少しでも確実に節税できることは着手しようと判断しました。

【対策②】【購入】生命保険を解約し、収益マンションを購入する

山本さんの夫は、父親から相続した財産を換金し、全部を生命保険にしていました。生命保険であ

れば安心という認識だったのかもしれませんが、節税効果は2人で1、000万円の非課税枠しかなく、それ以上は課税されてしまいます。そこで、1億4、000万円は解約し、収益マンションを4室購入することで、節税しながら、家賃を受け取る形にしました。自宅の「小規模宅地等の特例」は贈与してしまうため使うことができません。そこで購入した収益マンションで貸付事業用の「小規模宅地等の特例」を使えるようにしました。

【対策実行後の効果】相続税は、3、075・05万円の節税

こうした対策の提案につき、山本さんは夫にも説明し、理解を得ながら進めました。自宅の贈与はすぐに手続きができ、少し安心してもらえました。その後の保険の解約、不動産の購入についても3カ月ほどで手続きができましたので、夫の意識があるうちに報告ができたのです。節税対策が進み、納税を少なく抑えて、家賃収入が入る財産になったことで、夫はとても喜んでくれたと山本さんから聞きました。その後、宣告どおりに半年後に亡くなりましたが、相続手続きの不安はなく、本当によかったといっておられました。

ここがポイント

・居住用不動産の配偶者贈与の特例はすぐにでき、節税効果は大きい。
・一時払いの生命保険を解約して収益不動産を購入、賃貸することで節税できる。

[対策前の財産評価]

項目			評価額（万円）	構成比（%）
資産	土地	自宅（1,024万円） 区分マンション（405万円）	1,429	6.66
	建物　自宅（120万円） 区分マンション（1,226万円）		1,346	6.27
	有価証券		1,750	8.16
	現預金		1,730	8.06
	生命保険【一時払い1億5,000万円】		15,000	69.92
	その他（ゴルフ会員権）		200	0.93
	資産合計		21,455	100

[対策前の財産構成グラフ]

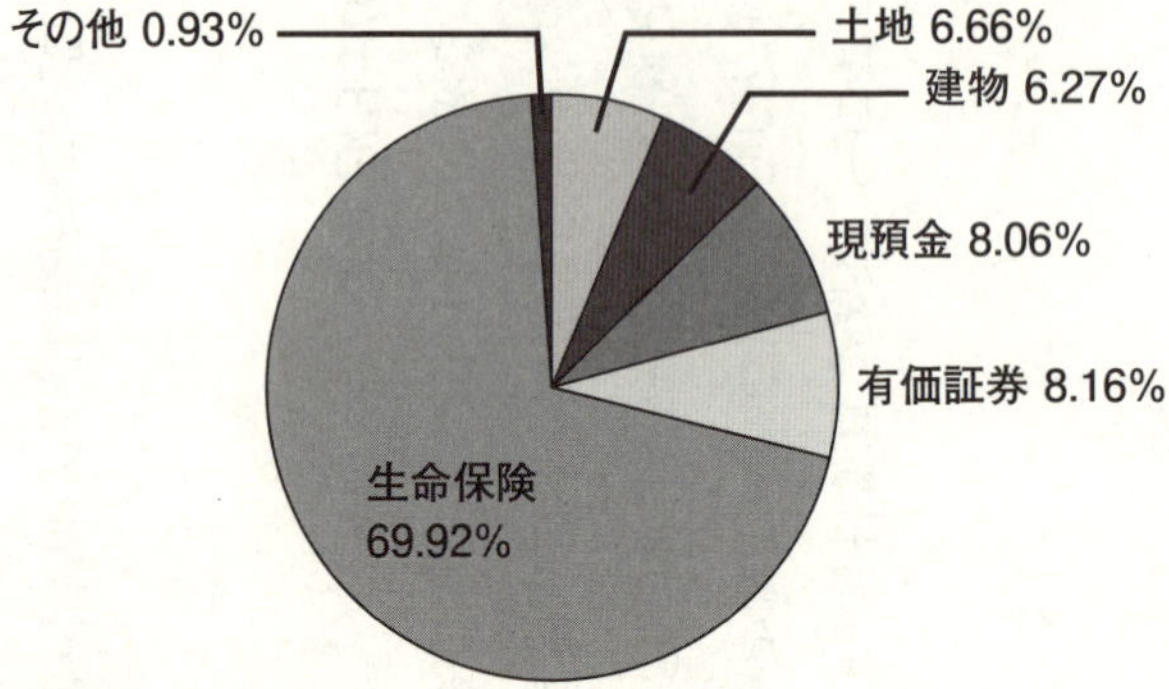

基礎控除（相続人2人）
4,200万円
課税財産
1億7,255万円

※相続税の計算の仕方
17,255万円÷2＝8,627.5万円
8,627.5万円×30%−700万円＝1,888.25万円
1,888.25万円×2＝3,776.5万円

相続税予想額　3,776.5万円

[対策実行後の節税効果検証]

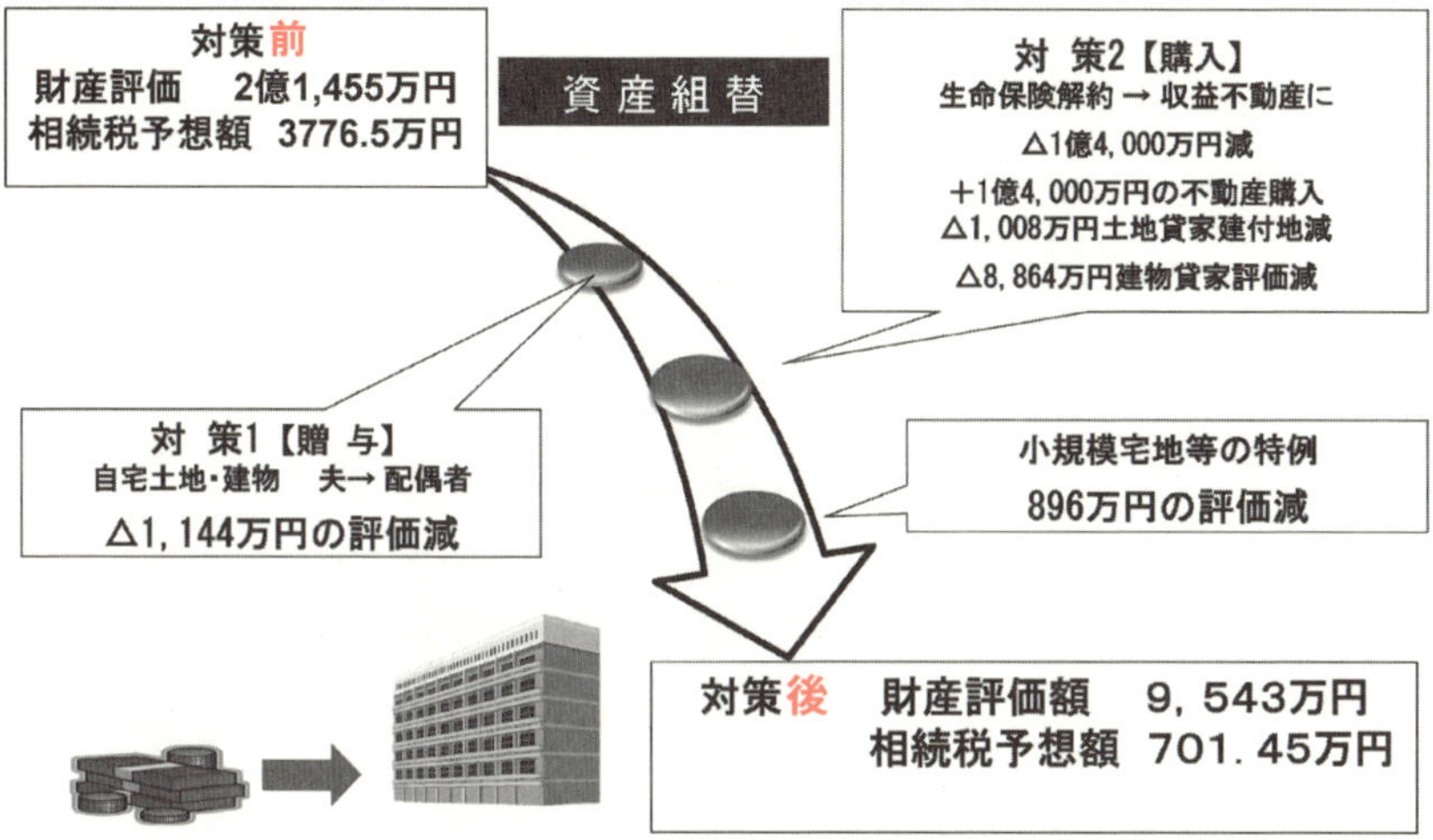

対策後　相続財産9,543万円　相続税701.45万円

対策①自宅　土地、建物	△1,144万円	妻へ贈与
②生命保険	△1億4,000万円	非課税枠を残して解約
③区分マンション購入	+1億4,000万円	税引き後4,000万円が原資
貸家建付地減	△1,008万円	土地2,800万円36%減
貸家評価 70%	△8,864万円	建物11,200万円　30%と想定
○小規模宅地等特例	△896万円	200㎡ 50%　区分マンション
対策の評価減合計	△1億1,912万円	

基礎控除（相続人2人）
4,200万円
課税財産
5,343万円

※相続税の計算の仕方
5,343万円÷2=2,671.5万円
2,671.5万円×15%−50万円=350.725万円
350.725万円×2人=701.45万円

【節税額】3,075.05万円

生前・相続プラン実例⑤

老朽化した貸家を建て直して、新たに賃貸事業に取り組んだ大谷さん

【実務】

□購入　□売却　□組替え　☑活用　□贈与　□遺言　□法人

□生命保険　□相続税申告　☑登記　☑その他（賃貸管理）

【ご家族の状況】

○依頼者　大谷さん（女性・60代）・職業　不動産賃貸業

○家族関係　母、長女（本人）、次女、三女、四女

○財産の内容　自宅、貸家、預金、有価証券

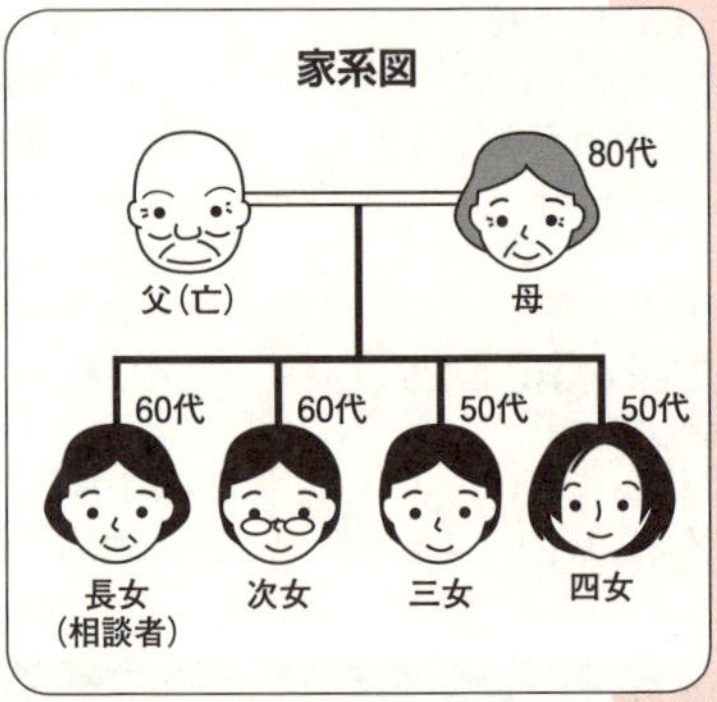

【相談内容】　貸家が老朽化、長女に運営を引き継ぎたい

大谷さんは4姉妹の長女です。教師として学校に勤務し、同じく教師の夫と結婚してからも定年まで勤めました。父親は若くして亡くなりましたが、幸い、母親は土地を相続し、40年以上前から貸家業をしてきました。自宅の敷地は400坪近くあり、貸家もその中に建てています。

母親が高齢になって一人暮らしが大変になってきたため、大谷さん夫婦が同居するようになりました。また、敷地の中には三女も家を建てており、次女、四女も近隣に住んでいるため、自然と交代で母親の面倒を見るようにしてきました。

それよりも15軒ある貸家業のほうが大変でした。築年数が経ってきたため、年々修繕費がかかるのです。空きはほとんどないのですが、長年住んでいる人の中には家賃滞納者もいて、行政からは生活保護の人を入れてほしいという依頼もあります。母親は人助けだと全部受け入れてきています。大谷さんが定年退職したことを機に、母親から貸家業は任せるといわれたのですが、正直、困ったというのが本音です。貸家業を続けるにしても、もう少し状況を改善したいところ。母親の相続のことも気になると、相談に来られました。

■課題

・貸家の築年数が経っており、修繕費がかかる
・入居者には家賃滞納者もおり、管理がわずらわしい
・母親は80代後半、相続税も気にかかるようになった

■課題を解決する提案

【対策①】【特例の利用と資産組替え】古い貸家は解体する

母親の財産を確認してみると、預金が1億円以上あることがわかり、大谷さん姉妹もとても驚きました。節約してコツコツ貯めてきた結果かと思いますが、このままでは相続税がかかり、減ってしまいます。

古い貸家は老朽化が目立ち、倒壊の危険性がないとも限りません。この機会に解体してあらたな賃

貸住宅を建てることがよいと判断し、事業計画の提案をしました。賃貸事業を継承する大谷さんが決断されると、母親も妹たちからも同意が得られました。

まずは、建物の解体が必要になります。そのため入居者に事情を説明したところ、全員の理解が得られて、明渡しをしてもらいました。経費は母親の現金を充てましたので、これも節税になりました。

【対策②】【活用】新しい賃貸マンションを建てる

周辺には老朽化したアパートが多いのですが、賃貸需要があり、どこも空きがありません。新しいマンションにすれば、さらに需要は見込める立地です。長期的に安定した賃貸事業になることが想定されました。

そこで、まず1期計画として、敷地の半分に20世帯の賃貸マンション（5階建て・1LDK）を建てることにしました。土地全体の資産価値を高める目的もあり、他と差別化できるような工夫をしながら、大谷さん夫婦や姉妹が住んでもいいような間取りを考えました。それだけで節税対策の目的は果たすことができましたが、大谷さんの考えでは、2期計画として、老朽化している自宅の建て替えも含めた賃貸事業に取り組みたいと夢がふくらんでいます。

自宅や賃貸マンションは事業を継承する大谷さんが相続することになっていて、妹たちも合意しています。建築費を全額借入としたのも、母親の預金を妹たちに分けるように残すためで、これも合意ができています。

【対策実行後の効果】

古い貸家から新築の賃貸マンションに建て替えたことで近隣と差別化でき、資産価値が向上しました。また、今までの平屋の建物から５階建にしましたので、まだ半分だけの活用であり、今後の活用の余地を残すことができました。

節税できただけでなく、賃貸事業の楽しみもでき、わずらわしさも軽減されました。

ここがポイント

・半分の土地で収入が倍となった
・相続税評価を下げるため、借入をして賃貸マンションを建てた
・古い貸家からＲＣマンションへの建て替えで資産価値を上げることができた

[対策前の財産評価]

項目			評価額（万円）	構成比（%）
資産	土地	自宅（330㎡）5,300万円 貸家（1億1,380万円）	16,680	52.6
	建物　自宅　1,500万円・貸家 2,500万円		4,000	12.6
	現預金		11,007	34.8
	資産合計		31,687	100

[対策前の財産構成グラフ]

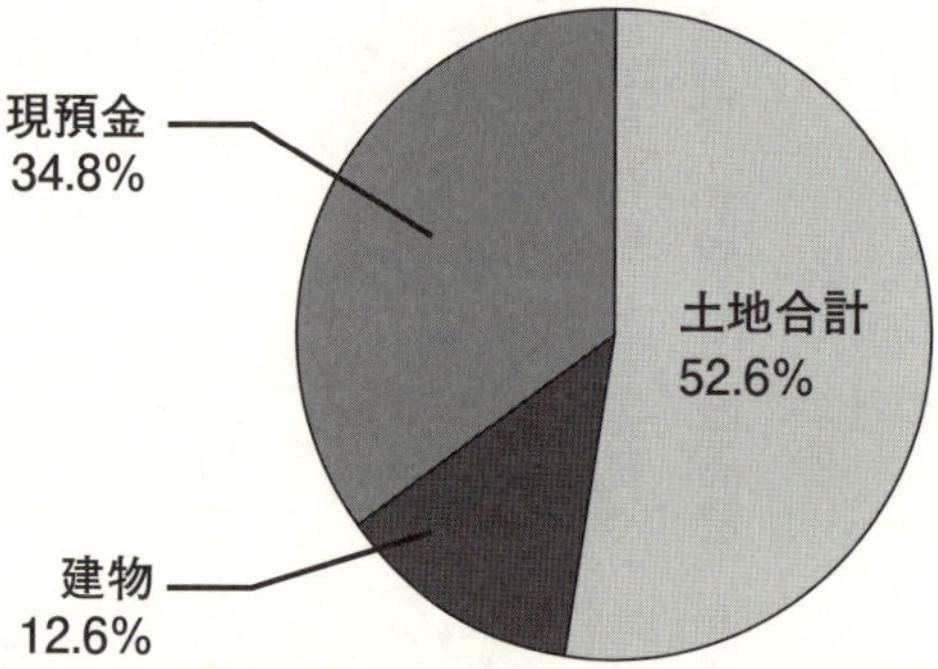

基礎控除（相続人4人）
5,400万円
課税財産
2億6,287万円

※相続税の計算の仕方
26,287万円÷4＝6,571.75万円
6,571.75万円×30%－700万円＝1,271.525万円
1,271.525万円×4人＝5,086.1万円

相続税予想額　5,086.1万円

[対策実行後の節税効果検証]

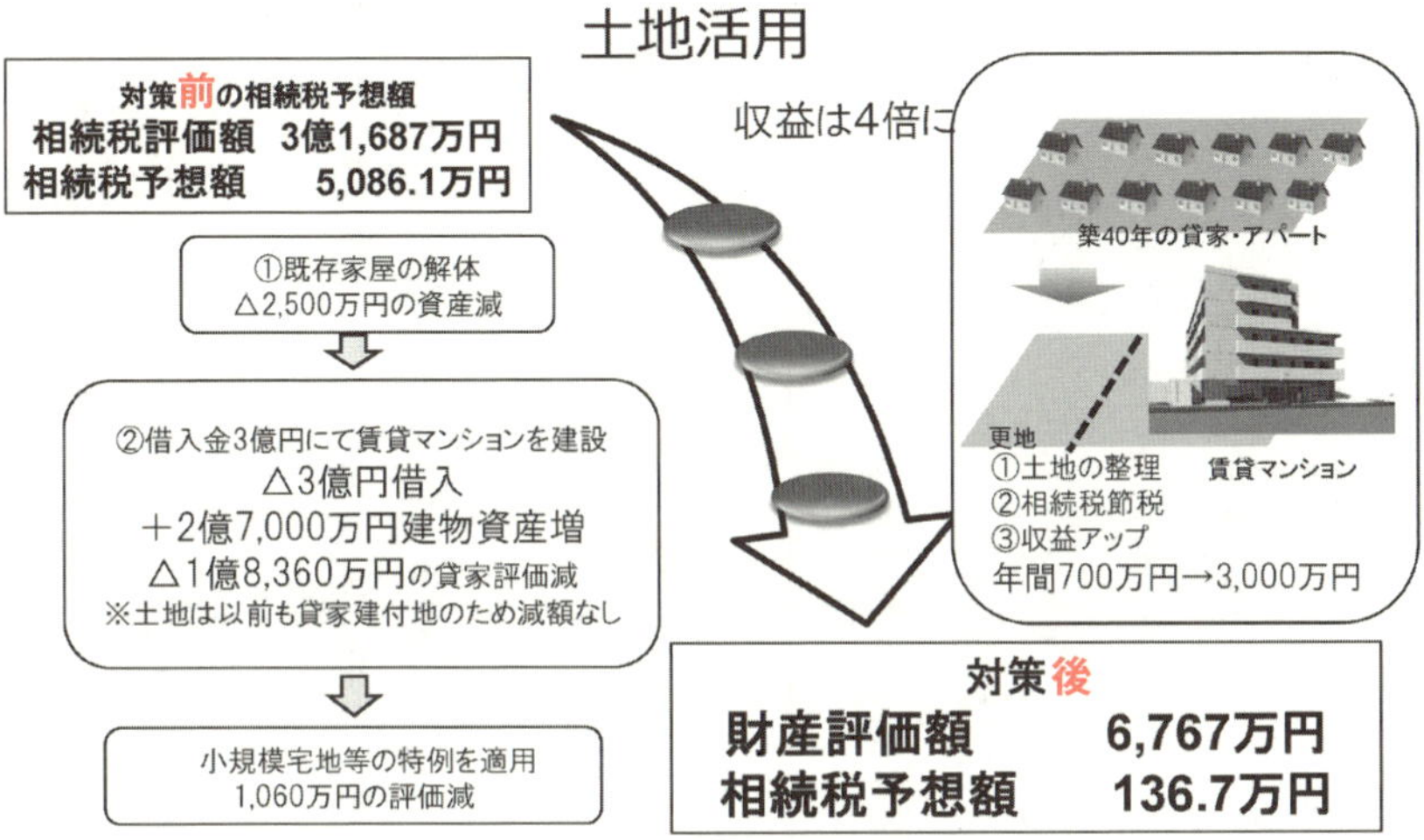

対策後　相続財産6,767万円　相続税136.7万円

対策①貸家　建物解体	△2,500万円	………解体により減額
②賃貸マンション建設	+2億7,000万円	………建物資産増
建築資金借入	△3億円	………全額控除
建物貸家評価	△1億8,360万円	………土地は従来より貸家建付地
○小規模宅地等特例	△1,060万円	………自宅80%減
対策の評価減合計	△2億4,920万円	

基礎控除（相続人4人）
5,400万円
課税財産
1,367万円

※相続税の計算の仕方
1,367万円÷4＝341.75万円
341.75万円×10%＝34.175万円
34.175万円×4人＝136.7万円

【節税額】4,949.4万円

生前・相続プラン実例⑥

駐車場にマンションを建て、二次対策をした永田さん

【実務】

□購入　☑売却　□組替え　☑活用　□贈与　□遺言　☑法人

□生命保険　☑相続税申告　☑登記　☑その他（賃貸管理）

【ご家族の状況】

○依頼者　永田さん（女性・70代）・職業　不動産賃貸業

○家族関係　妻（本人）、長女、長女の夫（養子）

○財産の内容　自宅、駐車場、貸地、貸家、他県の土地、預貯金

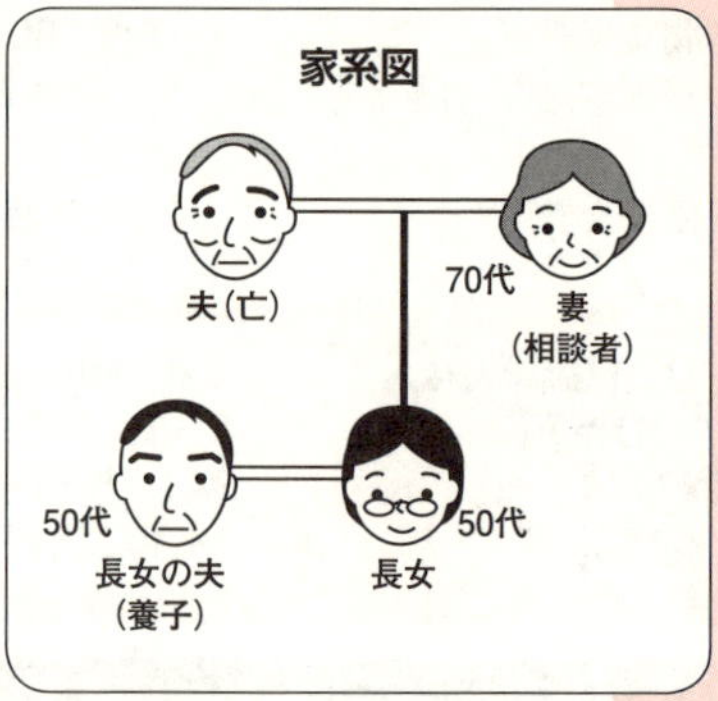

【相続内容】二次相続時に一次相続以上の相続税がかかる

永田さんの夫は15代続く家系の跡取りとして、先代から多くの土地を相続してきました。自宅の周辺に広い土地を所有していますが、借入が必要となる節税対策はしていません。相続のときは相続税が大変だと周りからも心配をされてきました。そして夫が亡くなったとき、自宅周りの土地を手放すことになるのは避けたいと、切実な思いで当社に委託をされました。

夫の相続税は、駐車場の土地評価を下げて節税し、配偶者の特例も最大限に利用することでも納税を減らしました。そうすることで、以前に夫が買っていた他県の土地を売却して済ませることができ

ました。けれどもそのままでは、永田さんが亡くなったときのほうが相続税が高くなり、いよいよ自宅や周りの土地を手放すことになりかねません。なぜなら、永田さんは、夫から相続する前に義父からも自宅の土地を相続していて、合わせると夫の財産程度になるのです。相続人が少なくなること、配偶者の特例が使えないことも増税要素です。それを見越して、最初から永田さんが次の節税対策ができる土地を相続してもらうことを想定した分割案を提案しています。

また、いままで永田さん夫婦は固定資産税の支払も多く、現金の余裕が作れませんでした。今後は資金的な余裕を作ることも念頭において提案するようにしました。

■課題

・夫のときより二次相続時の相続税が増える
・固定資産税の支払などで現金の余裕がない

【対策①】【特例の利用と資産組替え】自宅と地続きの駐車場に賃貸住宅を建設する

節税対策は土地を活用して賃貸マンションを建て、賃貸事業をすることを提案しました。土地を活かして残していくためには、収益の上げられる賃貸事業をすることが第一です。候補地は、自宅の地続きにある駐車場と決めました。

その駐車場は、砂利敷きで約30台がとめられますが、駐車料金を数カ月以上滞納する人や廃車を置いたままにする人などがあり、わずらわしい思いをしていると聞いていました。また、募集を依頼していた不動産会社が店じまいをすることもあり、維持管理が負担になっていました。そうした不安も解消して、経営しやすい賃貸事業にすることも目的としました。

駐車場経営のわずらわしさを解消し、敷地全体の価値を高めるために重厚感のある賃貸住宅を建設する提案内容に、永田さんはすぐに取りかかる決断をされました。相続税の節税になるばかりか、いままでの駐車場に比べると6倍の収入になります。1LDK27戸のマンションができあがり、満室で順調な賃貸経営が開始できました。

【対策②】【法人】所得税節税のために賃貸管理法人を設立する

相続税の節税対策ができたとしても、永田さんの収入が増えるため、相続税だけでなく、所得税の負担も増えます。そこで所得税の節税対策として、賃貸管理を目的とする法人を設立することにしました。その法人が一括借り上げすることで、永田さんの所得を抑えることができます。法人は長女と孫が役員となり、報酬を支払うことで収入が分散されます。永田さんは相続税の納税資金対策にもなり、孫は生活資金の補填にもなります。

さらに、法人が修繕積立金や役員退職金の準備金として生命保険に加入することもできます。その費用も経費として計上できますので、法人税対策もできるようになりました。

【対策実行後の効果】

一次相続の相続税は土地の売却で終えることができましたが、次は相続税も増えることが確実でした。そこで自宅前の駐車場を活用し、賃貸マンションを建てることで土地は貸家建付地になり、建築資金の借入を引くことができるため、相続税は４分の１程度に節税することが見込めました。この対策により、相続になっても延納することで、どの土地も売ることなく維持できます。

ここがポイント

・駐車場運営がわずらわしいため、別の活用方法に切り替えが必要
・賃貸住宅を建設することで、大幅な節税ができる
・賃貸管理法人を設立することで、所得の分散を図ることができる
・生命保険の活用により、法人税の節税対策ができる

[対策前の財産評価]

項目			評価額（万円）	構成比（%）
資産	土地	自宅（660㎡）　2億5,000万円 駐車場（700㎡）　2億3,000万円 その他（700㎡）　3億3,200万円	81,200	98.66
	建物 現預金		600 500	0.73 0.61
	資産合計		82,300	100

[対策前の財産構成グラフ]

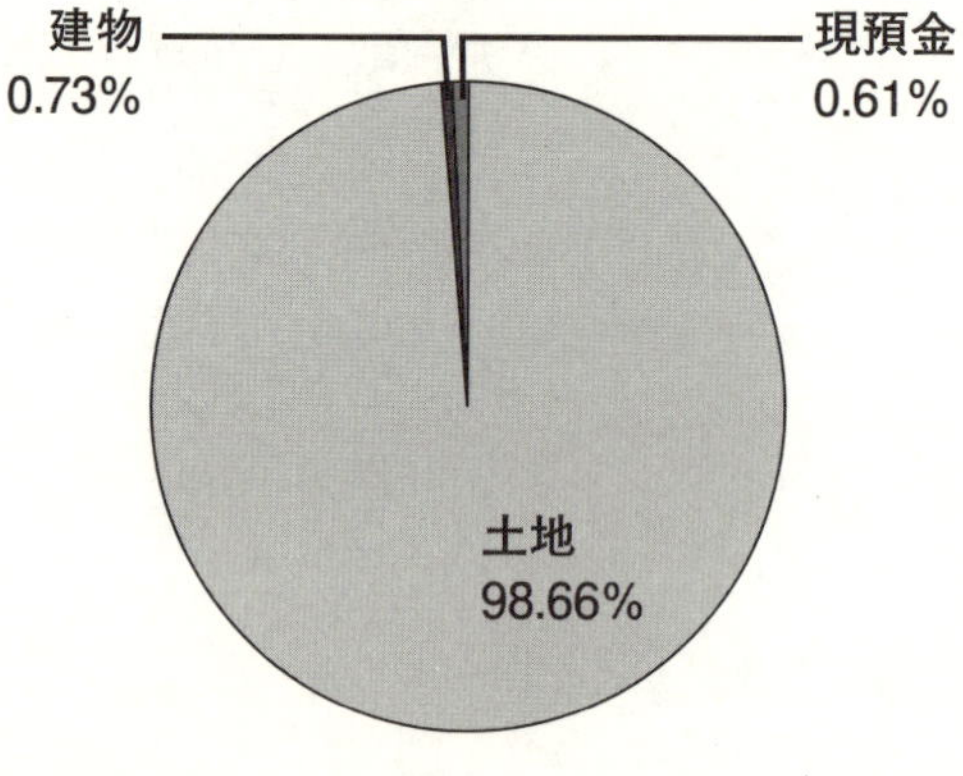

基礎控除（相続人2人）
4,200万円
課税財産
7億8,100万円

※相続税の計算の仕方
78,100万円÷2＝39,050万円
39,050万円×50%－4,200万円＝15,325万円
15,325万円×2人＝30,650万円

相続税予想額　3億650万円

[対策実行後の節税効果検証]

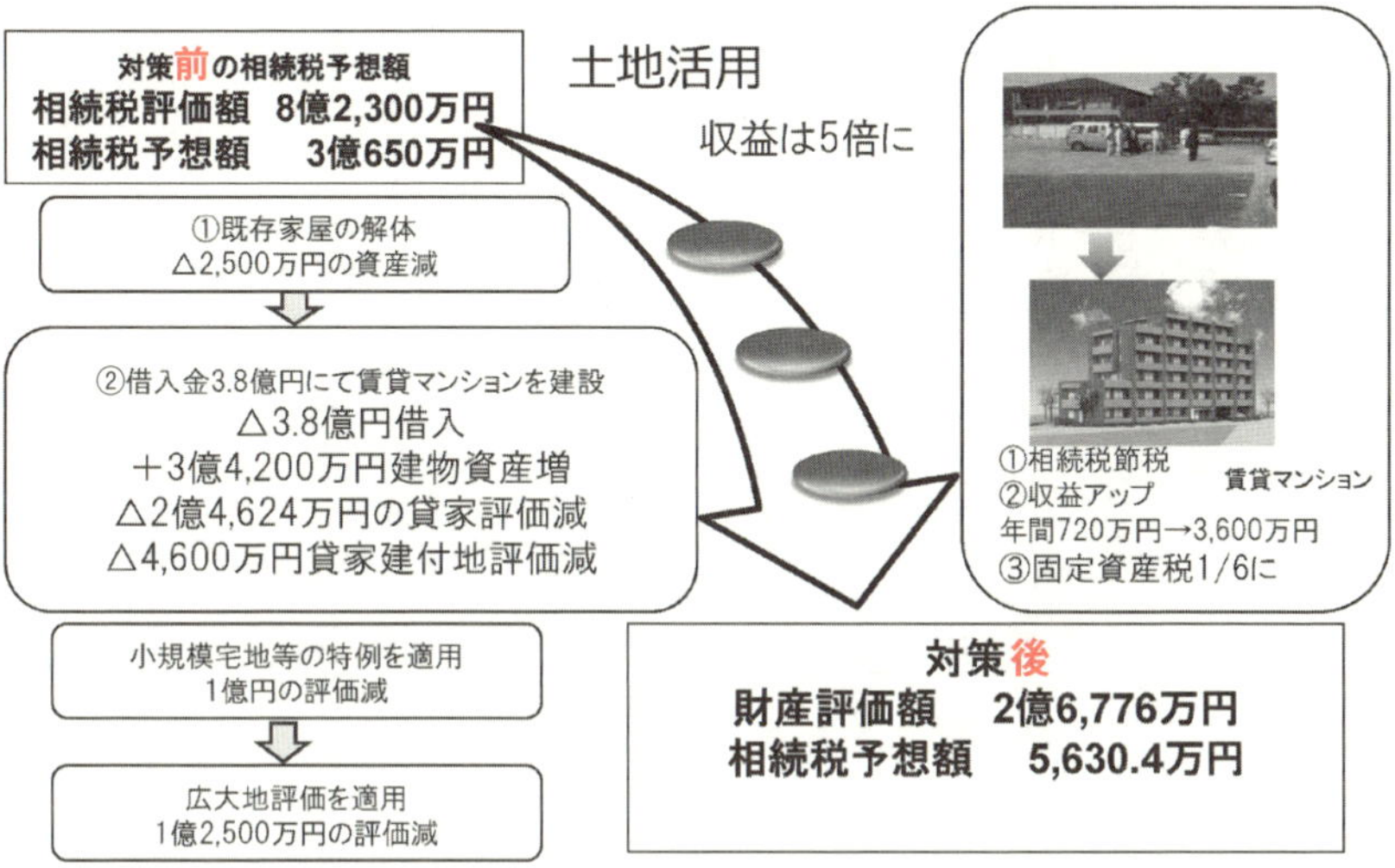

対策後　相続財産2億6,776万円　相続税5,630.4万円

対策	賃貸マンション建設	+3億4,200万円	建物資産増　借入の90%
	建築資金借入	△3億8,000万円	全額控除
	建物貸家評価	△2億4,624万円	固定資産税評価40%×貸家評価70%
	貸家建付地評価減	△4,600万円(700㎡)	20%　借地権×借家権
	○小規模宅地等特例	△1億円	自宅80%減
	○自宅広大地評価	△1億2,500万円	50%減と想定
対策の評価減合計		△5億5,524万円	

基礎控除(相続人2人)
4,200万円
課税財産
2億2,576万円

※相続税の計算の仕方
22,576万円÷2＝11,288万円
11,288万円×40%−1,700万円＝2,815.2万円
2,815.2万円×2人＝5,630.4万円

【節税額】2億5,019.6万円

生前・遺言作成実例⑦

〈①境遇・子供なし〉夫婦で互いに遺言書を作った坂本さん

【実務】

□購入　□売却　□組替え　□活用　□贈与　☑遺言　□法人

□生命保険　□相続税申告　□登記　□その他（賃貸管理）

【ご家族の状況】

○遺言作成者　夫　坂本博さん（50代）

○推定相続人　兄弟姉妹

○財産の内容　自宅、マンション、預金、株式、保険

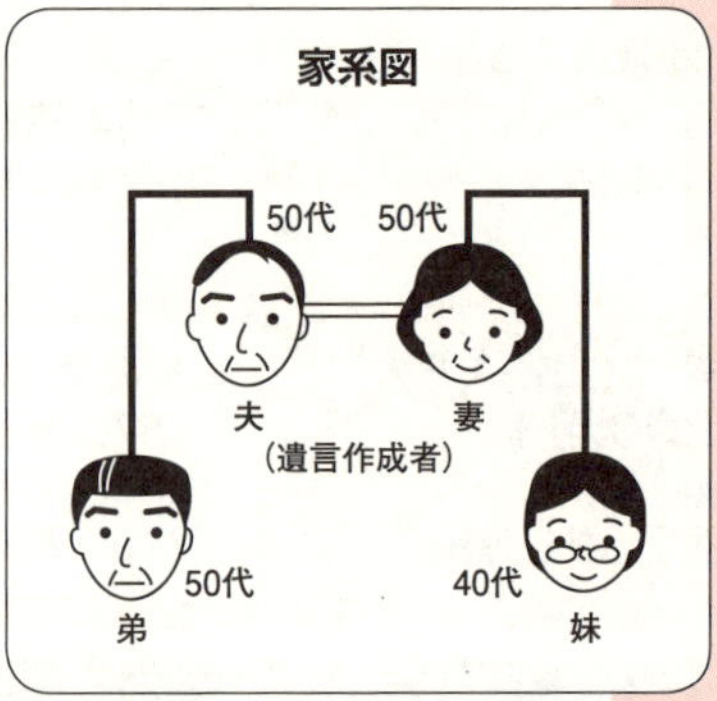

【家族と相続の状況】同級生夫婦で、共働き、子供には恵まれなかった

坂本さんは国立大学の大学院の修士課程で学び、博士号を取得しました。現在は私立大学の教授として毎日学生に接しています。学生だけでなく社会人教育にも力を注いでおり、いろいろなセミナーで活躍するとともに、書籍も出版しています。

坂本さんご夫婦は高校の同級生で、知り合ってから40年近くになります。子供に恵まれなかったこともあり、互いに助け合っていまの生活を築いてきました。

実家を離れて独立したあと、現在の住まいを購入し、その後、妻が仕事場にしているマンションも

購入しました。両方とも夫婦の資金を出し合って共有名義にしています。坂本さんの妻もファッション関係のコンサルタントをして、ずっと仕事をしてきました。子供がいれば違った生活だったかもしれませんが、そのお陰で2カ所の不動産を買うことができました。

2人ともまだ50代ですが、そろそろ先のことも考えないといけない年代になりました。夫婦で築いた財産は、自分の意思できちんとしておきたいという気持ちになり、夫婦で相談に来られました。坂本さん夫婦はともに長男、長女で、それぞれ弟、妹がいます。

■遺言を作る理由　配偶者の兄弟姉妹に財産を分けるのは理不尽だし争いも避けたい

坂本さん夫婦のように、子供がいない場合は、どちらかが亡くなったとき、相続の権利は、亡くなった人の親や兄弟姉妹に及びます。親から相続した財産であればまだわからなくもないのですが、2人で少しずつ築いた財産についても、法律だからと、助けてもらったわけでもない兄弟姉妹に相続させることは納得しがたい気持ちです。

自分のきょうだいならまだいいのですが、配偶者のきょうだいとなるとそもそも他人ですから、感情論にもなりかねません。それを避けたいのが2人の本心です。

そこで坂本さん夫婦は、互いに「全財産を配偶者に相続させる」とした公正証書遺言をそれぞれが作成しました。これで相続になっても相手のきょうだいに気を遣わなくてもよくなったとほっとしたとのこと。相手のきょうだいと財産の話をすることは避けたいというところでしょう。

■遺言がないと困ること

・子供がいない夫婦の相続人は、配偶者と親あるいは兄弟姉妹となる
・自分で築いた財産でも、遺言がないと配偶者が全部を相続できない
・夫婦で築いた財産でも、配偶者のきょうだいに明らかにして、分割も必要になる

相続コーディネーターからワンポイントアドバイス

・子供のいない夫婦は、遺言があれば、兄弟姉妹と話し合うことなく相続の手続きができる
・兄弟姉妹には遺留分の請求権がないので、感情的なもめ事には発展しにくい

■知って得する遺言のイロハ

子供のいない夫や妻は、遺言を遺しておけば、兄弟姉妹に財産の内容を知らせなくてもすむ

■遺言の内容〈遺言者　坂本博さん〉

遺言公正証書

遺言者　坂本博は下記のとおり遺言する。

第1条　遺言者は、その所有する下記の不動産の共有持分の全部ならびに遺言者名義の預貯金及びその他一切の財産を遺言者の妻坂本洋子に相続させる。

記

不動産の表示
（1）所在　○○県○○市○○
　　地番　○○番○
　　地目　宅地
　　地積　○○㎡
　　遺言者の共有持分　4分の3
（2）所在　○○県○○市○○
　　家屋番号　○○番○の○
　　種類　居宅
　　構造　木造スレート葺2階建
　　床面積　1階　○○㎡
　　　　　　2階　○○㎡
　　遺言者の共有持分　4分の3
（3）所在　○○県○○市○○
　　建物名称　○○○
　　構造　鉄筋コンクリート造陸屋根11階建
　　地積　○○○㎡
　　専有部分の建物表示
　　家屋番号　○○番○○の○
　　建物名称　○○○
　　種類　居宅
　　構造　鉄筋コンクリート造1階建
　　床面積　○○階部分　○○㎡
　　遺言者の共有持分　4分の3

第2条　遺言者は、本遺言の遺言執行者として遺言者の妻坂本洋子を指定する。なお、遺言執行者は、本遺言の執行に必要なすべての権限を有するものであり、預貯金その他の財産の名義変更、払戻し、解約、貸金庫の開扉等を行うことができるものであることを念のため申し添える。

付言事項　私は、妻と助け合い、支え合って、充実した人生を送ることができました。よって、私の財産のすべては妻に託すため、本遺言書を作成致しました。

いままでともに歩んでくれた妻には心から感謝するとともに、私亡き後の妻の人生が心豊かなものであることを切に願います。本当にありがとう。

平成○○年○月○日

○○県○○市○○
遺言者　坂本博

※妻も同様の遺言書を作成しています。

生前・遺言作成実例⑧

〈②家族・疎遠〉亡兄の娘より知人に残したい遠藤さん

【実務】

□購入　□売却　□組替え　□活用　□贈与　☑遺言　□法人

□生命保険　□相続税申告　□登記　□その他（賃貸管理）

【相続人関係図】

○遺言作成者　遠藤博さん（60代）

○推定相続人　亡兄の娘2人（めい）

○財産の内容　預金、株式、生命保険

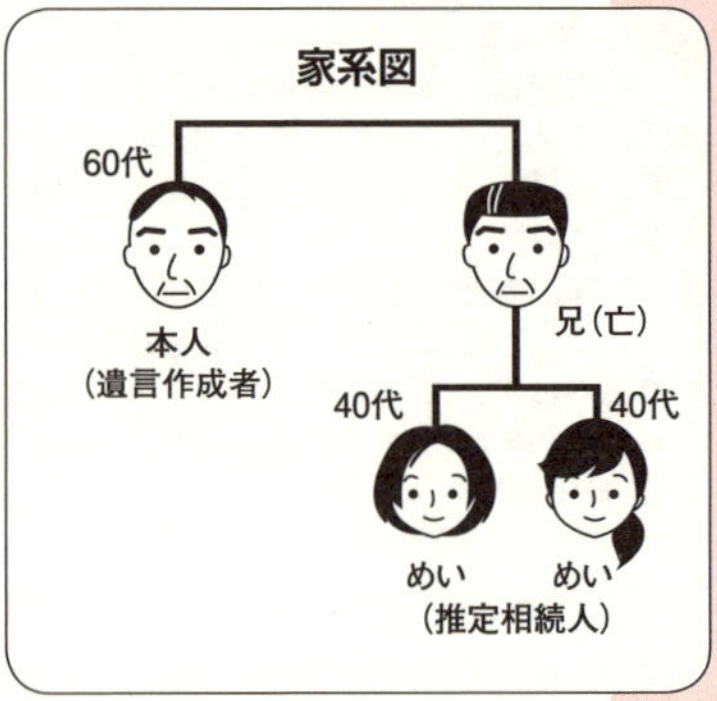

【家族と相続の状況】妻に先立たれて子供もなく、一人暮らしが長くなった

遠藤さんは団塊の世代よりも少し上の年代で、集団就職が盛んだった昭和40年代に地方から都会に出てきました。就職した電力会社でずっと定年まで働いてきたので、現在は年金で生活をしています。一緒に暮らしていた内縁の妻との間には子供に恵まれず、結局入籍しないまま、もう何年も前に亡くなってしまいました。それからは一人暮らしです。

故郷を出てからというものほとんど帰ることはなく、もう都会の生活のほうが長くなってしまいました。故郷の両親は2人ともわりに早く亡くなりました。田舎のことでもあり特に財産もなかったので、相続するものもありませんでした。そのかわりといえるのか、同居や介護などを考えることもなく、わずらわしいこともなかったのは幸いだと考えています。

■遺言を作る理由　交流のない身内のめいより、親切にしてもらった人に財産を渡したい

遠藤さんには兄がいますが、その兄もすでに亡くなり、身内といえるのは亡兄の娘2人だけです。しかし、そのめいたちとは両親の葬儀や兄の葬儀のときに会った程度です。親しく言葉を交わすこともなく、日頃の交流はありません。いまでは2人がどこに住んでいるのかもわかりません。とても自分の老後を頼んだり、財産やお墓のことを託せる心境にはなれないのが現実です。

遠藤さんは定年前の50代後半に、検査で異常が見つかり、入院、手術の経験をしました。一人暮らしの遠藤さんには大変なことばかりです。それを察した職場の同僚の田中恵美子さんが、着替えや手続きなどいろいろと親切に助けてくれました。本当に有り難かったので、お返しに自分の財産は田中さんに託したいと思うのです。また、亡くなった妻のおいである渡辺健一さんにも、何度も会って世話になったので、預金の一部を渡したいと考えています。

相続人でない人に自分の財産を渡すことを遺贈といい、遺言書に記載しておくことで可能になります。遺贈する場合は、遺贈したい人の住民票が必要です。一方的に書いておくよりも、事前に、田中さんや渡辺さんに自分の意思を伝えて了解してもらっておくほうが、価値があります。遠藤さんはアドバイスを受けて、そのとおりに2人に話したところ、快く受けてもらい、住民票も取得してもらう

ようにしました。

こうして事前に了解してもらうことができ遺言書が作れました。遺言執行も田中さんに託すことができ、遠藤さんの不安はなくなりました。どこにいるのかもわからないめいたちよりも、身近に接してくれた人たちに自分の財産を渡すことができることが幸せだと感じています。

■遺言がないと困ること

・相続人のめいとは疎遠で、連絡先もわからない
・遺言がないと、財産は相続人以外の人には渡せない
・財産のことだけでなく、葬儀やお墓のことも不安

相続コーディネーターからワンポイントアドバイス

・遺贈する遺言をひとりで決めて書いておくよりも、受贈者に自分の意思を伝えて了解してもらうことが大切
・自分でも生前に先方の意思確認ができ、価値があるといえる

■知って得する遺言のイロハ

遺言があれば他人でも財産を受け取れ、税金がかからないこともある

■遺言の内容〈遺言者　遠藤博さん〉

遺言公正証書

遺言者　遠藤博は下記のとおり遺言する。

第1条　財産の遺贈

1．遺言者は、相続開始時に遺言者が所有する有価証券、預貯金等一切の財産を遺言執行者をして随時適宜の方法により全て換価させた上換価により得られた金銭（手持現金を含む。）を次の者に対し、次のとおり遺贈する。

（1）○○（昭和○○年○月○日生）に対し、金1,000万円。

（2）××（昭和○○年○月○日生）に対し、上記○○に遺贈する金1,000万円を除いた残余の金銭。

2．遺言者より先に××が死亡した場合は、前項の換価により得られた金銭のうち、金500万円を××の夫○○（昭和○○年○月○日生）に、その余の金銭を○○に遺贈する。

第2条　遺言執行者の指定

遺言者は、本遺言の執行者として前記××を指定する。遺言者より先に××が死亡した場合は、前記○○を遺言執行者に指定する。

付言事項　○○君は、私の内縁の妻のおいであり、内妻が亡くなった折の葬儀の時、その他いろいろと世話になったので、感謝の気持ちから遺贈するものです。

××さんは、私がかつて○○株式会社に在職していた時から大変お世話になり、私が胃から出血したり下血した時も救急車の手配や入院中の介護等、筆舌に尽くせぬ面倒を見ていただき、その後もお手数をお掛けしているので、感謝の気持ちから遺贈するものです。

お二人には大変お世話になり、ありがとうございました。

平成○○年○月○日

○○県○○市○○

遺言者　遠藤博

生前・遺言作成実例⑨

〈③財産・家業〉家を継ぐ長男と孫に土地を残す中村さん

【実務】

□購入　☑売却　□組替え　□活用　□贈与　☑遺言　□法人
□生命保険　☑相続税申告　□登記　□その他（賃貸管理）

【相続人関係図】

○遺言作成者　中村清さん（80代）
○推定相続人　長女、次女、長男（相談者）
○財産の内容　自宅、アパート、駐車場、農地、預金

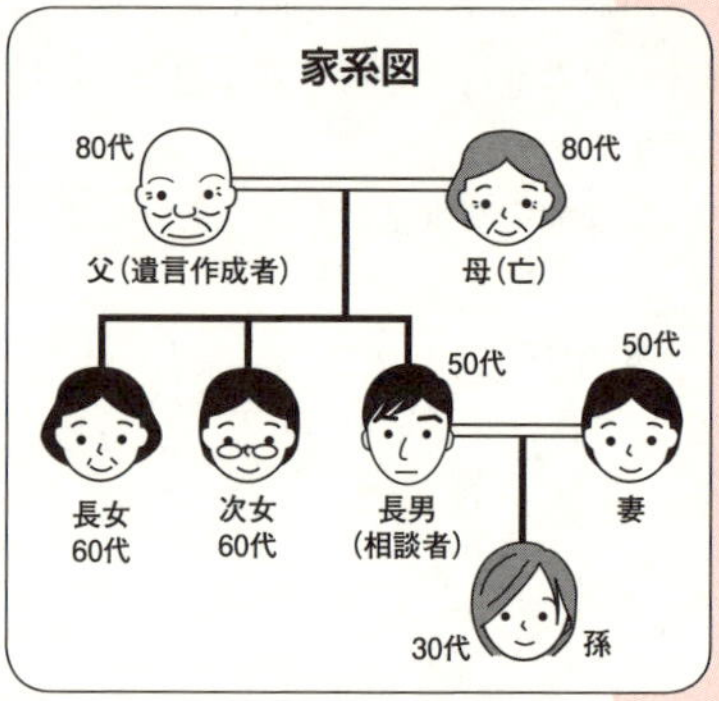

【家族と相続の状況】　代々の農家を継いでいる

中村さんの父親は農家の長男で、親と同居しながら、農業を継いできました。中村さんのきょうだいは3人で、上の姉2人は他家に嫁ぎました。一番下が長男の中村さんですので、当然、自分も周りも、息子が跡取りになるという認識で、中村さん家族が同居して、家を継いできました。

中村さんの年代だと大学を出たあと家を離れて会社員になる人が多い時代でしたが、中村さんは高校を卒業したあとも、ずっと生まれた家で会社勤めをしてきました。姉2人が早く嫁いだこともあり、両親だけで生活させるには不安もありました。父親はそのことを有り難かったとよくいってくれます。

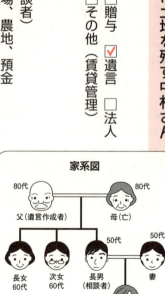

■遺言を作る理由　農家を継続するため、嫁いだ娘には土地を分けられない

中村さんの両親は、季節ごとにいろいろな野菜を作り、収穫しては農協や市場に出荷してきました。畑の面積が広いだけに、農作業は重労働でもあり、機械化が進んできましたので、どうしても中村さん夫婦も手伝う必要があり、中村さんも会社をやめて農業を継ぎました。そうした姿を見て、他県で働いていた中村さんの子供夫婦が農業を手伝うといって、家に戻ってきてくれました。父親にとっては、ひ孫もいて4世代が同じ敷地に住んでいることが長生きの秘訣のようです。

姉たちもそれぞれ農家に嫁いでいるので、土地や家を守る大変さは重々承知していると思いますが、それでも父親の相続のときに、3人のきょうだいが争うのだけは避けたいという気持ちです。父親に遺言を書いてもらいたいと話したところ、父親自身も代々の家や土地は手放せないとわかっており、すぐに遺言を書くことになりました。

父親は、農業後継者がいないときは、農地を手放しても致し方ないと思っていたようですが、中村さんや孫が一生懸命に仕事をしてくれている姿を見ると、これからも家を守り農業を続けてもらえることが希望となりました。

そうして、父親は、不動産は長男と孫にほぼ半分ずつ相続、遺贈する公正証書遺言を作成しました。母親も父親と同年代で、母親が相続したあとほどなく亡くなってしまうと、また母親の相続手続きをしないといけないため、この内容にしたのです。姉2人には預貯金を等分に相続させるという内容だと父親から話をすることで理解してもらえました。

■遺言がないと困ること

・嫁いだ娘も土地をほしいと言い出すかもしれない
・姉2人の言い分が強いと、弟である長男は説得できないかもしれない
・土地が大部分の財産で、預貯金は大してない

相続コーディネーターからワンポイントアドバイス

・配偶者は相続税の特例があるため、財産の半分まで相続する場合が多い
・配偶者が先に亡くなったときのことを想定して次に相続する人を記載しておけば遺言は有効になる

■知って得する遺言のイロハ

公正証書遺言は相続人の証明ができれば全国どこの公証役場でも有無を調べてくれる

■遺言の内容〈遺言者　中村清さん〉

遺言公正証書

遺言者　中村清は下記のとおり遺言する。

第１条　遺言者は、別紙１「不動産目録（豊分)」記載の不動産を、遺言者の長男豊（昭和○○年○月○日生）に相続させる。

第２条　遺言者は、別紙２「不動産目録（××分)」記載の不動産を、遺言者の孫（長男豊の長男）××に遺贈する。

第３条　遺言者は、遺言者所有の現金及び預貯金のうち、長女に金○○○万円、次女に○○○万円を相続させる。

第４条　遺言者は、前２条の不動産を除くその余の遺言者所有の現金及び預貯金等、遺言者所有の全財産（負債を含む。）を、長男豊に相続させる。

第５条　遺言者は、本遺言の執行者として、長男豊を指定する。

付言事項　　私は、先祖代々の農地を残すため、農業を継いで守ってきました。その姿を見ている長男○○や孫△△が農業を継いでくれて、本当に喜ばしく思ってきました。これからも土地を残してもらいたいため、長男と孫に渡すことにしました。他家に嫁いだ長女と次女はこのことを理解し、長男を助けて○○家を守るよう協力して下さい。皆のお陰で、妻亡き後も楽しく過ごすことができ、感謝しています。これからも皆が円満に過ごせるよう願っています。

平成○○年○月○日

○○県○○市○○

遺言者　中村清

生前・遺言作成実例⑩

〈④財産・世話〉老後を託すため相談して遺言にした斉藤さん

【実務】

□購入　□売却　□組替え　□活用　□贈与　☑遺言　□法人
□生命保険　□相続税申告　□登記　□その他（賃貸管理）

【相続人関係図】

○遺言作成者　斉藤富美さん（70代）
○推定相続人　長女、次女、三女
○財産の内容　自宅、預金、保険

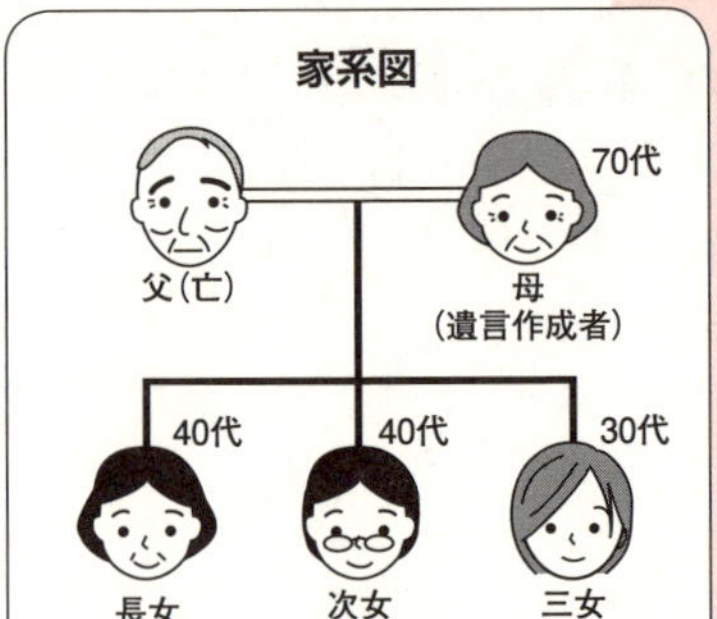

【家族と相続の状況】　夫を亡くして一人暮らし、相続税の節税対策を勧めている

斉藤さんは3人の娘を嫁がせ、夫婦で暮らしていましたが、2年前、長年連れ添った夫を亡くし、現在は一人暮らしをしています。自宅は地方都市のローカル線の駅から徒歩3分程度と近く、土地も300坪ほどあります。その土地は夫が亡くなったときに斉藤さんの名義としました。自宅の土地の半分は空き地で、貸駐車場にしています。

貸駐車場も空きが目立つようになったことや、相続税が変わったことから、対策をしておく必要があるかと思い、次女と一緒に相談に来られました。

不動産などの財産評価をしたところ、相続税がかかる額ではなく、節税対策をする必要はないということがわかりました。同居する子供がいないことや、将来はこの土地を処分して子供の近くに住み替えるかもしれないため、不動産の対策は先に延ばすことにしました。

■遺言を作る理由　老後を託せる次女に財産を多く渡したい

自宅をはじめとする自分の財産を、3人の娘にどのように相続させるかを決めて遺言書にしておくように勧めました。相続になったらもめる要素があるということです。なぜなら、娘は3人とも嫁ぎ、同居をしていません。誰が不動産を相続するか、お墓を守るかなどを決めておかないと、争いになることが多いのです。

そこで、斉藤さんは、あらためて将来のことを決めるため、3人の娘とも話をしてみました。長女と三女からは、家庭の事情もあり斉藤さんを引き取ることはできないということです。けれども次女家族が、斉藤さんの老後の面倒を見ることや、家やお墓を守ることを了解してくれました。こうした話し合いをすることで、遺言書を作る決断もできました。

遺言書の内容は、面倒を見てくれる次女に不動産と預金も多めに残し、長女と三女は等分の額としました。そうなる事情も付言事項に付け加えました。次女は嫁いでおり、名字が変わっています。孫を養子にして斉藤家を継いでもらいたい気持ちもあったようですが、それでは孫の人生にも影響を与えてしまうので、こだわらないほうが現実的だとアドバイスをし、納得してもらいました。こうして遺言書ができあがったことで、斉藤さんは娘たちが仲良くできると安堵されました。

■遺言がないと困ること

・娘全員が嫁いでいるため、実家を継ぐ人が決まらない
・介護をした人としない人も、相続の権利は同じとなる
・お墓を守る人が決まらない

相続コーディネーターからワンポイントアドバイス

孫を養子にすると基礎控除が増え、節税対策になるが、他の相続人と感情論に発展することもある。

相続対策は節税ばかりでなく、感情面も必要になる。

■知って得する遺言のイロハ

相続税は全員が払うのではなく、基礎控除を超える分についてのみ課税される

■遺言の内容〈遺言者　斉藤冨美さん〉

遺言公正証書

遺言者　斉藤冨美は下記のとおり遺言する。

第１条　遺言者は、遺言者の所有する一切の不動産を遺言者の二女○○（昭和○○年○月○日生）に相続させます。

第２条　遺言者は、遺言者の所有する預貯金の金融資産を、次の３名に、次の割合で相続させます。

①遺言者の二女○○に対し、70パーセント

②遺言者の長女××（昭和○○年○月○日生）に対し、15パーセント

③遺言者の三女△△（昭和○○年○月○日生）に対し、15パーセント

付言事項　５年前に夫が亡くなり、１人暮らしになりましたが、皆が気にかけてくれて寂しい思いをすることなく、過ごすことができ、感謝しています。

これから先もいろいろなことがあると思いますが、二女○○の家族がサポートしてくれることになりました。よって、夫が残してくれた家は二女に守ってもらうように残します。長女××と三女△△も快く同意をしてくれましたので、ここに記載致します。これからも３人仲良く助け合ってください。

平成○○年○月○日

○○県○○市○○

遺言者　斉藤冨美

相続後・申告コーディネート実例⑪

広大地、鑑定評価で土地評価を下げた山崎さん

【実務】

□購入　☑売却　□組替え　☑活用　□贈与　□遺言　□法人
□生命保険　☑相続税申告　☑登記　□その他（賃貸管理）

【相続データ】

○依頼者　山崎さん（男性・50代）・職業　会社役員
○被相続人　父　○遺言　なし
○相続人　３人（長女、次女、長男（本人））
○財産の内容　自宅、貸家、駐車場、山林、畑、現預金

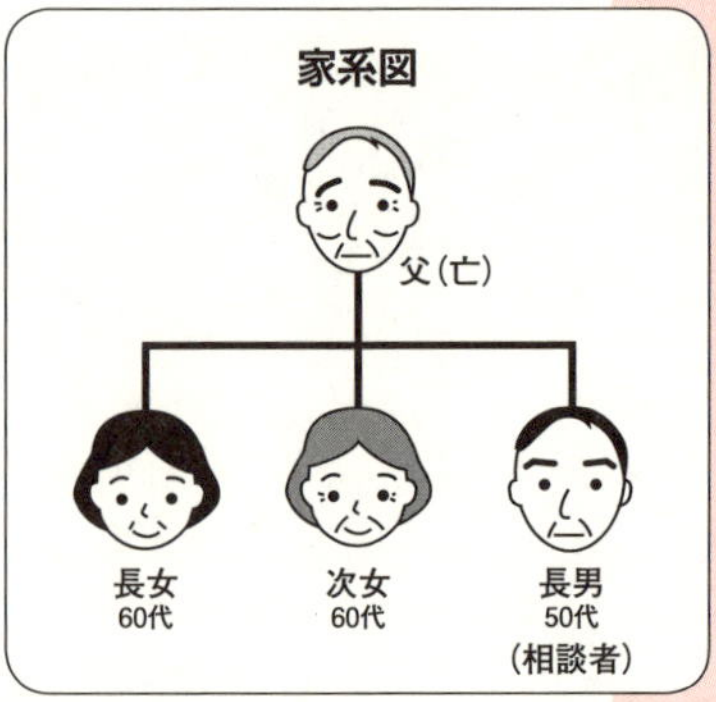

【相談内容】

父親が亡くなって、山崎さんは知り合いの弁護士に相続の手続きをお願いしたところ、相続税は1億円払うことになるといわれて、不安になり、こちらに相談に来られました。弁護士が税理士に試算させたという書類を確認したところ、土地評価などで間違いがあり、節税もできていません。このままでは納税もできないと思い、きょうだいで話し合ってもらった結果、最初の弁護士を断って、こちらに頼みたいということになりました。

父親の財産の大部分は土地で、現金はほとんど残っていません。相続税をどのようにして払うかがいちばんの不安点でした。きょうだい仲は円満で、遺産分割協議も問題がなさそうです。

■課題

・不動産が財産の大部分で、現金がほとんどない
・長男が不動産を相続すると、姉2人とバランスが取れない
・納税と分割するための現金を、どういう方法で捻出するか

■課題を解決する提案

【遺産分割の対策】分割協議で姉は現金、不動産は長男に

父親は遺言書を遺していないので、3人で遺産分割協議をする必要がありました。2人の姉は嫁いでおり、長男で、実家に同居してきた山崎さんが後を継いでお墓を守ることを託せるなら、自宅や貸家、農地など、全部の不動産を相続することに異論はありません。父親も日頃からそのようにいっていましたので、暗黙の了解はできていました。

姉2人は自宅から離れた他県に住んでいますし、農家ではないので、離れたところの宅地や農地をもらっても管理できません。不動産の代わりに、まとまった額の現金を渡すことで合意は得られます。それでも、不動産が多いため、土地を売って、納税資金と姉たちが相続する現金を捻出しなければなりません。売却する土地の目安をつけて、姉たちが受け取れる現金の予想額を出したところで、法定

割合よりも少ない額ながら、譲歩してもらい、合意が得られました。

「小規模宅地等の特例」を比較すると、賃貸用の土地よりは、自宅に適用したほうが減額が大きいと判断できました。よって、自宅は同居してきた長男が取得して80％減額しました。

【評価・申告の対策】広大地・不動産鑑定評価

公園の一部として市に貸している土地があり、市街化区域ながら地目が山林となっています。面積が、2，000㎡あり、広大地評価が適用できると判断しました。そこで不動産鑑定士に評価の意見書を作成してもらい申告書に添付しました。

市街化調整区域の山林は、一部駐車場にしているため雑種地評価の7，000万円となります。また、7件の貸家が建っている一団の土地も路線価評価は5，354万円ですが、建物は築30年以上経過し、収益性も悪いため、その評価に値しないと判断しました。そこで2カ所の土地については、広大地評価は適用できないため、不動産鑑定評価をして、評価減をすることにしました。貸家が建っている土地は測量して、個々の利用面積を算出しました。奥に入った区画は不整形になること、真ん中の道路も面積を確定することで減額できるため、全体的に鑑定評価書に反映できました。

【納税の対策】駐車場を売却、納税期限までに間に合わせた

納税用の売却地は、駐車場にしている1，500㎡の土地と決め、相続する割合で、長女20％、次女20％、長男60％の共有としました。幸い申告まで売却が完了し、納税できました。売却地以外の不動産を相続しない姉には、山崎さんが代償金を払うことで分割のバランスを取りましたので、取得割合の差で代償金を捻出するようにしました。また、相続税分が取得原価になるため、譲渡税の節税にもなっています。

さらに山崎さんが相続した農地は、長男である山崎さんが、今後も農地を耕作していくとのことでしたので、納税猶予を受けることにしましたので、納税額を722万円減らすことができました。

ここがポイント

・土地の評価減を引き出す広大地・鑑定評価などを組み合わせる。
・土地の売却は期限に間に合わせるようにスケジュールを組む。

[対策前の財産評価]

項目			評価額（万円）	構成比（%）
資産	土地	評価減適用前の評価額	48,907	97.27
	建物 現預金 その他		455 350 570	0.90 0.70 1.13
	（I）資産合計		50,282	100
負債	預かり敷金等 葬式費用		126 268	
	（II）負債合計		394	
（I）－（II）純資産価額			49,888	100

[対策前の財産構成グラフ]

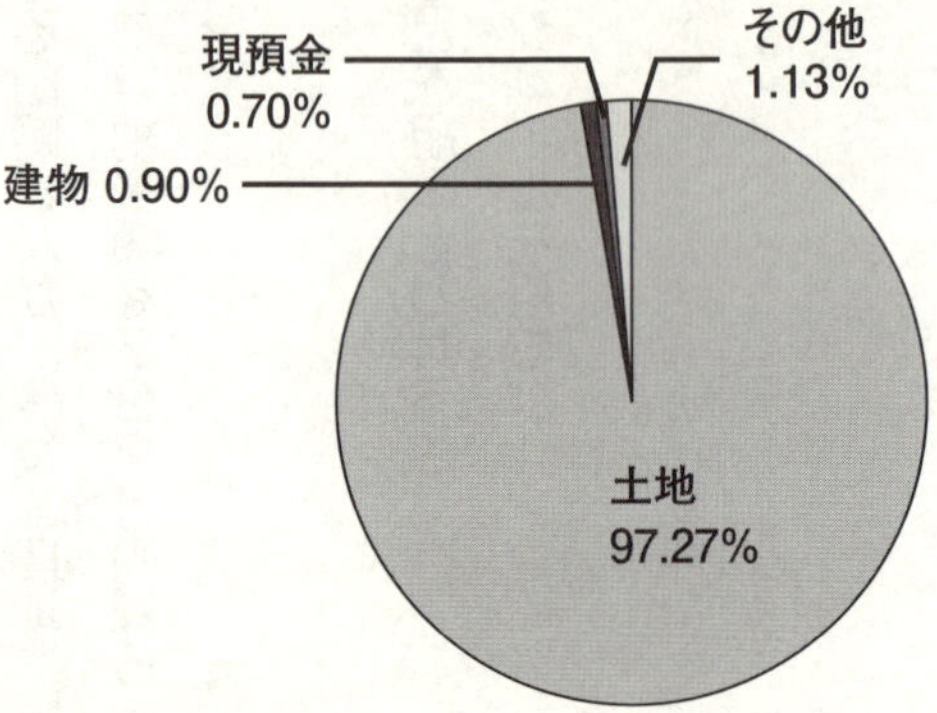

基礎控除（相続人3人）
4,800万円
課税財産
4億5,088万円

※相続税の計算の仕方
45,088万円÷3＝15,029.3万円
15,029.3万円×40%－1,700万円＝4,311.72万円
4,311.72万円×3人＝1億2,935.16万円

相続税予想額　1億2,935万円

[対策実行後の節税効果検証]

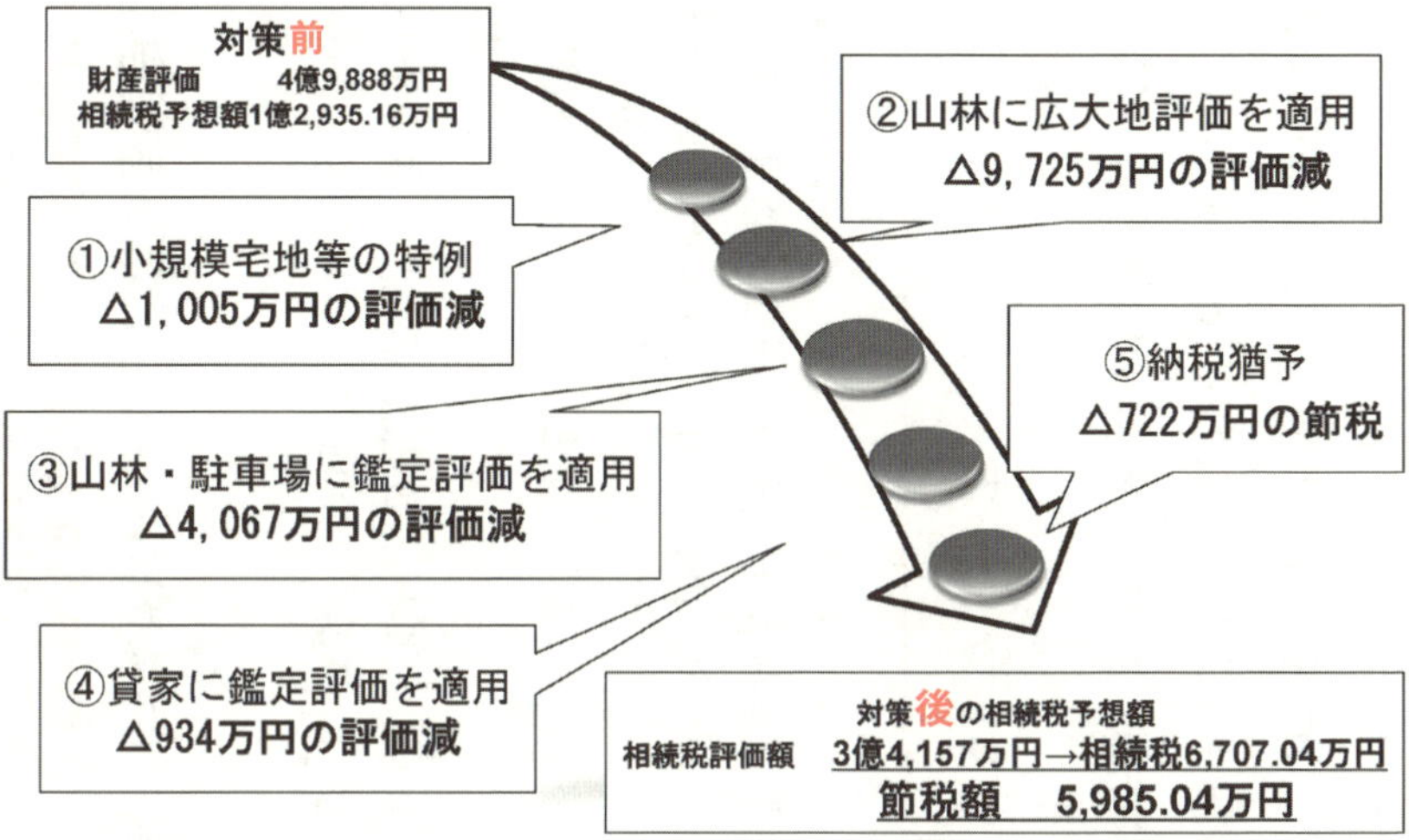

対策後　相続財産3億4,157万円　相続税6,707.04万円

①小規模宅地等特例	△1,005万円	………自宅330㎡　80%適用
②広大地減額　山林	△9,725万円	（通常1億9,379万円→広大地9,654万円）
③鑑定評価　山林・駐車場	△4,067万円	（通常6,517万円→鑑定評価2,450万円）
④鑑定評価　貸家	△934万円	（通常5,354万円→鑑定評価4,420万円）
対策の評価減合計	1億5,730万円	
相続税	6,707万円	
⑤納税猶予額	722万円	………農地の相続税分
納付した相続税	5,985万円	

基礎控除（相続人3人）
4,800万円
課税財産
2億9,357万円

※相続税の計算の仕方
29,357万円÷3=9,785.6万円
9,785.6万円×30%−700万円=2,235.68万円
2,235.68万円×3人=6,707.04万円

【節税額】5,985.04万円

相続後・申告コーディネート実例⑫

広大地評価、時価申告で土地を残した渡辺さん

【実務】
□購入 ☑売却 □組替え □活用 □贈与 ☑遺言 □法人
□生命保険 ☑相続税申告 ☑登記 ☑その他（賃貸管理）

【相続データ】
○依頼者　渡辺さん（男性・60代）・職業　農業
○被相続人　父　○遺言　なし
○相続人　子6人（長女、長男、次女・三女、四女、養子）
○財産の内容　自宅、農地、生産緑地、駐車場、貸宅地、預貯金、負債

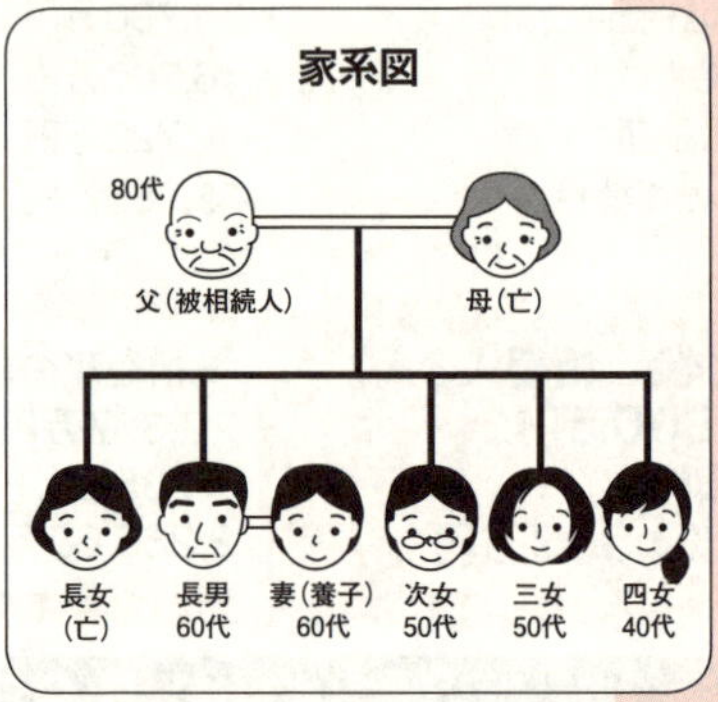

【相談内容】

渡辺家は代々の農家で、父親も祖父から相続した農地を守ってきました。渡辺さんは長男ですので、姉や妹よりも、子供の頃より農業を手伝ってきた立場です。父親の所有する農地も多く、会社勤めの片手間ではできないことがわかっていました。就職する同級生が多い中、渡辺さんは、学校を卒業してからすぐに、両親を手伝うために農業を継ぎました。姉や妹はそれぞれ嫁ぎましたので、農家は長

男が継ぐものというのが、家族全員の認識でした。

農家は相続になったら大変だといわれて節税対策の勧めも数多くありましたが、慎重な父親は、アパートを１棟建てただけで、積極的な節税対策はしてくれませんでした。アパートの借入金はまだ４、０００万円以上ありますが、家賃収入で返済できるため不安はありません。アパートを建てた節税効果は生まれています。

それよりも課題となるのは現金が少ないことです。相続になればいよいよ土地を売るしかないと覚悟はしてきましたが、土地は渡辺さんがまとめて相続して農業を継続したいことと、農地はできるだけ残したいのが本音です。

■課題

・財産のほとんどが土地で、農家継承のためできるだけ減らしたくない
・現金が少なく、納税資金の捻出が必要
・姉と妹たちには現金を分けないといけないが、現金が少ない

■課題を解決する提案

【遺産分割の対策】　農業の継続を主として長男が土地を相続

農家を継ぐためには、土地は渡辺さんと養子となっている渡辺さんの妻がまとめて相続する必要があります。父親も生前からずっとそうしたことを姉や妹たちにいっていましたので、理解は得られま

した。課題は、姉と妹たちにいくらの代償金を払うかということです。
預金がほとんどないため、土地を売却して捻出するしかありません。評価や相続税などの情報は、最初から全員に伝えて、土地を相続しないから知らなくていいということではなく、理解を得るようにしながら進めました。

【評価・申告の対策】広大地・不動産鑑定評価をする

20カ所ほどになる土地は全部を簡易測量しながら、現地調査をし、評価の方針を出しました。500㎡以上が広大地となる地域で、自宅、駐車場、市街化農地の3カ所に広大地評価が適用できると判断しました。いずれも一方路に面して、奥が深く細長い地形です。自宅の土地は裏山の斜面を減額しました。狭い道路も多く、セットバックが必要な土地もあり、不整形地や窪地などもあり、いくつも減額の要素を積み重ねて評価減を出していきました。

【納税の対策】優先順位の低い土地から売却した

父親はアパートや駐車場の収入がありましたが、固定資産税なども多いため、まとまった現金を残すことはできませんでした。わずかな預金も葬儀費用に使うとまったく残らなかったのです。そうした状況になることはわかっていましたので、土地を売却するしかないことは覚悟ができていました。
どの土地を売却すればいいか、いくらくらいで売れるのかは、こちらで提案しました。現地調査の際に、すべての土地を確認していますので、納税と代償金の捻出のための売却候補地を提案しました。姉と妹たちに分ける分割金と納税資金を目安にしながら、それでも、必要な土地は残すことを考え、売るのは最小限にすることを考えた提案にしています。いい土地を売るのは簡単ですが、そうではなく、土地の優先順位をつけ、価値の低い土地から売却するようにしました。

面積が小さくて、農地として耕作するには効率の悪い畑を売却の候補地としました。2カ所を売却地として、価格を調査したところ、両方とも不整形地で斜面のため、路線価以下にしか売れないと判断しました。そのまま申告したのでは、価値のない評価にも相続税がかかります。そこで、申告期限前に売却を完了し、売買価格を時価として申告することで評価減ができることを説明し、渡辺さんの理解を得ました。そうして700万円減額ができ、売却によって分割金と納税資金を捻出しました。

納税の負担を減らすために、農地は全部、納税猶予を受けるようにしました。渡辺さん夫婦が営農する考えであり、大きな節税になりました。将来は子供も農業を継続する意向であることから農業の継続が可能だと判断しました。

ここがポイント

・広大地、セットバック、不整形地などの評価をする。
・売却価格を時価評価として申告する。

[対策前の財産評価]

項目		評価額(万円)	構成比(%)
資産	土地	84,723	96.29
	建物	2,551	2.90
	現金・預貯金	244	0.28
	有価証券	20	0.02
	事業用財産	431	0.49
	その他	17	0.02
	(I)資産合計	87,986	100
負債	債務、葬式費用(アパート建築費借入金)	4,211	
	(II)負債合計	4,211	0
(I)—(II)純資産価額		83,775	100

[対策前の財産構成グラフ]

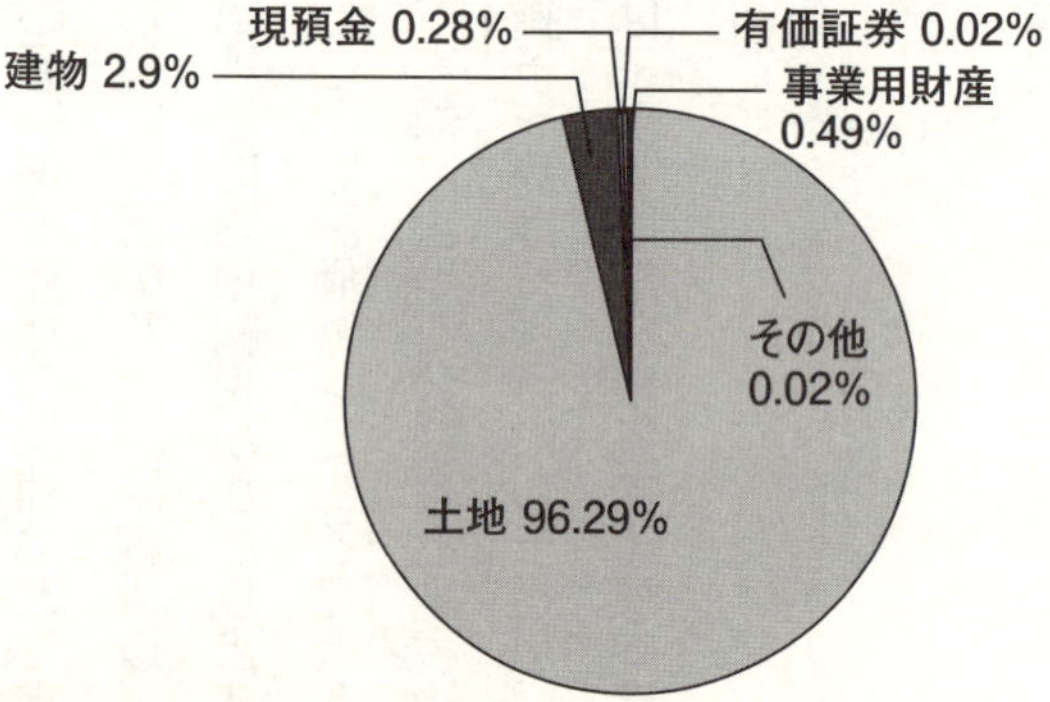

基礎控除(相続人6人)
6,600万円
課税財産
7億7,175万円

※相続税の計算の仕方
77,175万円÷6=12,865.5万円
12,865.5万円×40%−1,700万円=3,445万円
3,445万円×6人=2億670万円

相続税予想額　2億670万円

[対策実行後の節税効果検証]

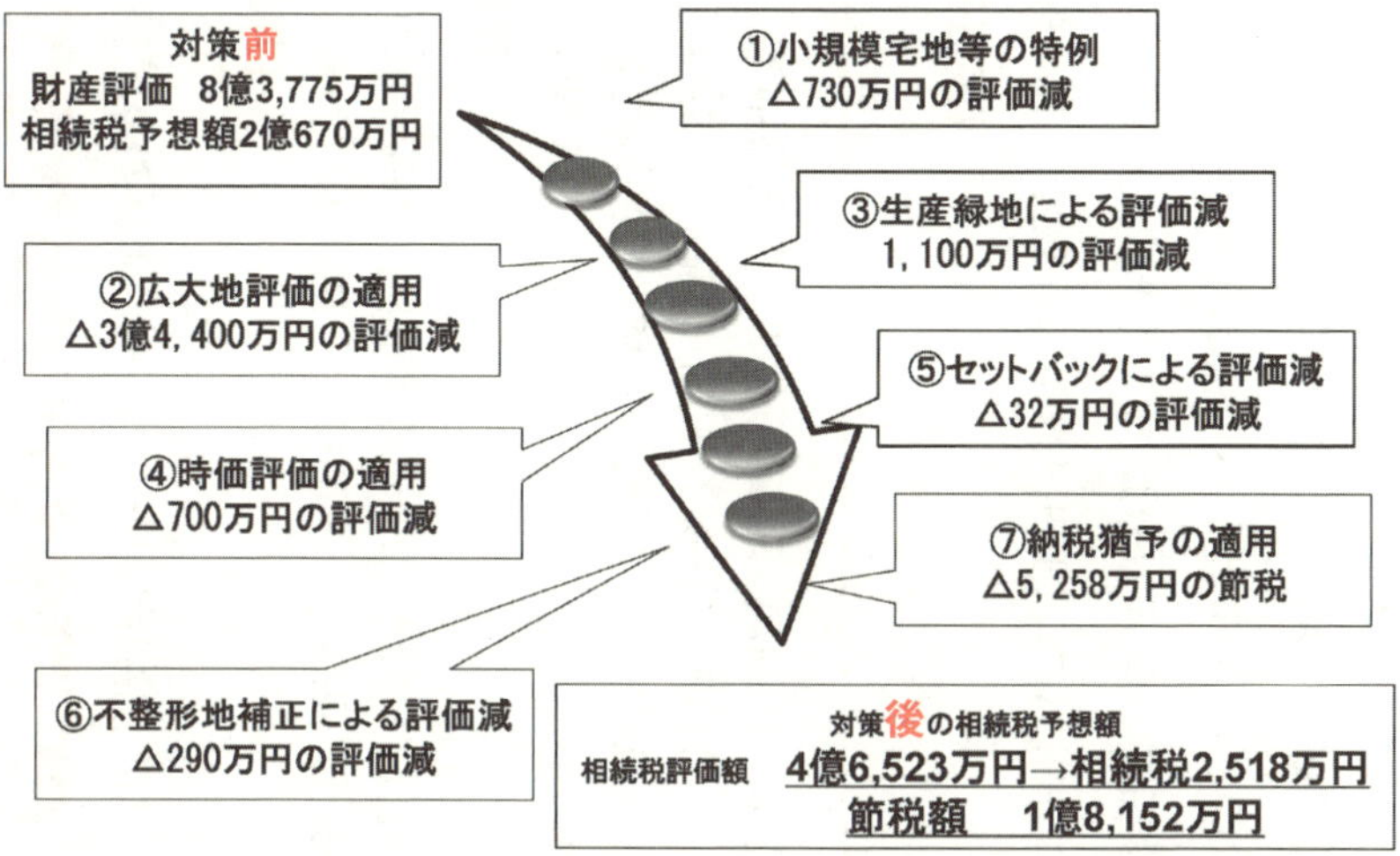

対策後　相続財産4億6,523万円　相続税2,518万円

①小規模宅地等特例	△730万円	………200㎡　50%適用（アパートに適用）
②広大地の減額	△3億4,400万円	………駐車場・農地
③生産緑地の減額	△1,100万円	
④時価評価による減額	△700万円	………売却価格を採用
⑤セットバックによる減額	△32万円	………道路の幅員
⑥不整形補正による減額	△290万円	
対策後の財産	4億6,523万円	
相続税	7,776万円	
⑦農地納税猶予額	△5,258万円	………農地の相続税分
納付した相続税	2,518万円	

基礎控除（相続人6人）
6,600万円
課税財産
3億9,923万円

※相続税の計算の仕方
39,923万円÷6=6,653.8万円
6,653.8万円×30%−700万円=1,296万円
1,296万円×6人=7,776万円

【節税額】 1億8,152万円

相続後・申告コーディネート実例⑬

納税資金がないため、土地を売却した山本さん

【実務】
□購入 ☑売却 □組替え □活用 □贈与 ☑遺言 □法人
□生命保険 ☑相続税申告 ☑登記 □その他（賃貸管理）

【相続データ】
○依頼者 山本さん（男性・40代）・職業 自営業
○被相続人 父親 ○遺言 公正証書遺言あり
○相続人 母親、長男（本人）、長女
○財産の内容 自宅、貸家、貸店舗、生命保険、預貯金

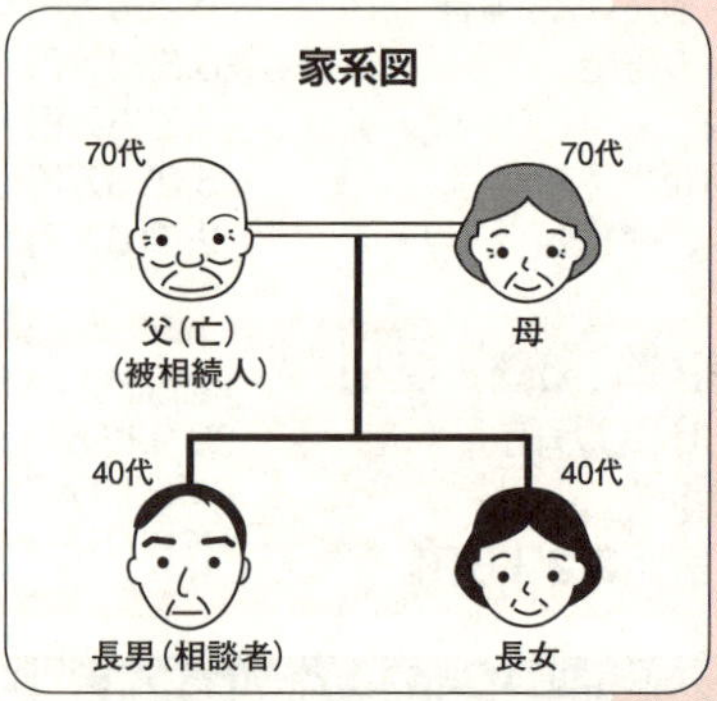

【相談内容】

山本さんの父親は、農家の長男として生まれ、戦前の家督相続の時代に代々の土地を相続しました。農地はやがて宅地となり、農業ではなく貸店舗や貸家の賃貸業に切り替えました。山本さんの父親の考えは、「土地は長男が継ぐものだ」というものでした。家族でもめたくないため、父親が70歳になったときに、公正証書遺言を作成してもらいました。遺言書作りは、家族で相続のことを話し合う機会にもなり、家族の絆が深まりました。

その数年後、父親は病気を発症して、思いのほか早く亡くなってしまいました。けれども山本家では遺言書作りをきっかけとして、何年も前から相続の話し合いをしており、家族のコミュニケーションも取ってきたので、スムーズな手続きができました。

■課題

・財産の大部分が土地で、負債もなく、節税対策ができていない
・納税資金がないため、できるだけ節税したい
・納税資金の捻出には土地の売却が必要

■課題を解決する提案

【遺産分割の対策】遺言書があるが納税のために遺産分割協議もした

山本さんの父親は遺言書を残していますので、分け方についてもめることはありません。一番の課題は納税資金の捻出でした。土地を売却するのが妥当ですが、長男と長女は別々の土地を相続するため、それぞれが売却することは効率が悪いといえます。そこで、長男が相続する貸家の土地につき、一部を分筆し、2人で相続して売却、納税資金を捻出するようにしました。この部分については、遺言書の内容を変更して、遺産分割協議書を作成し、あとは遺言書を活かしました。

【評価・申告の対策】分筆することで所有者の違う区画が不整形地になった

父親は、山本さんの勧めもあって、以前より「相続プラン」を作成しており、それぞれの土地の評

価は確認ができていました。あらためて現地調査はしますが、評価の方針も出してあるため、短期間に評価は出せました。相続税の納税のために土地を売却することも妹とは合意ができました。売却する土地を分筆すると、残る土地は敷地延長の区画となりました。売却する土地は山本さんと妹の共有名義で、奥の土地は妹の単独名義です。

このように分筆により所有者が変わり、区画ごとの評価をすることになりますので、不整形地ができることで、評価が下がりました。

【納税の対策】 子供2人が納税用の土地を売却した

父親の財産には納税できる現金が残されていません。父親は以前から貸店舗や貸家など賃貸物件を建ててきましたので、父親が70歳になったころ、もう一度節税対策をし直してはどうかという提案をしてみました。しかし返済がなくなって身軽になったことから、新たな借入をすることは避けたいと決断できなかったようです。

けれども生前に「相続プラン」や遺言書作りをすることで、母親、山本さん、妹が相続して残していく土地と、山本さんと妹が納税するために売却しても仕方がない土地を選別し、決めることができたといえます。遺言書を作成したときには、それぞれが相続した財産の中で納税していくことで合意をしていて、そうした内容になっていましたが、相続のときには、納税のために売却するなら、1カ所のほうが売りやすいため、遺言書の内容を一部変更することにしました。

山本さんを中心にして、こちらの提案をもとに、常に母親と妹で相談しながら進めていきましたので、売却の決断は、申告期限まで半年ほど前にでき、余裕がありました。土地を測量し、分筆や登記が必要でしたが、いずれも順調に進みました。そうして40坪の土地が路線価以上の価格で売却でき、納税ができました。

父親には、現金が残らず、また、売却も間に合うのかと不安はあったようですが、スタートが早かったこと、決断も早かったことから、スケジュールどおりに進めることができ、節税できたこともあって納税額以上に売れた代金は2人の手元に現金として残すこともできました。

ここがポイント

・全員の合意があれば遺言書どおりにしなくてもよい。
・土地を分筆して形が変わり、所有者が別々になれば評価が下がる。

[対策前の財産評価]

項　　目		評価額(万円)	構成比(%)
資産	土地	21,340	93.77
	建物	678	2.98
	現金・預貯金	400	1.76
	有価証券	340	1.49
	(I)資産合計	22,758	100
負債	債務、葬式費用	509	
	(II)負債合計	509	
(I)—(II)純資産価額		22,249	100

[対策前の財産構成グラフ]

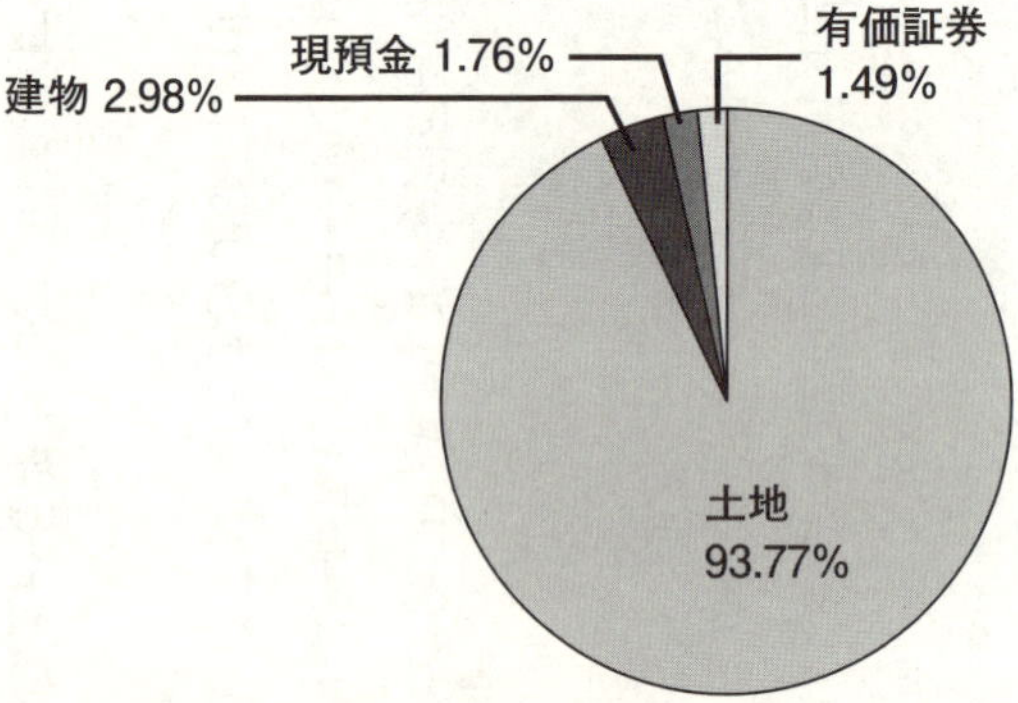

基礎控除(相続人3人)
4,800万円　妻・子供2人
課税財産　1億7,449万円
相続税　3,262.25万円

※相続税の計算の仕方
妻　17,449万円÷2=8,724.5万円
8,724.5万円×30%−700万円=1,917.35万円
子　17,449万円÷4=4,362.25万円
4,362.25万円×20%−200万円=672.45万円
672.45万円×2人=1,344.9万円
1,917.35万円+1,344.9万円=3,262.25万円

相続税予想額　3,262.25万円

[対策実行後の節税効果検証]

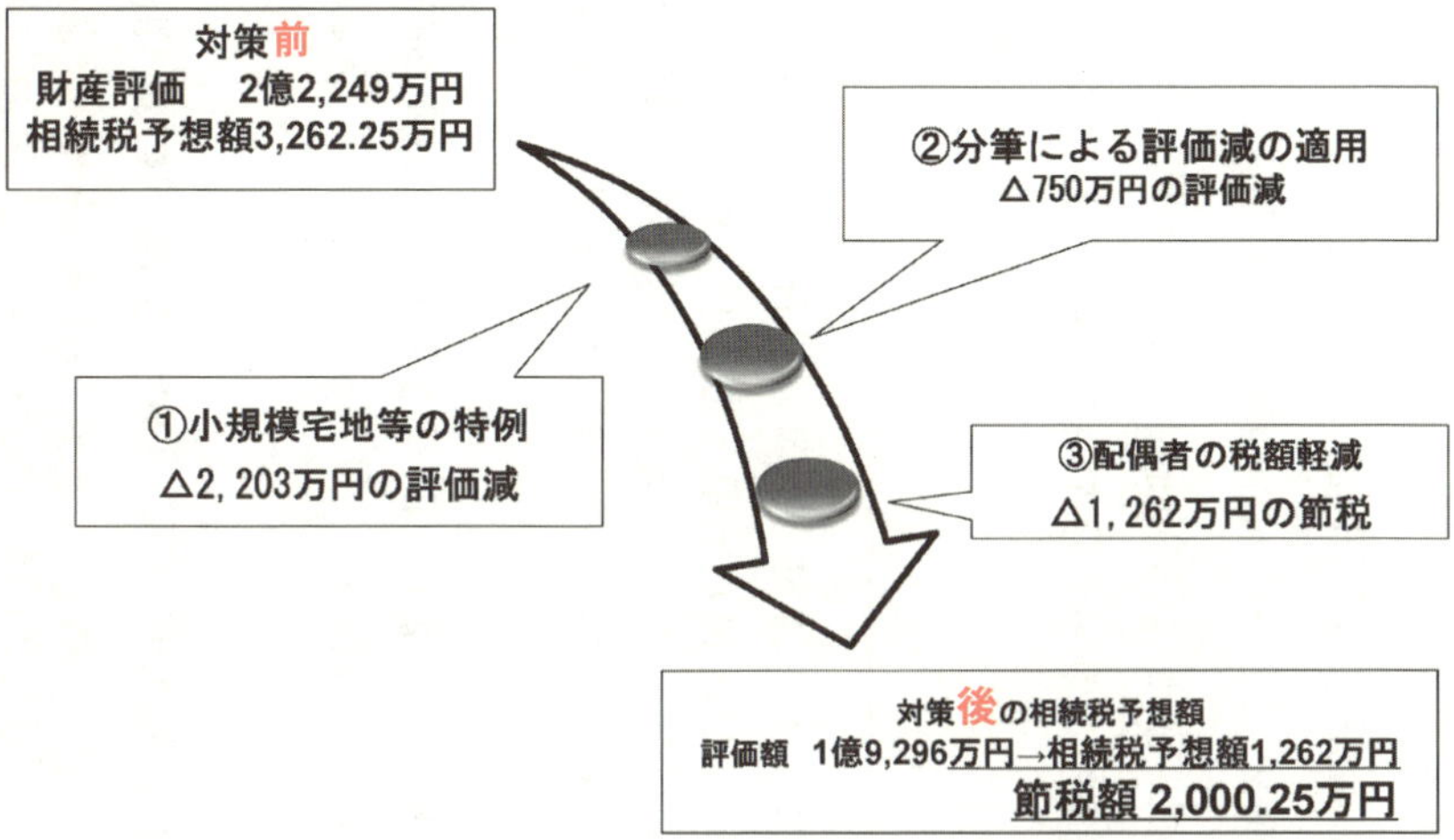

対策後　相続財産1億9,296万円　相続税1,262万円

①小規模宅地等特例	△2,203万円	………自宅330㎡　80%適用
②分筆による評価減	△750万円	………不整形地
対策後の財産	1億9,296万円	
相続税総額	2,524万円	
③配偶者税額軽減	△1,262万円	………全体の50%を相続
納付した相続税	1,262万円	

基礎控除（相続人3人）
4,800万円
課税財産　1億4,496万円

※相続税の計算の仕方
妻　14,496万円÷2＝7,248万円
7,248万円×30%－700万円＝1,474.4万円
子　14,496万円÷4＝3,624万円
3,624万円×20%－200万円＝524.8万円
524.8万円×2人＝1,049.6万円
1,474.4万円＋1,049.6万円＝2,524万円

【節税額】2,000.25万円

相続後・申告コーディネート実例⑭

土地を残して賃貸収入で納税する阿部さん

【実務】

□購入　□売却　□組替え　☑活用　□贈与　□遺言　□法人

□生命保険　☑相続税申告　☑登記　☑その他（賃貸管理）

【相続データ】

○依頼者　阿部さん（男性・50代）・職業　会社員

○被相続人　父親　○遺言　なし

○相続人　2人（母親、長男（本人））

○財産の内容　自宅、貸家、アパート、駐車場、預金

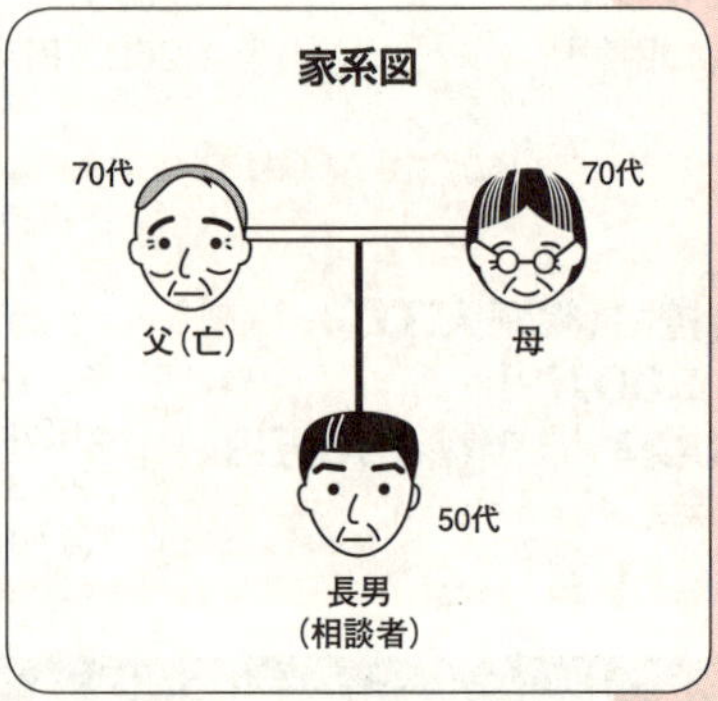

【相談内容】

阿部さんの父親は借金がきらいな人で、相続税の節税対策はできていません。相続税が相当かかると覚悟はしていましたが、できるだけ節税して残したいと相談に来られました。

父親の財産は自宅と隣接するアパート、貸家と駐車場で合わせると1、000坪以上もありますが、どこも売りたくないというのが阿部さんの希望でした。

父親が建てた貸家やアパートは築30年以上経っています。建物が老朽化して修繕費がかかり、家賃

滞納する人もあり、苦労が絶えません。貸家が空くごとに解体して駐車場に切り替えていましたが、それでも、まだ、長年住み続けている人もあり、簡単に出て行ってもらうわけにもいきません。残る貸家は5棟となり、敷地の4分の1程度ですが、悩みの種にもなっていました。

■課題

・土地は自宅まわりにまとまっているため、売らずに残したい
・相続税が納税できる現金は残っていない
・貸家が古くなり修繕費もかかっていくため、問題が多い

■課題を解決する提案

【遺産分割の対策】配偶者の特例を最大限に使える割合にする

父親は借入がなく、節税対策は何もしてくれませんでした。けれども一次相続では、配偶者の特例が確実な節税になるため、最大限に使うことを考えました。財産の半分は母親が相続することを前提とした遺産分割の割合を大前提として模索しました。

母親には二次相続の節税対策ができる土地を相続することとして、広い道路に面した５００坪の土地を候補地としました。空室の古アパートや貸家が建っている土地です。しかし、その土地を母親ひとりで相続すると、評価は全体の半分を超えてしまいます。そこで母親の取得割合が財産全体の50％になるように評価額によって調整し、その土地は母親80％、阿部さん20％の共有としました。

自宅は、母親と阿部さんが同居していますので、阿部さんが相続するとして、居住用の小規模宅地等の特例を提案しました。二次相続では母親の自宅の所有はありませんが、節税対策の賃貸事業を行うことで貸付事業用の小規模宅地等の特例を使う余地を作りました。

［評価・申告の対策］測量して利用区分図を作成する

貸家と古アパートが建つ土地は、三方が道路に面している間口の広い地形です。西側が広い道路で路線価も高いのですが、そこには生け垣を作っていて、出入りはできません。貸家の入居者は東側の裏側の道路側から出入りしています。こうした実態から、西側路線価ではなく、東側の2割ほど低い路線価で計算することにしました。

また、自宅や駐車場も含めた全部の土地を測量しました。特に、500坪の土地については、貸家やアパートにつき、1棟ごとに利用している面積や地形を出して、利用区分図を作成の上、個々の評価をしました。利用区分図を作成すると、奥の区画の場合は、敷地延長の不整形地になるため、補正評価により、減額につながりました。

［納税の対策］

納税は駐車場の土地を担保に延納にしましたが、返済原資のめども必要です。そこで母親の二次相続の節税対策と延納返済原資確保の両方の目的で、貸家やアパートを解体して、賃貸住宅を建てる計画を立てました。

5軒の入居者には事情を説明し、移転先を紹介するなどしたところ、協力を得られましたので、全体の3分の1程度の土地に、賃貸マンションを建てることができました。これは母親の二次相続での相続税の節税をするための対策で、母親名義で銀行融資を受けました。1階店舗、2〜5階は住居で1K8世帯、1LDK8世帯、全室ロフト付きの賃貸マンションとなり、母親の節税対策ながらも、資産価値も上がりました。毎月の家賃収入が入ることで土地を共有で所有する阿部さんの収入にもなり、延納の返済に充てることができています。

【対策実行後の効果】　相続税4、213・7万円の節税

土地の評価を下げることで節税し、納税は延納を選択したことで、土地はどこも売ることなく残せました。二次相続の節税対策となる土地活用により資産価値も増大し、付加価値となりました。

ここがポイント

・土地を残して活用することで節税する。
・配偶者の税額軽減を最大にするため土地を共有した。

[対策前の財産評価]

項目		評価額（万円）	構成比（%）
資産	土地	27,260	94.03
	建物 現預金	240 1,490	0.83 5.14
	（Ⅰ）資産合計	28,990	100
負債	債務、葬式費用	335	
	（Ⅱ）負債合計	335	
（Ⅰ）—（Ⅱ）純資産価額		28,655	100

[対策前の財産構成グラフ]

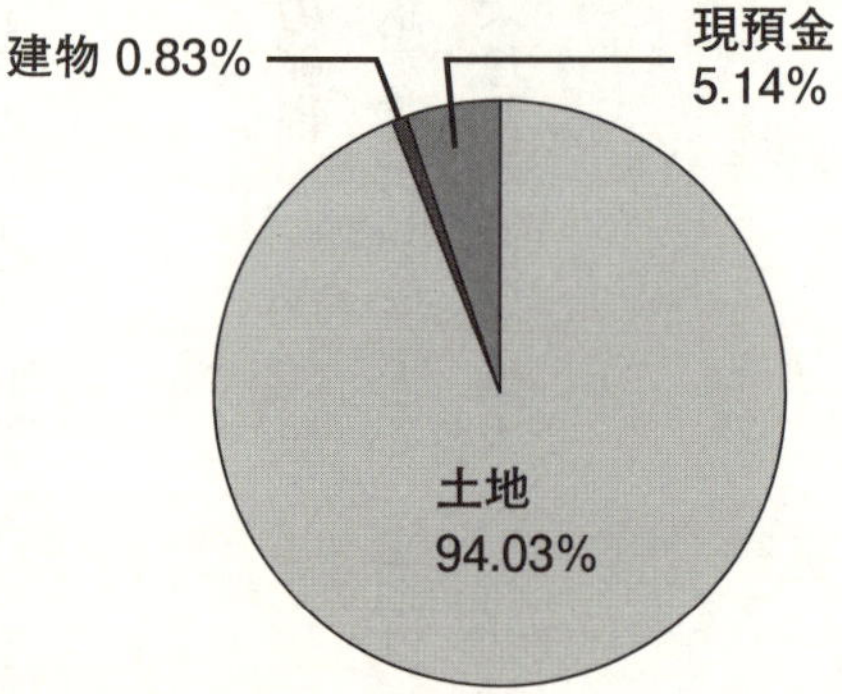

基礎控除（相続人2人）
4,200万円 妻・子供1人
課税財産
2億4,455万円

※相続税の計算の仕方
妻・子　24,455万円÷2＝12,227.5万円
12,227.5万円×40%−1,700万円＝3,191万円
3,191万円+3,191万円＝6,382万円

相続税予想額　6,382万円

[対策実行後の節税効果検証]

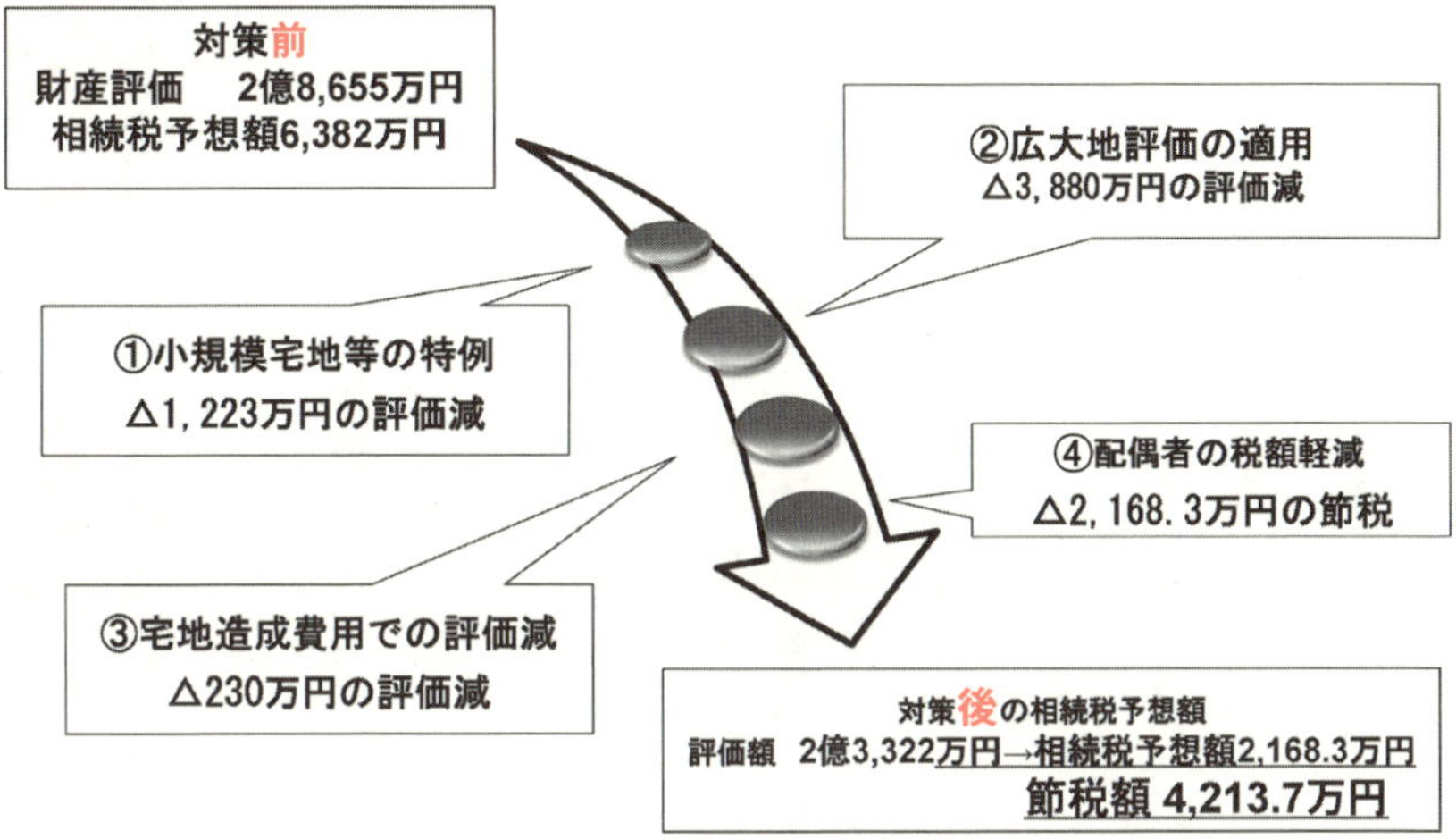

対策後　相続財産2億3,322万円　相続税2,168.3万円

①小規模宅地等特例	△1,223万円	………自宅330㎡　80%適用
②広大地評価の特例	△3,880万円	………貸家・アパートの土地
③宅地造成費減額	△230万円	
対策後の財産	2億3,322万円	
相続税	4,336.6万円	
④配偶者税額軽減	△2,168.3万円	………全体の50%を相続
納付した相続税	2,168.3万円	

基礎控除（相続人2人）
4,200万円
課税財産
1億9,122万円

※相続税の計算の仕方
妻・子　19,122万円÷2＝9,561万円
9,561万円×30%－700万円＝2,168.3万円
2,168.3万円+2,168.3万円＝4,336.6万円

【節税額】 4,213.7万円

相続後・申告コーディネート実例⑮

貸宅地を売却して納税、時価申告した森さん

【実務】

□購入 ☑売却 □組替え □活用 □贈与 ☑遺言 □法人
□生命保険 ☑相続税申告 ☑登記 □その他（賃貸管理）

【相続データ】

○依頼者 森さん（女性・50代）・職業 会社員
○被相続人 父親80代 ○遺言 あり（自筆証書遺言）
○相続人 3人（母、長女（本人）、次女）
○財産の内容 自宅、駐車場、貸地、貸アパート、預貯金、生命保険等

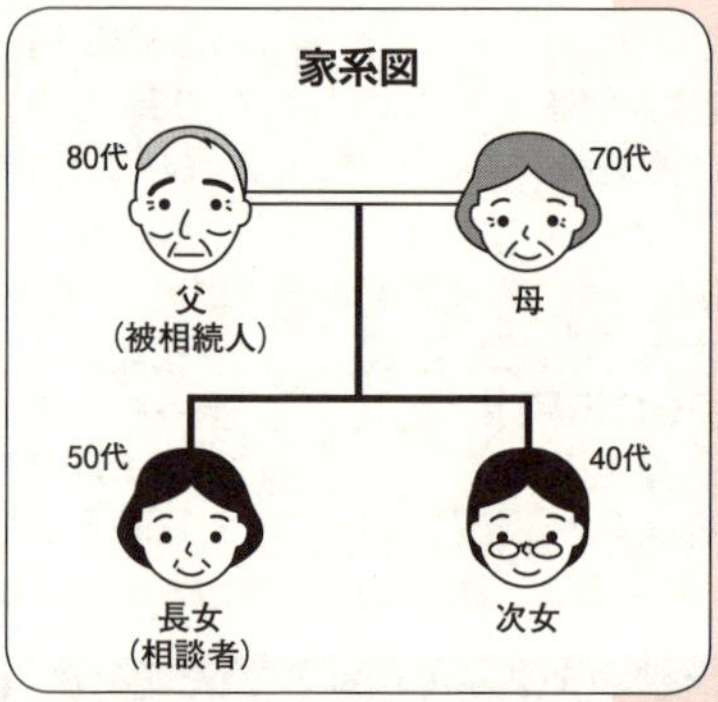

【相談内容】

森さんの父親は、先代より土地を相続し、不動産賃貸業をしてきました。けれども自宅と隣接するアパート以外はすべてが貸地で、賃借人が自宅を建てて住んでいます。土地全体の7割が貸宅地です。300坪の土地に15軒の家が建っていますが、土地は借地人ごとには分筆しておらず、利用区分も明確になっていないところもあります。

代々の土地持ち資産家なのですが、先代から貸しているため、地代も安いままで、値上げもしていません。そのため森さんは父親が年々、固定資産税を払うのに苦慮している様子を見てきました。相続税を払う余力などもありません。父親が亡くなったことで相続税の申告が必要になりますが、まとまった預金がないため、できるだけ節税をして相続を乗り切りたいという思いです。納税資金の捻出のためには貸地を売却するしかないと家族では話をしていますので、そうした決断をする覚悟はできていました。

■課題

・自宅とアパート以外は貸地で、収益性が悪い
・年々、固定資産税の支払に苦慮している
・相続税の納税資金がない

■課題を解決する提案

【遺産分割の対策】配偶者の特例を適用して納税を減らす

両親と同居するのは、独身の森さんです。父親が体調を崩して入退院を繰り返すようになり、家族の手助けが必要になりました。母親にも持病があり、体調に不安がありましたので、母親任せにすることもできません。こうした事情から、長女の森さんがずっと同居していました。会社勤めをしてきた森さんですが、父親の入院を機に仕事を辞めて、両親の面倒を見るようになりました。嫁いだ妹は

専業主婦といっても、未成年の子供もいるので、頼れないところです。

今回は、配偶者の特例を活かして納税を減らすような遺産分割をしました。土地は全部母親が相続し、森さんと妹は現金としました。居住用の「小規模宅地等の特例」は母親が相続した自宅に適用し、二次相続では森さんが相続して、使える道を残しました。二次相続では、自宅だけでなく、アパートや駐車場も森さんが相続するようになります。次回も妹には、現金を渡すようになります。アパートや駐車場は自宅の隣接地で、管理する森さんの生活費にもなります。

【評価・申告の対策】貸宅地を測量し、不整形地として評価、時価申告もした

財産の大部分が不動産なので、土地の評価で下げることができるように現地調査は綿密に行いました。特に貸宅地はそれぞれの境界がなく、入り組んだ使い方になっています。そこで、1軒ずつの利用図を作成して、面積を算出し、地形図を作成するようにしました。公道に接することのない土地もあり、敷地延長の区画になったり、不整形地となるので、そうした評価を積み重ねると、想定した評価よりも下げることができました。

また、貸宅地を売却した価格で時価申告をして、節税につなげました。

【納税の対策】貸宅地を一括売却した

土地の評価が下がり、配偶者税額軽減の特例を活かしても、まだ、相続税がかかりますので、どうしても納税資金を捻出する必要がありました。売りやすい駐車場やアパートを候補にするのは簡単ですが、そうすると残るのは自由度がない貸地となります。それでは、固定資産税の支払にも苦労する状況が改善できません。

そこで、選択肢は貸宅地が売却の候補になります。借地人に購入を打診しましたが、決断に時間がかかることが想定されました。そのため、建売り用地として不動産会社に一括売却することにしました。路線価評価を下回る価格となるため、申告期限内に契約するようにし、時価申告をしました。相続評価で1億円のところ、売却価格は6、000万円となりましたが、相続税は800万円の節税となり、譲渡税も節税できました。相続税と譲渡税で1、000万円以上も税負担を軽減できました。

【対策実行後の効果】相続税8、639・65万円の節税

収益のよくない貸宅地を売却して納税に充てることができ、わずらわしさから解放され、効率のよい土地を残すことができました。

ここがポイント

・貸宅地は申告前に売却して、時価申告をした。
・売却は自由度が低い貸宅地を優先した。

[対策前の財産評価]

項　　目		評価額(万円)	構成比(%)
資産	土地	46,844	95.92
	建物 現金・預貯金 生命保険 その他	851 503 546 91	1.74 1.03 1.12 0.19
	(I)資産合計	48,835	100
負債	借入金 債務、葬式費用	2,815 318	
	(II)負債合計	3133	
(I)—(II)純資産価額		**45,702**	**100**

[対策前の財産構成グラフ]

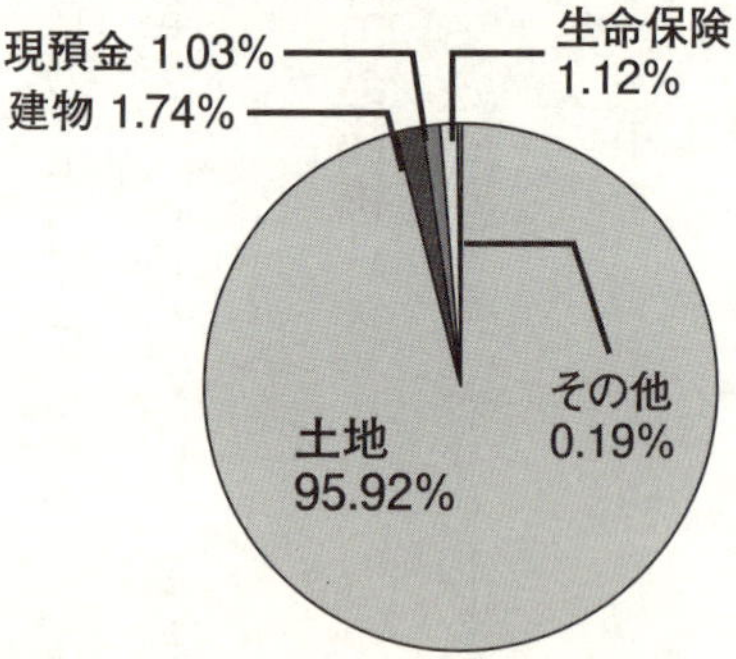

基礎控除(相続人3人)
4,800万円　妻・子供2人
課税財産　4億0,902万円
相続税　6,382万円

※相続税の計算の仕方
妻　40,902万円÷2=20,451万円
20,451万円×45%−2,700万円=6,502.95万円
子　40,902万円÷4=10,225.5万円
10,225.5万円×40%−1,700万円=2,390.2万円
2,390.2万円×2=4,780.4万円
6,502.95万円+4,780.4万円=1億1,283.35万円

相続税予想額　1億1,283.35万円

[対策実行後の節税効果検証]

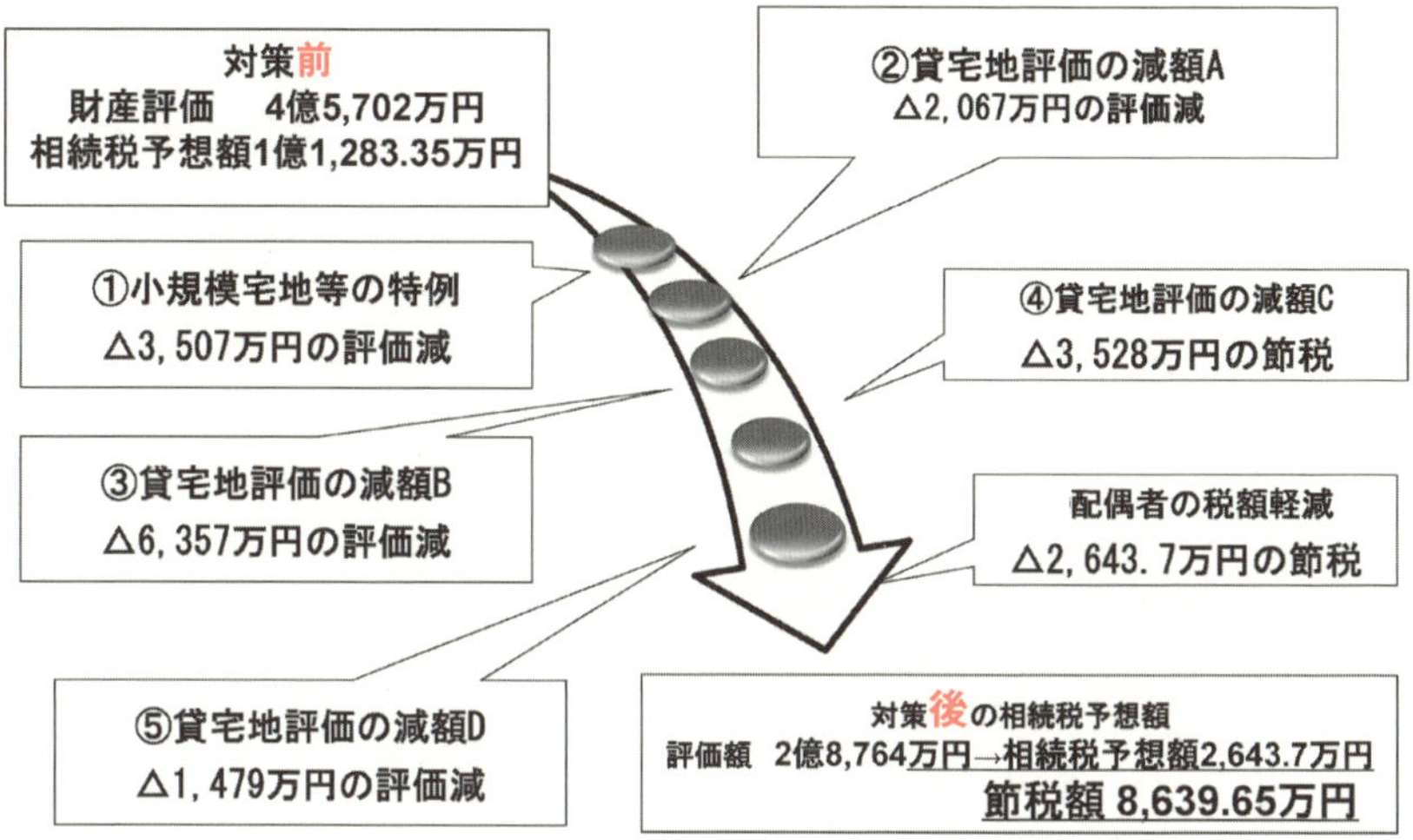

対策後　相続財産2億8,764万円　相続税2,643.7万円

①小規模宅地等の特例	△3,507万円	……自宅330㎡　80%適用
②貸宅地評価の減額A	△2,067万円	不整形地
③貸宅地評価の減額B	△6,357万円	〃
④貸宅地評価の減額C	△3,528万円	〃
⑤貸宅地評価の減額D	△1,479万円	〃
対策後の財産	2億8,764万円	
相続税総額	5,287.4万円	
◆配偶者税額軽減	△2,643.7万円	……全体の50%を相続
納付した相続税	2,643.7万円	

基礎控除（相続人3人）
△4,800万円
課税財産　2億3,964万円

※相続税の計算の仕方
妻　23,964万円÷2=11,982万円
11,982万円×40%−1,700万円=3,092.8万円
子　23,964万円÷4=5,991万円
5,991万円×30%−700万円=1,097.3万円
1,097.3万円×2=2,194.6万円
3,092.8万円+2,194.6万円=5,287.4万円

【節税額】 8,639.65万円

第7章

必ず必要になる相続の基礎知識

法律の基礎知識①

相続の手続きを知る

人が亡くなることで相続は開始されます。財産の多少にかかわらず、残された家族は、だれもが必ず相続に直面することになります。通夜、葬儀が終わって、これで一段落だと思いたいところですが、相続する人は、相続開始の時から亡くなった人の財産に関する一切の権利義務を承継しますので、相続の手続きをしなければなりません。

まずは、相続人や遺言書を残しているかどうかを確認します。次に、財産と借金の大まかな状況を確認して、相続するかしないかを決めます。相続の放棄や限定承認などを家庭裁判所に申し立てる期限は、相続を知った時から3カ月以内となっています。

亡くなった人に所得があれば、4カ月以内に準確定申告書を作成して、申告しなければなりません。さらに財産が基礎控除を超えるようであれば、亡くなってから10カ月目までには、相続税の申告をし、納税しなければなりません。遺言書がなければ、相続する人たちで話し合いをして財産の分け方を決めなくてはなりません。

このように、いろいろな手続きが必要になりますので、必要な手続きと期限を知っておきましょう。

[申告・納税までのスケジュール]

7日以内
- 死亡届を提出
- 葬儀費用の領収書類を保管整理
- 遺言書の有無を確認
- 相続人の確認

3カ月以内
- 相続の放棄・限定承認の申立て

4カ月以内
- 被相続人の所得税の申告・納付（準確定申告）
- 財産の評価・鑑定
- 遺産分割協議書の作成
- 財産の名義変更手続き
- 相続税申告書の作成

10カ月以内
- 相続税の申告・納付（延納・物納の申請）

[相続に関わる手続き一覧]

手続きの種類	期限	手続先（窓口）	提出（必要）書類
死亡届	7日以内	死亡者の住所地の市町村役場	死亡診断書または死体検案書
遺言書の検認	相続後、遅滞なく	被相続人の住所地の家庭裁判所	遺言書原本、遺言者の戸籍謄本、相続人全員の戸籍謄本、受遺者の戸籍謄本または住民票抄本
相続の放棄	相続を知ってから3カ月以内	被相続人の住所地の家庭裁判所	相続放棄申述書、申述人および被相続人の戸籍謄本
所得税の申告・納付	4カ月	被相続人の住所地の税務署	確定申告書、死亡した者の所得税の確定申告書付表
相続税の申告・納付	10カ月以内	被相続人の住所地の税務署	相続税の申告書、その他
生命保険金の請求	なし（死亡後はいつでもできるが、2年または3年の消滅時効あり）	保険会社	生命保険金請求書、保険証券、最終の保険料領収書、受取人および被相続人の戸籍謄本、死亡診断書、受取人の印鑑証明書

法律の基礎知識②

相続人はだれなのかを知る

●相続人の範囲と順位が定められている

民法では、相続人の範囲と順位について次のとおり定めています。ただし、相続を放棄した人や相続権を失った人は、初めから相続人でなかったものとされます。

法定相続人は公平に相続できるわけではなく、だれが優先的に相続できるかが決められています。しかも、優先上位の順位者がいるときには、下位の順位の血族には相続権はありません。

第1順位　被相続人の子（子が被相続人の相続開始以前に死亡しているときや相続権を失っているときは、孫（直系卑属）が相続人となります）

第2順位　被相続人に子や孫（直系卑属）がいないときは、被相続人の父母（父母が被相続人の相続開始以前に死亡しているときや相続権を失っているときは、祖父母（直系尊属）が相続人となります）

第3順位　被相続人に子や孫（直系卑属）も父母や祖父母（直系尊属）もいないときは、被相続人の兄弟姉妹（兄弟姉妹が被相続人の相続開始以前に死亡しているときや相続権を失っているときは、おい・めい（兄弟姉妹の子）が相続人となります）

配偶者はどんな場合でも相続できる

配偶者とは、婚姻の届出をした夫または妻をいいます。相続人の中で、配偶者（亡くなった人の妻や夫）は、どんなときでも相続でき、血族相続人がいてもいなくても、常に相続権があります。ただし、相続権がある配偶者は、婚姻届が出されている正式な配偶者に限られます。籍を入れない内縁関係の場合は、相続人になれません。

養子は何人でも相続人になれるが、税務上は制限がある

養子縁組をしている相続人は、何人いても相続人になります。しかし、相続税の基礎控除の計算に組み入れることができる養子の数は決められており、被相続人に実子がある場合は1人、実子がない場合は2人までとなっています。ただし、①特別養子制度によって養子になった場合、②配偶者の連れ子を養子にした場

[法定相続人の組み合わせ]

	配偶者と血族	配偶者	血族
第1順位者がいる	配偶者と子（または孫）	配偶者のみ	子のみ（または孫のみ）
第1順位者がいない	配偶者と父母（または祖父母）	配偶者のみ	父母のみ（または祖父母のみ）
第1、第2順位者がいない	配偶者と兄弟姉妹（またはおい・めい）	配偶者のみ	兄弟姉妹のみ（またはおい・めいのみ）

合、③代襲相続人の場合の養子は、相続税の計算上、実子とみなされ、養子規制の対象から外されます。

非嫡出子も相続権があり、実子と同等になる

正式な婚姻関係にない男女間の子を「非嫡出子」といいますが、父親から「認知」を受けていれば、実子や養子と同様に第1順位の相続人になります。養子や非嫡出子は、「法定血族」とよばれます。

また、胎児にも相続権があります。

代襲相続は亡くなった人の代わりになる

相続人となるべき人が被相続人の死亡前に亡くなっていたり、何らかの理由で相続権を失っているときは、その人の直系卑属（子、孫）が相続人になります。これを代襲相続といいます。代襲相続は本来相続人となるべきであった人の代わりですから、子が先に死亡し、孫が相続人となった場合のその孫は、子と同じで第1順位の血族相続人とみなされます。

兄弟姉妹の子が代襲相続人になることもある

子が先に死亡したため孫が相続人になるというケースが、典型的な代襲相続ですが、兄弟姉妹についても代襲相続が生じる場合もあります。被相続人に子がなく、直系尊属（父母）もすでに死亡しているときは、兄弟姉妹が相続人になりますが、その兄弟姉妹がすでに死亡しているケースです。この場

［相続順位］

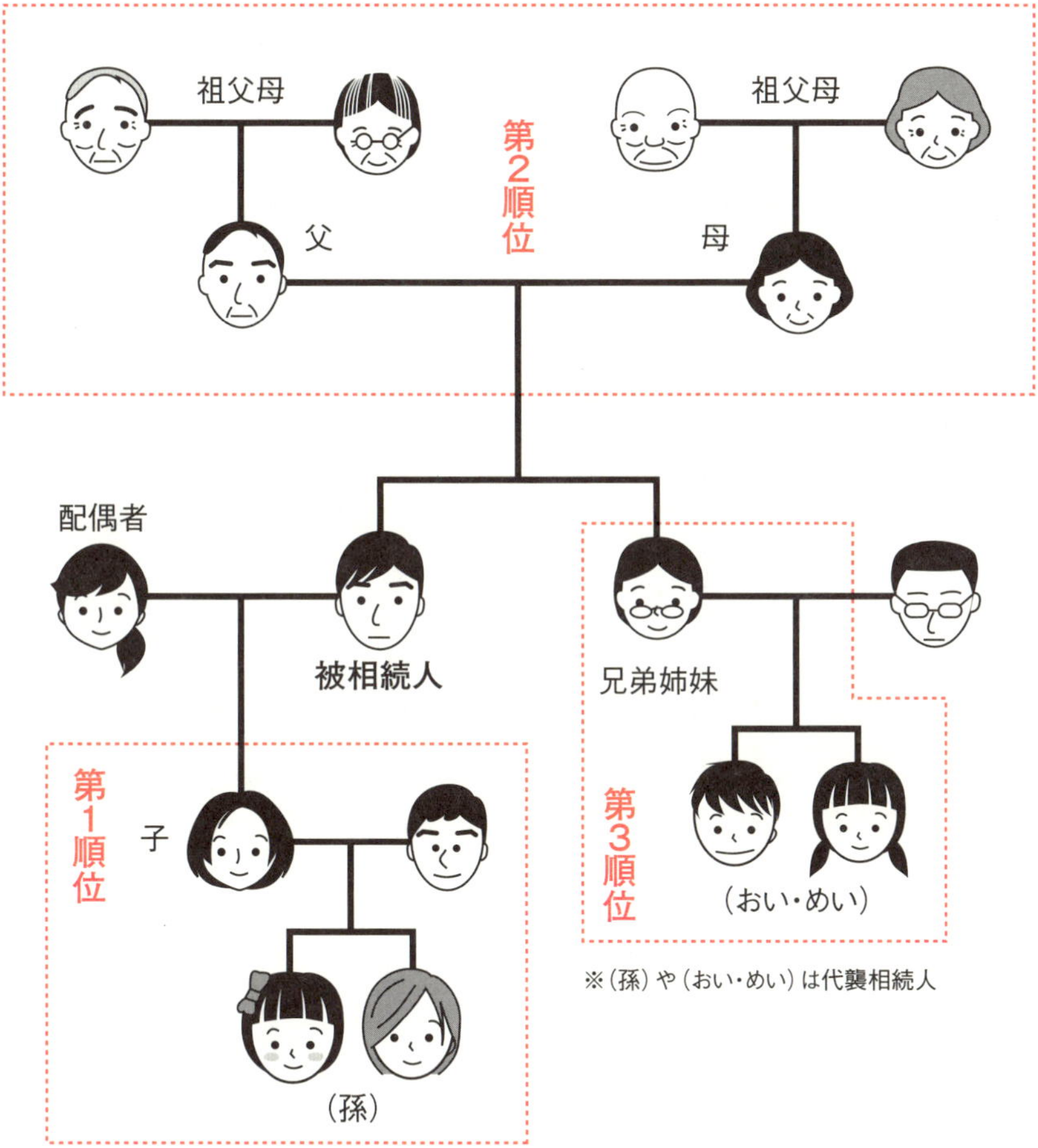

※（孫）や（おい・めい）は代襲相続人

・法定相続人は血族であり、第１順位、第２順位、第３順位が定められています。
・第１順位は、子、孫です。
・第２順位は、父母、祖父母です。
・第３順位は、兄弟姉妹です。
・配偶者は、常に法定相続人です。

合は、死亡した兄弟姉妹に代わって、その子（おい・めい）が相続人になります。兄弟姉妹の場合は、おいやめいの段階で代襲相続は打ち切りとなります。

●行方不明者は、失踪宣告か財産管理人かを選択する

相続人のだれかが家出や蒸発など、行方がわからない場合は、次のいずれかの方法を選択します。どちらも家庭裁判所に申し立てることが必要です。

①家庭裁判所に失踪宣告を申し立てる（行方不明者の生死も明らかではなく、7年以上の年月を経過している場合）

②所在者不明のため相続財産管理人を家庭裁判所に選任してもらう。その管理人と残りの相続人が家庭裁判所に遺産分割の調停または審判を求め、裁判所の関与のもとに遺産の分割をおこなう

●未成年者は、親か特別代理人を選任する

相続人が未成年者の場合は、法定代理人である親が子供の代わりに遺産分割協議などの代理をしますが、親も相続人の場合は、家庭裁判所に手続きをし、未成年者のひとりひとりに「特別代理人」を選任します。

●相続人が認知症なら、成年後見人を選任する

相続人が認知症や知的障害、精神障害がある場合は、家庭裁判所に「成年後見人」の手続きをして選任し、成年後見人が分割協議をします。

●相続欠格であれば相続人になれない

違法行為（殺人や詐欺など）を行ったために相続人として資格がないと認定された人は、「相続欠格」となり、相続することができません。①被相続人に対する殺人や殺人未遂で刑に処せられた者、②被相続人が殺されたことを知りながら、それを告訴、告発しなかった者、③詐欺や強迫をして、被相続人の遺言や、その取消しや変更を妨げた者、④詐欺や強迫をして、被相続人が遺言をしたり、その取消しや変更をさせた者、⑤被相続人の遺言書を偽造、変造、破棄、隠匿者が、該当者となります。

被相続人の意思により、遺言で「相続廃除」ができます。①被相続人を虐待した者、②被相続人に重大な侮辱を加えた者、③その他の著しい非行があった者ですが、家庭裁判所の審判か調停が必要になります。

●法定相続人の範囲

「血族相続人」　直系卑属（子や孫など）……第1順位
直系尊属（父母や祖父母など）……第2順位
傍系の血族（兄弟姉妹・おい・めいなど）……第3順位

「配偶相続人」　配偶者

法律の基礎知識③

相続財産・非課税財産・債務を知る

相続手続きを進めるには、亡くなった人が何をどれくらい持っていたのか、調べなくてはなりません。それがわからないことには、相続するのか、あるいは相続しないのかを決めることや財産の分け方を話し合うこともできません。相続しない場合は、家庭裁判所に放棄の手続きをしなくてはなりません。

相続が開始されたら、できるだけ早く財産の確認をし、一覧表にして、ひと目で把握できるようにしましょう。財産の確認のためには、通帳や保険証券、不動産の権利証などの書類を確認するだけでなく、役所や法務局の証明書を取る必要があります。

●相続や遺贈によって取得するすべてが相続財産となる

相続税の課税対象となる財産は、被相続人が相続開始時に所有していた土地、家屋、立木、事業(農業)用財産、有価証券、家庭用財産、貴金属、宝石、書画骨とう、電話加入権、預貯金、現金などの金銭に見積もることができるすべての財産をいいます。

[財産目録の例]

	財産種類	所在	種類	詳細	およその時価	備考
財産	土地	東京都 ××区○町 ×丁目○番地	宅地	200㎡	5,500万円	長男が同居 築10年 現在○○銀行の担保により売却不可
		岐阜県 ××市○町 ×丁目○番地	畑	800㎡	1,200万円	現在放置中 空き地
	家屋	東京都 ××区○町 ×丁目○番地	共同住居	鉄骨地上 3階建て 340㎡	1,820万円	
	預貯金	○○銀行 ○○本店	定期預金	口座番号 1234567	1,000万円	
		○○銀行 ○○支店	普通預金	口座番号 9876543	300万円	
	生命保険	○○生命保険	死亡保険金		2,000万円	受取人は長女
	その他	自宅内	家財一式		50万円	
		自宅車庫内	自動車	○○	不明	3年使用
						予想財産合計　1億1,870万円

債務	債務	○○銀行本店	借り入れ	事業用(共同住宅建築資金)	4,000万円	○年○月までに完済予定。担保物件は土地、建物
	葬儀費用				300万円	長男が立て替え中
						債務合計　4,300万円

このほか、相続や遺贈によって取得したものとみなされる財産、相続開始前3年以内に被相続人から贈与を受けた財産、被相続人から贈与を受けた相続時精算課税の適用を受ける財産についても、相続税がかかる財産に含まれます。

また、相続する財産はプラスとなるものだけでなく、負債などのマイナスのものもすべて引き継ぐことになります。

・プラス財産……不動産（借地権も含む）、預貯金・現金、有価証券、特許権・著作権など、
　　貴金属・美術品など、自動車・船舶、家財道具　など
・マイナス財産……借入金、買掛金、未払金、損害賠償、連帯保証　など

●保険金や退職金は、みなし相続財産となる

死亡保険金や死亡退職金など、相続や遺贈によって取得したものとみなされるものも相続財産となります。

●お墓や仏具は非課税財産になる

お墓や仏具など7種類の財産は非課税とされているほか、保険金や死亡退職金は、一定の金額を非課税とすることになっています。

●債務や葬儀費用は引くことができる

被相続人の債務は、相続財産の価額から差し引くことができます。借入金、未払金などのほか、被相続人が納めなければならなかった国税、地方税などの未納分も引くことができます。被相続人に所得があれば、相続開始後4カ月以内に、所得税・消費税の申告をしなければなりません。この申告によって納めることとなった所得税・消費税は、相続財産の価額から差し引くことができます。賃貸物件の敷金、保証金も預り金なので差し引くことができます。

被相続人の葬儀費用も、相続財産から差し引くことができます。葬儀費用とは、①お寺などへの支払い、②葬儀社、タクシー会社などへの支払い、③お通夜に要した費用などです。なお、墓地や墓碑などの購入費用、香典返しの費用や法要に要した費用などは、葬儀費用に含まれません。

[「みなし相続財産」として相続税のかかるもの]

課税財産	みなし相続財産	死亡保険金……生命保険金、共済金
		死亡退職金……功労金なども含む
		生命保険契約に関する権利 ……被相続人が保険料を負担したもので、保険事故未発生分
		定期金に関する権利……郵便年金契約などの年金の受給権
		信託受益権……遺言による信託受益権
		贈与税の納税猶予の適用を受けた非上場株式、農地等
		その他……遺言による債務免除益など
	その他	相続時精算課税制度を選択した贈与財産

[課税対象から除かれる財産]

非課税財産	墓地、墓石、神棚、仏壇、位牌など…… ただし、商品や骨とう品、投資対象として所有しているものは除く
	生命保険金……500万円×法定相続人分
	死亡退職金……500万円×法定相続人分
	弔慰金……A. 業務上の死亡……給料の3年分 B. その他の死亡 ……給料の6カ月分
	その他……公益法人への申告期限内の寄付金など
債務控除	債務……借入金、未払金など
	葬儀費用

[葬儀費用の扱い]

葬儀費用とされるもの
埋葬、火葬その他に要した費用(仮葬儀と本葬儀を行う場合は双方の費用)
葬儀に際し施与した金品で、被相続人の職業、財産などから相当程度と認められるものに要した費用(お布施、読経料、戒名料など)
その他、葬儀の前後に要した費用で、通常葬儀に伴うと認められるもの
遺体の捜索、または遺体もしくは遺骨の運搬に要した費用

葬儀費用とされないもの
香典返礼費用
墓碑および墓地の購入費並びに墓地の借入料
初七日、四十九日の法要に要した費用
医学上または裁判上の特別の処置に要した費用

法律の基礎知識④

遺言書の基本を知る

遺言は亡くなった人の生前における最後の意思表示であり、その死後、それを法律的に保護し、実現させるための制度です。遺言書が見つかり、遺産分割の方法や相続割合の指定などがある場合は、それが優先され、原則として遺言書どおりに相続することになります。

そのため、相続になった場合は、法定相続人の確定と同時に、遺言書があるのか、ないのかを確認するようにします。自筆証書遺言の場合は、自宅や貸金庫を確認します。公正証書遺言の場合は、公証役場で確認することもできます。

●遺言書が最優先

遺言書があれば、法定相続分による相続よりも、遺言書の内容が優先されます。したがって、法定相続人ではない第三者に財産を遺贈する内容や、一部の相続人に多く残す内容であっても、遺言書が優先されます。

遺言書で法的効力を持たせることができるのは、

①相続について……相続分や分割方法、特別受益の免除、廃除および廃除の取消し、遺留分減殺の方法、遺言執行者の指定など

②身分について……遺言による認知、後見人の指定および後見監督人の指定など

③遺産分割について……遺贈、寄付行為、生命保険金受取人指定、信託の設定など

の3つと決まっており、それ以外の内容については相続人の意思に任されます。

●おもな遺言書は、自筆証書と公正証書

遺言には、法的に大きく分けて「普通方式」と「特別方式」によるものがあります。特別方式による遺言は、「危急時遺言」と「隔絶地遺言」とに分けられます。危急時遺言は、病気などで死が迫っているときや、船や飛行機が遭難して死が迫っているとき、隔絶地遺言は、伝染病で隔離されているとき、船の中にいて一般の人と連絡が取れないときなど、いずれも特殊なケースで行われる遺言の形式です。遺言書のほとんどは「普通方式」で、①自筆証書遺言、②公正証書遺言、③秘密証書遺言の3種類となります。

●自筆証書遺言書は検認が必要

自筆の遺言書があった場合は、開封をせずに、相続人全員に通知をしておくようにします。勝手に開封したり、通知が遅くなったりすると、遺言の存在や内容について争いになりかねません。

［遺言（普通方式）の特徴］

	自筆証書遺言	公正証書遺言	秘密証書遺言
作成者	本人	公証人	本人（代筆可）
書く場所	どこでもOK	公証役場	どこでもOK
証人・立会人	不要	2人以上	公証人1人、証人2人以上
ワープロ	不可	可	可
日付	年月日まで記入	年月日まで記入	年月日まで記入 （本文には記載しなくてもよい）
署名・押印	本人のみ必要	本人、証人、 公証人	本人、証人、公証人 *封書には本人、証人、公証人の署名、押印が必要 *遺言書には本人の署名、押印が必要
押印用印鑑	実印・認印・拇印のいずれかで可	本人実印 （印鑑証明書持参）、 証人認印	本人が遺言書に押印した印鑑。 証人は実印・認印どちらでも可
費用	かからない （あとで検認の費用がかかる）	作成手数料	公証人の手数料 （あとで検認の費用がかかる）
封入	不要 （封入しておいたほうがよい）	不要	必要
保管	本人	原本は公証人役場、 正本は本人	本人
備考	秘密にできるが保管が難しく、死後に見つからないおそれがある	保管は安心だが、特に封をする必要がないため、内容を知られてしまうこともある	保管が確実で、秘密も守れるが、公証人は内容の確認はしていないため、内容に不備がある可能性もある

「自筆証書遺言」と「秘密証書遺言」の場合は、家庭裁判所に提出し、検認を受けなければなりません。封印のある遺言書は、家庭裁判所で相続人等の立会いの上、開封します。

検認は、遺言書の形状・加除訂正の状態・日付・署名など、検認の日現在における遺言書の内容を明確にして、遺言書の偽造・変造を防止するための手続きであり、遺言の有効・無効を判断する手続きではありません。

●遺言を実現するのは遺言執行者

「遺言執行者」とは、遺言書に記載されている内容を実現させるために手続きをする人のことです。

遺言執行者は相続人でもなることができます。遺言書で指定されていない場合は、相続人が遺言執行者を選任するようにし、手続きをします。「遺言執行者」は必ずしも必要ではありませんが、相続人の廃除やその取消し、子の認知など身分に関わることは「遺言執行者」でないとできません。

●法律で守られている相続分が遺留分となる

遺言書は法定相続分より効力があり、遺言書では本人の意思により遺産分割の仕方を自由に決めることができます。相続人の法定相続分を基準にすることが望ましいところですが、なかなか公平にできない実情があり、まったく自由ということになると財産を他人など第三者に与えられてしまい、遺族が生活に困るといったケースもでてきます。

そこで、こうした事態を避けるために、相続人が最低限取得できるように法律で守られている相続分が「遺留分」です。

遺留分を侵害されているときは減殺請求をする

遺留分が侵害された場合、財産を多く取得した人に対し、書面によって財産の取戻しを請求します。これが「遺留分の減殺請求」です。減殺の請求権は相続があることを知ってから1年、相続した日から10年を経過すると時効により消滅します。侵害されていることを知らなかった場合は、それを知ってから1年が期限です。

仮に遺留分を侵害されていても、請求しない場合は遺言書の内容によって相続します。また、内容が不服であっても、遺留分を侵害されていないときは、請求できません。

遺留分の減殺請求につき、相手が応じない場合は、家庭裁判所に調停を申し立てるようにします。

[遺留分の割合]

法定相続人	配偶者	子	父母	遺留分の合計
配偶者だけ	1/2	–	–	1/2
子だけ	–	1/2*1	–	1/2
配偶者と子	1/4	1/4	–	1/2
父母だけ	–	–	1/3*2	1/3
配偶者と父母	1/3	–	1/6	1/2

*1　子が3人なら、1人当たり1/6
*2　父母が健在なら、1人当たり1/6

法律の基礎知識⑤

贈与の方法と違いを知る

贈与とは、簡単にいえば、AさんがBさんへ金銭や物品などの贈り物をすることで、与える側は無償で見返りは期待しないものです。しかし、いくらAさんが無償であげるといってもBさんが受け取らない場合には、贈与関係は成立しません。あげる人（贈与者）と受け取る人（受贈者）の両方が了承することで贈与になります。もらう側にもそれを断る権利が保証されています。

民法では、「贈与は、当事者の一方が自己の財産を無償で相手方に与える意思表示をし、相手方が受諾をすることによって、その効力を生ずる」契約であるとしています。このように、贈与は意思表示をすれば成立することになっているので、単なる口約束であろうとも、効力は変わりありません。

●贈与税は個人からもらったときにかかる税金

贈与税は、個人から財産をもらったときにかかる税金です。会社など法人から財産をもらったときは所得税がかかります。自分が保険料を負担していない生命保険金を受け取った場合、あるいは債務の免除などにより利益を受けた場合などは贈与税が課税されます。ただし、死亡した人が自分を被保険者として保険料を負担していた生命保険金を受け取った場合は、相続税の対象となります。

●贈与税の課税①「暦年課税」非課税枠110万円

贈与税は、ひとりの人が1月1日から12月31日までの1年間にもらった財産の合計額から基礎控除額の110万円を差し引いた残りの額に対してかかります。したがって、1年間にもらった財産の合計額が110万円以下なら贈与税はかかりませんし、贈与税の申告も不要です。

贈与の非課税枠には、次の5つがあります。

①110万円の基礎控除による非課税枠　110万円（毎年）
②夫婦間贈与の特例による非課税枠　2、000万円
③住宅取得等資金贈与の特例による非課税枠　1、000万円
④教育資金贈与による非課税枠　1、500万円
⑤結婚・子育て資金贈与による非課税枠　1、000万円

夫婦間贈与の特例は、夫または妻へ居住用不動産を贈与する場合、2、000万円までが非課税になります。住むための家、土地や取得するための現金の贈与であること、結婚してから20年以上経過していること、などの要件があります。

父母や祖父母などから住宅取得等資金の贈与を受けると一定金額について贈与税が非課税となります。年度や要件により、非課税枠は変わります。また、子供や孫へ贈与をするときの非課税制度は、

「結婚・出産・育児」資金の贈与について新たに1、000万円の非課税枠ができました。さらに、教育資金の非課税贈与は利用期間が延長されています。

贈与税の課税②「相続時精算課税」非課税枠2、500万円

相続時精算課税制度は、20歳以上の子や孫、ひ孫が、60歳以上の親や祖父母から贈与により財産を取得した場合に、その財産の価額の累積額が2、500万円以内であれば無税で、また、2、500万円を超える場合には、その超える部分の金額の20％を贈与税として納付する制度です。

この2、500万円の非課税枠は、複数年にわたって分割利用ができます。のちに、親や祖父母に相続が発生したときに、この贈与により取得した財産の累積額は相続財産に加算して、相続税額を算出します。

相続時精算課税制度により財産を取得した子や孫、ひ孫は、算出された相続税額から既に支払った贈与税額を控除した金額を、相続税として納付します。支払った贈与税額が相続税額よりも多い場合には、還付を受けます。

この制度は、相続のときにそれまでの贈与税額を精算して、相続税額を納税するものですから、いわば相続税の仮払い（生前相続）であって、相続税が軽減するわけではありません。従来の制度は残されているため、納税者はいずれの制度によるのかを選択することになりますが、一度相続時精算課税制度を選択すると、従来の贈与税制度に戻ることはできません。

親の土地の無償貸借は相続税を課税

「賃貸借」は、賃料をやりとりして貸し借りするもので、「使用貸借」は賃料なしの貸し借りという違いがあります。親の土地を借りて子供が家を建てるというケースはよくあります。この場合に地代を払うと賃貸借になりますが、借地権利金を払わないまま賃貸借にすると、親から子に借地が贈与されたとみなされ、贈与税が課税されます。使用貸借であれば、使用借権という弱い権利だけなので、贈与税を課税されることはありませんが、相続税の対象になります。

[贈与税の速算表]

平成27年1月1日以後の贈与から適用

基礎控除後の贈与額	改正後の税額			
	20歳以上の者が直系尊属から贈与		左記以外の贈与	
	税額	控除額	税額	控除額
200万円以下	10%	―	10%	―
300万円以下	15%	10万円	15%	10万円
400万円以下			20%	25万円
600万円以下	20%	30万円	30%	65万円
1,000万円以下	30%	90万円	40%	125万円
1,500万円以下	40%	190万円	45%	175万円
3,000万円以下	45%	265万円	50%	250万円
4,500万円以下	50%	415万円	55%	400万円
4,500万円以上	55%	640万円		

相続時精算課税制度の拡大

相続時精算課税制度とは

2,500万円までは贈与税がかからず、超えた場合には金額の20%の贈与税を納める制度。

⬇

相続時にはその贈与財産を相続財産に加算し、相続税として精算する

相続財産の前渡し的制度

■贈与者

改正前「65歳以上」⇒改正後「**60歳以上**」

■受贈者

改正前「20歳以上の子」

⇒改正後「20歳以上の**孫(ひ孫)**も贈与可能」

※20歳以上の子は、子が既に亡くなっていて推定相続人になっている孫を含む

[贈与の非課税枠の種類一覧]

■結婚・子育て資金贈与に係る非課税措置の創設

平成27年4月1日から**平成31年3月31日**までの間、祖父母等（直系尊属である贈与者）が子や孫等（受贈者）に対して結婚・子育て資金の支払いに充てるために金銭等を贈与し、当該受贈者の名義で取扱金融機関に預入等した場合には、受贈者1人につき、**最大1,000万円までの金額に相当する部分の価額について、贈与税が非課税**となる制度。

■教育資金贈与に係る非課税措置の延長と拡大

直系尊属（父母や祖父母）から30歳未満の子や孫が教育資金の一括贈与を受けた場合、**最大1,500万円まで非課税**とする制度。

【改正の内容】

・制度の期限を、**平成31年3月31日まで延長**
・教育資金の範囲に、定期券代、留学費用等を加える
・金融機関への領収書等の提出の一部簡略化
（平成28年1月1日以降の提出分から適用）

■住宅取得等資金の贈与税の非課税措置の延長と拡大

直系尊属（父母、祖父母）から、住宅用家屋やその敷地を取得するための資金を贈与された場合、一定要件を満たす場合には一定額まで贈与税を非課税とする制度。

平成31年6月30日まで延長し控除額を拡大。

非課税枠は段階的に限度額が設定され、**平成27年は最大1,500万円までが非課税**。平成28年以降は消費税増税との兼ね合いで限度額が増減する。

贈与年	省エネ性または耐震性を満たす住宅	一般住宅
平成27年	1,500万円	1,000万円

[相続時精算課税制度と従来の贈与税との比較]

	相続時精算課税制度	暦年課税制度
贈与税額の計算	(課税価格−2,500万円)×20% *課税価格は贈与者ごとの合計額	(課税価格−110万円)×累進税率 *課税価格はその年に贈与を受けた金額の合計額
贈与者の条件	60歳以上 (住宅取得等資金の贈与は条件なし)	なし
受贈者の条件	20歳以上の子や孫	なし
贈与税の納付	贈与税申告時に納付し、相続時に精算	贈与税申告時に納付し、完了
相続税計算との関係	贈与時の課税価格が相続財産に加算される	相続財産から切り離される (相続開始前3年以内の贈与は加算)
贈与税額の控除	控除できる	原則、控除できない (相続開始3年以内の贈与税は一定の割合で相続税から控除できる)
相続税を減少させる効果	なし。ただし、時価上昇の影響を受けない効果はある	あり
その他	一度選択したら、暦年課税制度は適用できない	いつでも相続時精算課税制度に移行できる

[親の所有地に子が家を建てた場合など]

使用貸借

子が親に地代を払わない

↓

贈与税の課税なし(相続税の課税あり)

賃貸借

子が親に地代を払う(借地権利金は払わない)

↓

借地権の贈与とみなされ、
贈与税の課税あり

法律の基礎知識⑥

相続税の計算と相続税額の出し方を知る

相続財産を確定して評価をしたあと、次は、相続税の計算をします。相続税の算出は、①課税価格の計算、②課税対象の課税遺産総額の計算、③相続人全員の相続税総額の計算、④各相続人の相続税額を按分計算をする、⑤各相続人の加算額を考慮し、控除額を引く、という5つのステップで計算します。

●①すべての財産から「課税価格」を計算する

「相続（遺贈）財産」＋「みなし相続財産」－「非課税財産」－「債務・葬儀費用控除」＋「相続開始前3年以内の贈与財産」により課税価格を算出します。相続前3年以内の贈与も加えます。

●②課税対象となる「課税遺産総額」を計算する

課税価格から相続税の「基礎控除額」を引いたものが「課税遺産総額」となります。

「基礎控除額」とは、いわゆる課税最低限のことで、課税価格の合計額（遺産総額）のうち、これを

[相続税算出の流れ]

●ステップ1 **課税価格の計算をする**

課税価格=相続による財産＋みなし相続による財産－非課税財産＋贈与による財産－債務－葬儀費用で算出します。

●ステップ2 **課税対象の遺産総額を計算する**

課税遺産総額=課税価格－基礎控除額（3,000万円+600万円×法定相続人の数）で算出します。

●ステップ3 **相続人全員の相続税総額を計算する**

法定相続人が、法定相続分で取得した場合に発生する、各相続人の税額を算出し、合計します。各相続人の相続税額＝取得金額×税率－控除額

●ステップ4 **各相続人の分割割合で按分する**

相続税総額を各相続人が実際に相続する財産の割合で按分し、各相続人の相続税額を計算します。

●ステップ5 **各相続人の控除額を引く**

配偶者控除や未成年者控除など各相続人にあてはまる控除を差し引き、それぞれが納める税額を出します。

超える部分に相続税が課税されます。

※課税価格の合計額が基礎控除額以下であれば、相続税は一切かからず、申告も不要

相続税の基礎控除額＝3、000万円＋600万円×法定相続人の数

法定相続人の数には、相続放棄をした人も含めます。被相続人に実子がいる場合は、養子は1人まで、実子がいない場合は、養子は2人までを法定相続人に含めます。

●③相続人全員の相続税総額を算出する

「課税遺産総額」に各法定相続人の法定相続分を掛けて、各相続人の取得金額を出し、それに「相続税の速算表」で対応する税率を掛けて各控除額を差し引き、各相続人の算出税額を出します。相続人全員の算出税額を合計して、「相続税の総額」を出します。

[相続税の速算表]

法定相続人の取得金額	税率	控除額
1,000万円以下	10%	0円
1,000万円超3,000万円以下	15%	50万円
3,000万円超5,000万円以下	20%	200万円
5,000万円超1億円以下	30%	700万円
1億円超2億円以下	40%	1,700万円
2億円超3億円以下	45%	2,700万円
3億円超6億円以下	50%	4,200万円
6億円超	55%	7,200万円

④各人の実際の相続税額を按分計算する

相続税の総額を各人の実際の取得割合に応じて按分計算します。相続税の総額に各人の按分割合（按分割合は少数第2位まで）を掛けて、ひとりひとりの算出税額を出します。財産を2分の1相続するのであれば相続税も2分の1、4分の1であれば相続税も4分の1です。

⑤相続税の2割加算と税額控除をする

被相続人の孫や兄弟姉妹は、算出税額に2割を加算します。代襲相続人となる孫は2割加算は適用されません。

相続税から差し引ける税額控除の項目は、6種類あります（次ページの表を参照）。節税効果が最も大きいのは、配偶者控除で、取得した財産の課税価格が法定相続分以下あるいは1億6、000万円以下なら、相続税はかかりません。

[各相続人の相続税額の計算]

課税遺産総額 × 各相続人の法定相続分 ＝ 各相続人の取得金額

各相続人の取得金額 × 税率 − 控除額 ＝ 各相続人の相続税額

（税率 − 控除額：速算表より算出する）（各相続人の相続税額：ここを合計する）

計算実例

〈妻・子2人、相続人が計3人で、課税価格は7,200万円〉

妻の場合

7,200万円×1/2＝3,600万円

3,600万円×20%−200万円＝520万円

子の場合

7,200万円×1/4ずつ＝1,800万円ずつ

1,800万円ずつ×15%−50万円＝220万円ずつ

相続税総額

520万円+220万円+220万円＝960万円

法定割合で相続するなら

妻960万円×1/2＝480万円

子960万円×1/4ずつ＝240万円ずつ

が各自の相続税となる

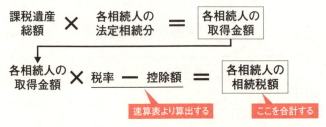

[相続税の税額控除の種類]

税額控除の種類	控除の内容と要件
贈与税額控除	相続開始前3年以内に被相続人から贈与を受けていた場合は、相続財産に加えます。納めた贈与税と相続税の二重課税を調整するため、次の式で計算した金額を差し引きます。 贈与を受けた年の申告贈与税額 × (相続税の課税価格に加えられた贈与財産の価格) / (贈与を受けた年分の贈与財産の合計額(特定贈与財産を除く))
配偶者控除 (配偶者の税額軽減)	配偶者の生活を保護するため、税額を軽減する処置が取られています。配偶者が取得した財産が法定相続分または1億6,000万円までは相続税はかかりません。 相続税の総額 × (AまたはBのうちいずれか少ない金額) / (相続税の課税価格の合計) A 相続税の課税価格の合計のうち配偶者の法定相続分か1億6,000万円の多いほう B 配偶者が実際に相続により取得した財産の価額
未成年者控除	無制限納税義務者で未成年である場合は、この控除が受けられます。 10万円×(20歳－相続開始時の年齢)
障害者控除	無制限納税義務者で障害者である場合には、この控除が受けられます。相続人が85歳未満でかつ障害者であること。 一般障害者控除＝10万円×(85歳－相続開始時の年齢) 特別障害者控除＝20万円×(85歳－相続開始時の年齢)
相次相続控除	被相続人が相続により財産を取得してから10年以内で、前回の相続で相続税が課税された場合に、一定の税額が控除できます。
外国税額控除	相続または遺贈により日本国外にある財産を取得し、その財産の所在国で相続税に相当する税金が課せられたときは、日本で払う相続税額から控除できます。

法律の基礎知識⑦

相続財産の評価の仕方を知る

相続財産の価額は、原則として、相続開始の時の「時価」で評価します。つまり、相続および遺贈で取得した財産の評価は、それぞれの財産の現況に応じ、不特定多数の当事者間で自由な取引が行われる場合に通常成立すると認められる価額をいいます。評価方法は、①収益還元価格、②再取得価格、③市場価格、の3つがあり、通達の定めによって評価した価額によります。

●土地の評価の仕方は路線価方式と倍率方式がある

・路線価方式

路線価が定められている地域の評価方法です。路線価とは、路線（道路）に面する標準的な土地の1㎡当たりの価額のことで、国税庁ホームページの財産評価基準書にある「路線価図」で路線価を確認することができます。

宅地の価額や、その宅地の形状等に応じた各種補正率（奥行価格補正率、側方路線影響加算率など）で補正したあとの路線価に宅地の面積を掛けて計算します。

・倍率方式

路線価が定められていない地域の評価方法です。宅地の価額はその宅地の固定資産税評価額（都税事務所や市（区）役所または町村役場で確認してください）に一定の倍率（倍率は地域によって異なります）を掛けて計算します。倍率は国税庁ホームページの財産評価基準書にある「評価倍率表」で確認します。

・路線価方式の計算方法

市街地にある宅地は、その宅地が面している道路につけられた価格である「路線価」に宅地の面積を掛けた価格が評価額となります。

路線価図を見る場合は次のような点に注意します。

・評価する土地の所在を確認する……どの道路に面しているかの位置確認

[主な財産の評価方式]

財産の種類	評価方式
宅地	①市街地：路線価方式 ②郊外地：倍率方式
貸地	宅地の価額ー借地権の価額
私道	①不特定多数の者が通行……0 ②その他：通常評価額×0.3
建物	①貸家：固定資産税評価額×（1－借地権割合） ②その他：固定資産税評価額×1.0
借地権	宅地の価額×借地権の割合
借家権	家屋の価額×借家権の割合（一般的に評価しない場合が多い）
預貯金	預入残高+既経過利子
上場株式・非上場株式	3種類に分けて評価
一般動産	調達価額
書画骨とう	売買実例価額、精通者意見価格などを参酌
電話加入権	通常の取引価額
ゴルフ会員権	通常取引価額×0.7

[土地の評価の仕方]

	種類	評価方式
自用地	土地所有者の居住用や事業用のすべての土地	路線価方式または倍率方式
貸宅地	他人に貸している(借地権が設定されている)宅地	自用地の評価額×(1－借地権割合)
貸家建付地	土地所有者がアパートなどの貸家を建てている宅地	自用地の評価額×(1－借地権割合×借家権割合×賃貸割合)
借地権	土地を借りて自己の建物を建てている宅地	自用地の評価額×借地権割合
農地	純農地	倍率方式
	中間農地	倍率方式
	市街地周辺農地	市街地農地の評価額×0.8
	市街地農地	宅地比率方式(宅地造成費を控除する)または倍率方式
山林	純山林	倍率方式
	中間山林	倍率方式
	市街地山林	宅地比率方式(宅地造成費を控除する)または倍率方式
その他	原野、牧場、池沼、鉱泉地	宅地比率方式(宅地造成費を控除する)または倍率方式
	雑種地	近傍地比準価額方式または倍率方式

[路線価図の見方]

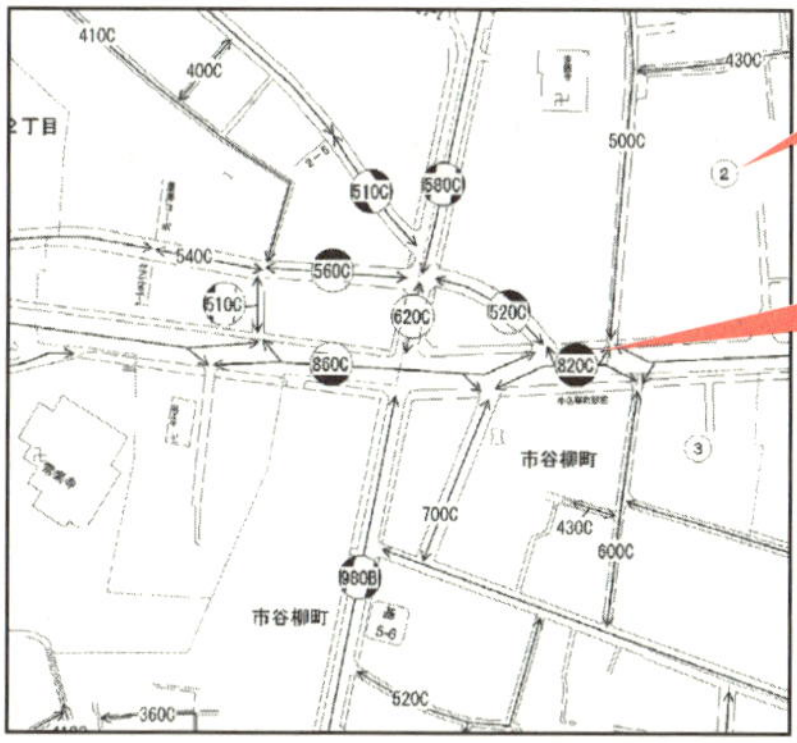

街区番号を表す

数字は路線価。この場合1㎡当たり82万円、アルファベットは借地権割合（下の表参照）を表す

路線価図の見方
路線価は1㎡当たりの価額が千円単位で表記され、矢印で示す範囲に適用される。630Cとあるとき、その道路に接している土地は1㎡当たり63万円で評価されることになる（Cは借地権割合70%を意味する）。

地区区分

記号	地区
	ビル街地区
	高度商業地区
	繁華街地区
	普通商業・併用住宅地区
	中小工場地区
	大工場地区
無印	普通住宅地区

適用範囲

記号	適用範囲
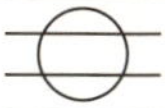	道路の両側の全地域
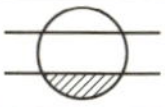	道路の北側の全地域
	道路沿い
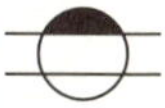	北側の道路沿いと南側の全地域
	北側の道路沿いの地域

借地権割合

記号	A	B	C	D	E	F	G
借地権割合	90%	80%	70%	60%	50%	40%	30%

- 市街地にある宅地は「路線価方式」で評価される

・路線価格を見る……記されているのが1㎡当たりの路線価
・借地権割合を確認する……路線価の次のアルファベットで割合が決められている
・地区区分を確認する……7つの地区区分に分かれている

・公図で地形の確認をする

土地の評価は、奥行きや間口距離、あるいは地形でかなり違ってきます。正確な土地の評価を出すには、「実測図」を作成することが必要ですが、法務局で作成している「公図」で代用します。「公図」とは、登記された土地の位置や形状を記録したもので、法務局に申請すれば閲覧、コピーできます。

・路線価方式には減算項目、加算項目がある

路線価に面積を掛ければ、その土地の評価額は出せますが、具体的な土地の条件によっては正確な評価額とはいえない場合があります。その宅地の形状や位置によって、基本の価格から一定の項目に関して考慮し、引いたり、足したりして算出することが必要になります。

・貸宅地は借地権を控除して評価する

他人に貸している土地は、借地人の権利があり、すぐに明け渡してもらうというわけにはいきませ

[路線価方式の減算項目]

奥行価格補正		一方のみが路線に接している。 宅地路線価に「奥行価格補正率表」を乗じて評価する
間口狭小補正		間口が狭い宅地。 その程度に応じて相当と認められる金額を控除した価額により評価する
奥行長大補正		奥行が長大な宅地。 その程度に応じて相当と認められる金額を控除した価額により評価する
がけ地補正	がけ地にある宅地など。 がけ地補正を行って評価する	
その他	不整形地、無道路地など。 その形状や地積等に応じて100分の30の範囲内で相当と認められる金額を控除した価額により評価する	

[路線価方式の加算項目]

側方路線加算	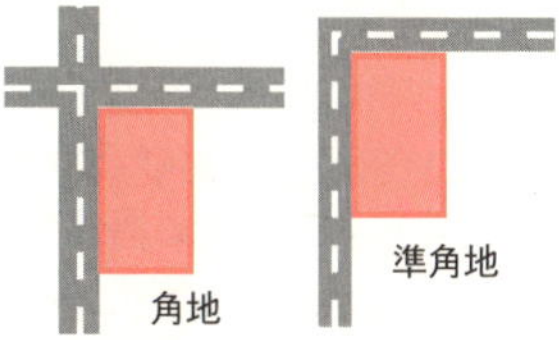	角地や準角地にある宅地。 {(正面路線価×奥行価格補正率)＋(側方路線価×奥行価格補正率×側方路線影響加算率)}×地積※ ※土地の面積のこと
二方路線加算		正面と裏面に道路がある宅地。 {(正面路線価×奥行価格補正率)＋(裏面路線価×奥行価格補正率×二方路線影響加算率)}×地積

ん。そのため、通常の評価額より借地人の持っている借地権を控除して評価することになっています。

賃貸アパートやマンションの敷地は「貸家建付地」となり、通常の評価額より借地権割合と借家権割合、さらに賃貸割合を掛けた分を引くことになっています。

・私道などの特殊な土地は減額できる

私道とは、複数の者の通行に利用されている宅地のことです。間口が狭く奥まった宅地、いわゆる敷地延長部分に

[貸宅地・借地権・定期借地権・貸家建付地の評価方法]

●貸宅地の評価額

＝自用地の評価額－借地権の価額
＝自用地の評価額－土地価額×借地権割合
または
＝自用地の評価額×（1－借地権割合）

●借地権の評価額

＝自用地の評価額×借地権割合

●定期借地権の評価額

$$\text{自用地の評価額} \times \frac{\text{借地契約時の定期借地権の価額}}{\text{借地契約時の土地の時価}} \times \text{逓減率}$$

逓減率とは…

（定期借地権の残存期間に応じる複利年金原価率）÷（定期借地権の契約期間に応じる複利年金原価率）

2004年以降、基準年利率として、毎月ごとに定められることになりました。

●貸家建付地の評価額

＝自用地の評価額－自用地の評価額×借地権割合×借家権割合×賃貸割合
＝自用地の評価額×（1－借地権割合×借家権割合×賃貸割合）

ついては所有者の家族だけが通行に利用するので、私道とはいえず、通常の宅地としての評価になります。

・不特定多数の者が通行（通り抜け道路）……公共性があり評価なし

・特定の複数の者が通行……自用地の評価額×0.3

・自己の通行のみに利用……自用地の評価額

・セットバックを要する土地は減額できる

建築基準法では、道路の中心線からそれぞれ2mずつ後退した線を道路の境界線とみなし、建物の建替えを行う場合は、その境界線まで後退（セットバック）して道路敷きとして提供しなければならないことになっています。このようなセットバック部分に該当する土地は通常の30％で評価をするようになっています。

・広大地に該当すれば大きな評価減になる

市街地にある土地を宅地として活用する場合には、都市

[建物が建っている土地の評価方法]

土地と建物を所有		自用地の評価額×（1－借地権割合×借家権割合×賃貸割合）	
土地と建物の所有が別	使用貸借	権利金*の授受がなく、地代が固定資産税相当額以下	自用地の評価額
	賃貸借	使用貸借以外	自用地の評価額×（1－借地権割合）

貸家建付地は借地権割合と借家権割合を掛けた分を引いて評価される。

*権利金＝借地契約、借家契約の際に慣行として賃貸人から地主・家主に支払われる賃料・敷金以外の金銭

計画法に規定する「開発行為」に該当します。三大都市圏では500㎡以上の土地が対象となります。開発行為の場合は、道路や公園用地などの公共施設用地をとることが必要で、利用できない「潰れ地」ができます。この潰れ地を差し引き、有効宅地面積を考慮して評価する方法です。

●建物評価は固定資産税評価額となる

家屋の評価方式は「倍率方式」で、全国一律1倍になっています。つまり、固定資産税の評価額がそのまま相続税評価額になります。ただし、家屋から独立した門や塀、庭木、庭石、池などの庭園設備は、別途に評価されます。

借家人の入っている家屋は「借家権」を差し引き、計算します。固定資産税評価額×(1－借家権割合×賃貸割合)という算式になりますが、借家権割合は30%を用いていますから、貸家は通常評価の70%で評価されるということになります。

建築中の建物は、費用現価の70%相当額で評価します。

[広大地の評価]

広大地の評価＝正面路線価×広大地補正率×地積

$$広大地補正率 = 0.6 - 0.05 \times \frac{地積}{1,000㎡}$$

(注)0.35を下限とする

面積基準

(イ)市街化区域	三大都市圏	500㎡
	それ以外の地域	1,000㎡
(ロ)市街化調整区域及び準都市計画区域		3,000㎡

株式の評価は3種類に区分される

①上場株式……証券取引所に上場され、日々取引が行われている株式
②気配相場等のある株式……証券取引所に上場はされていないが、証券会社の店頭では、売買が行われている株式
③取引相場のない株式……①②以外の株式（同族会社の株式はほとんどがこれに該当する）

預金・保険金・年金の評価

預貯金は、金融機関に預けてある残高がそのまま財産評価となります。普通預金や通常貯金は、相続日の残高がそのまま評価額になりますが、定期預金や定期郵便貯金などは既経過利子を加えます。

被相続人の死亡によって取得する生命保険金や損害保険金で、保険料を被相続人が負担していたものは相続税の課税対象となります。ただし、死亡保険金のうち、500万円×法定相続人の数までは非課税となります。なお、相続人以外の人が取得した死亡保険金には非課税の適用はありません。

被相続人が保険料を負担していて、相続時点で保険事故が発生していない生命保険契約については、解約返戻金の額で評価し、契約者や権利を相続した人に所得税や贈与税が課税されます。年金のうち、郵便年金は相続税の課税財産として計上します。厚生年金などの公的年金制度から支給される遺族年金には課税されません。

●小規模宅地等の特例で減額できる

小規模宅地等の特例とは、相続人が自宅や会社の土地・建物などを相続税の支払いのために手放さないですむように、居住用であれば配偶者や同居親族、自宅を所有しない子が相続する場合や事業を継承する相続人がいる場合は、相続税の評価減を受けられる制度です。

居住用宅地については330㎡まで面積が拡大され、相続税評価を80％減額できます。

会社や工場として使っている事業用宅地については400㎡まで80％減額が可能です。居住用宅地330㎡と事業用宅地400㎡の両方を併用して適用できるようになり、合わせて730㎡まで80％減額できることとなりました。

また、独立型の二世帯住宅でも適用が受けられるようになり、老人ホームに入っていた場合も介護が必要なため入所し、自宅を貸したりしていなければ特例を適用できます。

ただし、この特例を受けるためには、相続税の申告期限までに相続人の間で遺産分割協議が終わっていなければなりません。

[小規模宅地等の特例の適用条件]

相続する宅地	相続する人	上限面積	減額割合
自宅などの居住用	・配偶者 ・同居または生計を一にする家族 ・持ち家のない別居家族	330㎡	80%
不動産貸付業以外の事業用	・事業を引き継ぐ親族	400㎡	80%
アパート・マンションなどの不動産貸付業	・事業を引き継ぐ親族	200㎡	50%

[株式の評価の仕方]

種類	評価の基準	評価方法
上場株式	取引価格	①相続開始日の終値 ②相続開始日が属する月の終値の平均額 ③相続開始日が属する前月の終値の平均額 ④相続開始日が属する前々月の終値の平均額 ①〜④のうち最も低い価額
気配相場等のある株式	原則として取引価格	①相続開始日の終値 ②相続開始日以前3カ月間の取引価格の月平均額 原則として①②のどちらか低い価額
取引相場のない株式	会社の利益・配当・資産価値または相続税評価基準による純資産価額	〈オーナー株主が取得した場合〉 大会社……原則として類似業種比準価額 中会社……類似業種比準価額と、純資産価額との併用方式による価額 小会社……純資産価額（または、類似業種比準価額との併用方式による価額） 〈オーナー株主以外が取得した場合〉 配当還元価額

法律の基礎知識⑧

財産の分け方を知る

遺産分割を決めるにあたり、遺言書があれば、亡くなった人の意思として優先しますので、あらためて話し合う必要はありません。遺言書がない場合や遺言書があっても遺産分割法についての指定がない場合は、相続人全員で話し合い、亡くなった人とのいままでの関係性や貢献度などによって、納得のいく分割を決めるようにします。遺産の分配を「遺産分割」といい、その割合を「相続分」といいます。

遺産分割は、必ずしも法定相続分どおりに分ける必要はなく、相続人全員が納得すれば、どのように分けてもかまいません。

●法定相続分が定められている

遺産分割の話し合いでは、各人の意見がぶつかり、まとまらないことも想定されます。このようなときのために民法では、それぞれの取り分の目安となる「法定相続分」を定めています。法定相続分は、配偶者がいるか、どの順位の法定相続人かによって、その割合が変わります。

①相続人が配偶者と子の場合……配偶者1／2、子1／2
②相続人が配偶者及び被相続人の直系尊属の場合……配偶者2／3、直系尊属1／3
③相続人が配偶者及び被相続人の兄弟姉妹の場合……配偶者3／4、兄弟姉妹1／4

代襲相続人がいる場合は、本来相続人になるべきであった人の相続分をそのまま受け継ぎます。子、直系尊属、兄弟姉妹が複数いる場合は、それぞれの相続分を頭割りにします。

●遺産分割には期限がない

財産は、被相続人の死と同時に自動的に相続人に移転します。しかし、そのままでは、相続人たちは、相続財産全体を共有財産として所有しているにすぎません。個々の財産を各相続人の所有とするためには「遺産分割」をして、名義を各相続人のものに変える手続きが必要になります。遺産の分割には決まった期限はありませんが、相続税の申告までに遺産分割が決まらないと配偶者の税額軽減の特例や小規模宅地等の特例などが受けられないことがあり、そのころまでに分割しておいたほうがいいでしょう。

●遺産分割の具体的方法は現物分割・代償分割・換価分割

遺産を分割する具体的な方法としては次の3つがあります。

・現物分割……だれがどの財産をとるか決める方法で、最も一般的

[相続分の種類]

法定相続分	遺言書がない場合に民法が定めた相続分
指定相続分	遺言書で指定された相続分。 法定相続分より優先する
特別受益者の相続分	被相続人から生前贈与または遺贈を取得した人が受ける相続分
寄与分	被相続人の財産形成に特別な寄与をした人が受ける分

[法定相続分の割合]

	配偶者がいる	配偶者がいない
第１順位	配偶者１／２　子１／２ （子が３人なら各１／６）	子１／１ （子が３人なら各１／３）
第２順位	配偶者２／３ 父母１／３ （父母が健在なら各１／６）	父母１／１ （父のみなら父が１／１）
第３順位 （兄弟姉妹）	配偶者３／４ 兄弟姉妹１／４ （兄弟姉妹が３人なら各１／12）	兄弟姉妹１／１ （兄弟姉妹が３人なら各１／３）
上記血族がいない場合	配偶者１／１	―

・代償分割……ある相続人が法定相続分以上の財産を取得するかわりに、他の相続人たちに自分の金銭を支払う方法
・換価分割……相続財産を全て売却して、その代金を分割する方法
これらの方法を組み合わせることも可能です。
また、遺産の共有、すなわち、遺産を相続人全員で共有するという選択肢もあります。

●特別受益は相続の前渡しとして考える

相続人の中で、他の相続人より、生前に多めに金銭をもらっていたり（贈与）、資金援助を受けていた場合、または遺言により遺贈を受ける場合、これを「特別受益」といい、相続の前渡し（生前贈与）を受けたものとみなされます。この場合、特別受益を受けた相続人は、自身の相続分から差し引いて、計算することにします。

●貢献してきたことは寄与分になる

相続人の中で、被相続人に仕送りを続けた場合、被相続人の事業を無報酬で手伝っていた場合、被相続人の借金を肩代わりした場合、無償で被相続人の病気やけがの看病介護をした場合など、財産の維持または増加について特別の寄与をした場合、ほかの何もしていない相続人と同じ相続分では不公平といえるでしょう。そのため貢献に見合う分を「寄与分」としてプラスできます。

寄与分として認められるには、その貢献が家族としての扶養義務を超えることを他の相続人に示して、同意してもらわなくてはなりません。寄与分の算出は、簡単ではなく、明確に証拠や資料がなければ、他の相続人の同意を得られないこともあります。

●協議が終われば遺産分割協議書を作成する

いろいろな状況を考慮し、話し合い、遺産分割の内容がまとまって、全員の合意が得られたときは、「遺産分割協議書」を作ります。この協議書は相続人全員が同意をしたという証拠になり、のちの争いになることを回避します。そのために、実印を押印し、印鑑証明書を添付するのです。

遺産分割協議書の作り方には決まったルールはありません。①相続人全員が名を連ねること、②印鑑証明を受けた実印を押すことの2点が必須となります。未成年者や認知症などで代理人を選任した場合は、代理人の実印、印鑑証明が必要になります。

[遺産分割協議書の作成例]

遺産分割協議書

平成○年○月○日に死亡した被相続人○○○○○の遺産について、同人の相続人全員において分割協議を行った結果、各相続人がそれぞれ下記のとおりの遺産を分割し、取得することと決定した。

記

1. 相続人○○○○が取得する財産
　(1) 東京都○○○区○○○丁目○番
　　宅地○○㎡
　(2) 同所同番地　家屋番号○番
　　木造瓦葺き2階建て居宅1棟　床面積○○㎡
　(3) 同居宅内にある家財一式
　(4) ○○銀行○○支店　○○○○○名義の定期預金　口座番号○○○○
　　○○○○万円

2. 相続人○○○○が取得する財産
　(1) 東京都○○区○○○丁目○番
　　宅地○○㎡
　(2) 同所同番地　家屋番号○番
　　軽量鉄骨造り3階建て賃貸アパート1棟　床面積○○㎡
　(3) ○○○○の山水掛け軸1幅

3. 相続人○○○○が取得する財産
　(1) ○○○○株式会社の株式　○万○○○株
　(2) ○○銀行○○支店　○○○○○名義の定期預金　口座番号○○○○
　　○○万円

4. 相続人○○○○が負担する債務
　平成○年度未納分固定資産税○○万円

上記のとおり、相続人による遺産分割の協議が成立したので、これを証するため、本書3通を作成し、各自1通ずつ所持する。

以上

平成○年○月○日

東京都○○区○○○丁目○番○号
相続人　○○○○　㊞
東京都○○区○○○丁目○番○号
相続人　○○○○　㊞
東京都○○区○○○丁目○番○号
相続人　○○○○　㊞

法律の基礎知識⑨

相続税の申告と納付を知る

●申告書は10カ月以内に住所地の税務署に提出する

相続税の申告書は、被相続人の死亡時における住所地を所轄する税務署に提出します。相続人の住所地を所轄する税務署ではありません。相続税の申告書の提出期限は、相続開始の日（死亡の日）の翌日から10カ月目の日です。

●期限後申告には無申告加算税がかかる

申告期限までに申告書を提出しなかった場合でも、税務署長の決定の通知が来る前なら、提出することができます。ただし、その場合には原則として納付税額の15％の無申告加算税がかかります。

●修正申告と更正の請求で申告をし直せる

申告書の提出期限後に申告税額が少なすぎたことに気がついた場合は、税務署長から更正の通知が来る前なら、修正申告書を出すことができます。修正申告によって増えた税額に対しては、過少申告加算税が加算されます。

また、申告書の提出期限後に申告税額が多すぎたことに気がついた場合は、税務署に更正の請求をして訂正します。更正の請求ができる期間は、申告期限から5年以内です。

相続分などに異動が生じた場合は4カ月以内に

相続税の申告書を提出したあとで、未分割だった分割協議が成立したというような事由が生じたため前に申告した税金が多すぎることとなったときは、その事由が生じた日の翌日から4カ月以内に、更正の請求をすることができます。また、同じ事由で前に申告した税金が少なすぎることとなったときは、相続税の修正申告書を提出することができます。

相続税の納付は10カ月以内に

相続税の納税期限は、申告期限と同じで、全額を金銭で一括納付するのが原則です。よって納付期限も被相続人が亡くなった翌日から10カ月以内です。

納税資金の捻出は期限に間に合わせる

相続財産に現金があり、それで納税できるのであれば不安はありませんが、多くの場合は、不動産が多く、納税資金は足りないという状況にあります。しかし、相続税は申告期限に一括納付が原則で

[相続税申告に必要な書類一覧]

項目の種類		必要な書類
基本の必要書類		故人(被相続人)の経歴書、戸籍謄本
		相続関係説明図
		相続人全員の戸籍謄本
		法定相続人全員の印鑑証明書
		法定相続人全員の住民票
		遺産分割協議書または遺言書のコピー
主な人が 必要とする書類	土地や建物	固定資産評価証明書、不動産登記簿謄本、名寄帳、路線価図、建物賃貸借契約書、土地賃貸借契約書など
	現金や預貯金	預貯金残高証明書(相続開始日現在のもの)、預貯金通帳のコピー(本人名義、家族名義ともに)など
	有価証券	有価証券の保護預り証のコピー、有価証券残高証明書(相続開始日現在のもの)、非上場株式、貸付信託、国債の残高証明書、銘柄別一覧表など
	退職金や弔慰金	退職金の支払調書など
	保険・年金	保険金の支払通知書、年金証明書、保険証書など
	葬儀費用	領収書、帳簿など
	債務など	準確定申告書、国税・地方税の領収書または通知書、金銭消費貸借契約書、賃貸借契約書など
関係のある人がいる場合に 必要な書類	生前贈与財産	贈与契約書、贈与税申告書、預金通帳、有価証券取引明細書など
	寄付金	寄付行為の証明書、公益法人証明書など
	障害者	身体障害者手帳
	相次相続	前回の相続税申告書

※上記以外にも、証明や控除に必要な書類があることも。詳しくは各税務署に確認を取ってください。

［相続税にかかる延滞税・加算税］

種　類	どんなときに課税されるのか	割　合
延滞税	申告は期限内にしたが、期限後に納付した	14.6% （２カ月以内は基準割引率+４%）
過少申告加算税	期限内で申告した税額が、申告漏れなどにより少なかった場合で、税務調査を受ける前に、自主的に修正申告した	課税なし
	税務調査が行われたあとで修正申告した場合、その税額が期限内申告税額と50万円とのうち、いずれか多い金額を超えるとき、その部分には５%加算	10% （15%）
無申告加算税	税務調査を受ける前に、期限後に自主的に申告した	５%
	税務調査が行われたあとに申告したとき（50万円を超える部分は５%加算）	15%（20%）
重加算税	申告したが、財産を隠したり事実を偽装していた	35%
	申告をせず、財産を隠したり事実を偽装していた	40%

すので、遺産分割協議のときに納税資金の捻出方法も話し合うことが必要です。
　不動産を売却して納税しようとする場合はなるべく早く決断し、売却の依頼をし、遺産分割協議や名義変更も済ませて、申告期限までに売却を終えることができるようにします。

●20年の延納には担保が必要

相続税は、申告期限までに現金で納付するのが原則です。しかし、相続した財産は不動産がほとんどで、現金で相続税を納税することが難しい場合があります。
　このような場合は、税額を分割して年払い方法で支払う延納が認められています。延納する場合には要件があり、担保を提供しなければなりません。また利息も課税されます。

［修正申告と更正の請求］

本来納める額より少なく申告してしまった場合

↓

修正申告

税務署に備え付けの用紙で申告するのと同時に、追加分を納める

税務調査を予期しないで自主的に行ったもの以外は、過少申告加算税が課される。納付期限を過ぎている場合は、延滞税も課される。

※H23年12月2日以降に申告期限が来るもの
…請求期限は5年以内。
H23年12月1日以前に申告期限が来るもの
…請求期限は1年以内。

多く納めすぎてしまった場合

↓

更正の請求

税務署に備え付けの用紙で請求する

請求期限は本来の申告期限から５年以内。

以下の場合などは、その事由を知ったときから4カ月以内
①申告後に遺産分割を行った場合
②申告期限から３年以内に遺産分割して配偶者控除が受けられるようになった結果、申告額が多いことがわかった場合

●物納の要件は厳しくなった

金銭で納付できない場合は、物納を選ぶことができます。

物納するためには、延納によっても金銭納付が困難なこと、物納できる財産があること、税務署長が許可することの要件を満たさなければなりません。

●農地には納税猶予の特例がある

農業を営んでいた被相続人から相続人が一定の農地等を相続して農業を営む場合には、一定の要件のもとに、その取得した農地等の価額のうち、農業投資価格による価額を超える部分につき、その納税が猶予されます。納税が猶予される期間は20年で、この間、農業を継続していれば、納税免除になります。

[相続税の納付方法]

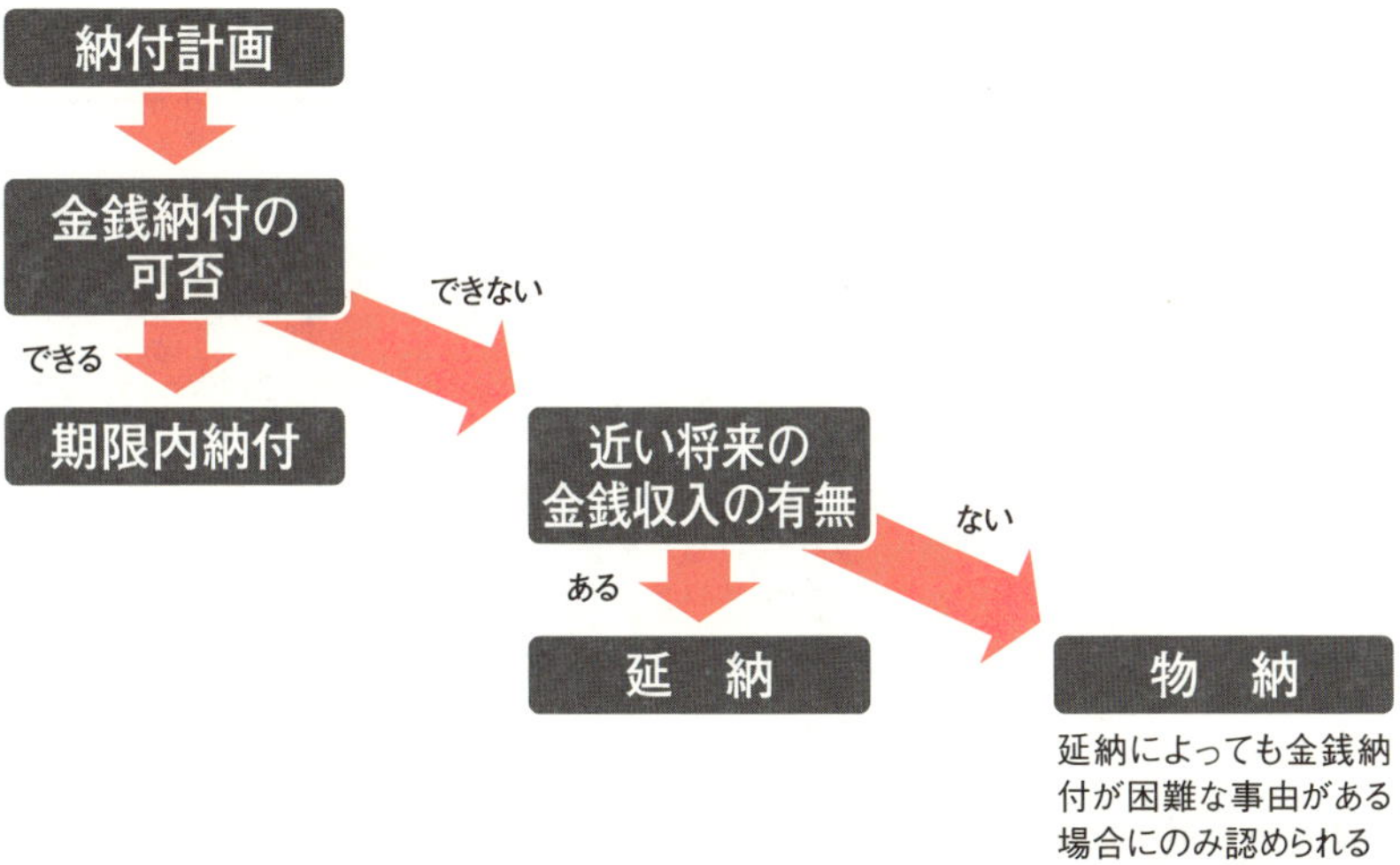

[延納のための４つの要件]

1. 相続税額が10万円を超えること
2. 納付期限までに、金銭で納付することが困難な事由があること
3. 担保を提供すること
（延納税額100万円以下で延納期間が３年以下の場合は不要）
4. 申告期限までに、延納申請書及び担保関係書類を提出すること

[物納できる財産の種類と順位]

第１順位	国債・地方債・不動産・船舶
第２順位	社債・株式・証券投資信託や貸付信託の受益証券
第３順位	動産

[相続税の納税猶予の要件]

被相続人	・死亡の日まで営農していた個人 ・農地等の生前一括贈与をした人で、贈与税の納税猶予の適用対象となった贈与を生前にしていること
農業相続人	・相続税の申告期限までに営農を開始し、以後も営農を継続すること ・農地等の生前一括贈与の特例を受けた受贈者で、経営移譲年金を受けるために、推定相続人の１人に対して農業経営を委譲した者 ・第１次農業相続人からの農業経営承継者（農業委員会の証明が必要）
担保の提供	・納税猶予分の相続税に相当する担保を提供する

■おわりに

●相続コーディネート実務士は夢や感動が引き出せる仕事

「相続コーディネート実務士」は相続人の想いや願いを実現するため、専門家をつないで、それぞれの知恵やノウハウを引き出し、円満で負担のない相続の形を作り出すために作り出した仕事です。30年近く取り組んで来ました。

相続は家族がもめる暗い、重い、大変な仕事だという印象があるかもしれませんが、相続にはいろいろな可能性があり、とても奥の深い、本当にいい仕事です。

なぜなら、相続コーディネート実務士がご家族の最良のストーリーを提案して、相続というタイミングに、ご家族の夢が描け、ご家族の絆が深まるようなサポートをしますので、とても喜んでいただき、感謝していただけるのです。いろいろなご家族との出会いがあり、おひとりおひとりの思いやドラマがありますので、お話しを伺うなかで、相続コーディネート実務士である私たちがまずは、感謝でき、感激をすることもしばしばです。そして、オーダーメードのストーリーを描く中で、お客様の喜びや安堵や感動を引き出すことができるのです。

私は昭和62年から不動産コンサルティングの会社を運営していますが、平成4年にアパートを建てて頂いた大家さんが亡くなり、相続のサポートをしました。そのときに不動産業のサポートが必要だと気づきました。平成5年に宅建取引士の上級資格となる「公認不動産コンサルティングマスター」が創設された機に、相続専門の業務を開始したところ、委託も増え続けました。その後も「相続コーディネート」の必要性を痛感するとともに、相続税が下がることも確信となりました。

しかし、そうした情報は、その当時、相続の専門家と言われる弁護士、税理士の先生方からは、まったく出ていませんでした。仕方なく相続で苦労されている多くの方に知ってもらいたいと考えた結果、事例をまとめて本にしようと思い至ったのです。

平成11年にようやく1冊目の本を出版したところ、全国からご相談が増えたので、相続の相談窓口を開設し、平成13年には相続コーディネートを主業務とする専業会社も設立したのです。

それから23年。今までに1万3,000人以上の方のご相談を受け、著書も28冊、監修本4冊、累計発売数31万部となり、テレビ・ラジオ出演61回、新聞、雑誌の取材や寄稿300回超、セミナー講師371回、などで多くの方に知っていただく機会をいただけるようになってきました。先に商標登録をしている「相続コーディネーター」という名称や相続の専門家を集めてチームとして取り組む業態もオープンにしてきましたので、どんどん広まってきたと言えます。

本書で紹介した実例も、弁護士、税理士、司法書士、土地家屋調査士などの専門家の協力を得て成果を出してきました。

冒頭でも書きましたように、「相続コーディネート実務士」は、相続人とともに夢が描け、感動が引き出せる仕事です。ほんとうにやりがいのあるライフワークとして取り組んでいただける仕事だと言えます。

本書にご紹介している「相続コーディネート実務士」は、今までの不動産業の固定観念にとらわれない新しい業態だと言えますが、相続では不動産の知識がないとうまくいかないことが多く、相続は不動産業の分野だと言えるほどです。不動産の知識を活かして相続のストーリーを描き、お客様に選択肢をご提案する「相続コーディネート実務士」は不動産業においても必須分野になり、求められてくるはずだと考えております。

しかしながら、昨今は相続をビジネスチャンスとする傾向があり、誰でも相続に参入しようという風潮は懸念するところでもあります。試行錯誤して相続コーディネートに取り組んできた私としましては、ビジネスありきではなく、真摯な態度で誠実に、相続人に向き合うことが必要でしょう。そして不動産のノウハウを活かしながら、相続人の感情や利益を守り、専門家とも連携を保つことができる相続コーディネート実務士が増え、相続のあらたなトレンドとなることを祈念しております。

平成27年11月吉日

相続コーディネート実務士　曽根恵子

<本書に関するお問合せ先>
㈱夢相続
〒103-0028　東京都中央区八重洲1－8－17　新槇町ビル5階
TEL　03-5255-3388（代）　FAX　03-5255-8388
Mail　info@yume-souzoku.co.jp
URL　http://www.yume-souzoku.co.jp

●著者　曽根恵子
公認 不動産コンサルティングマスター 相続対策専門士・不動産有効活用専門士。

【相続コーディネート実務士】の創始者として1万3,000件の相続相談に対処。

㈱夢相続を運営し、感情面、経済面に配慮した“オーダーメード相続”を提案。

“相続プラン”によって「家族の絆が深まる相続の実現」をサポートしている。

【相続コーディネート実務士】は相続の実務家の認定称号として商標登録済み。

㈱夢相続、㈱フソウアルファ、㈱グローバル・アイ代表取締役、一般社団法人相続コーディネート協会代表理事。


【著書】

『相続税は生前の不動産対策で減らせ！』『相続税対策！土地活用で財産を残せ』（ＰＨＰ研究所）『相続税を減らす生前の不動産対策』『相続発生後でも間に合う完全節税マニュアル』（幻冬舎）『相続に困ったら最初に読む本』（ダイヤモンド社）『相続コーディネート入門　改訂版』『賃貸住宅コンサルティング入門』（住宅新報社）など　28冊

相続コーディネート実務入門

平成27年12月4日　初版発行

著　者　曽根恵子
カバーイラスト　河野やし
発行者　中野孝仁
発行所　㈱住宅新報社

出版・企画グループ　〒105-0001 東京都港区虎ノ門 3-11-15（SVAX TTビル）
（本　社）　(03) 6403-7806
販売促進グループ　〒105-0001 東京都港区虎ノ門 3-11-15（SVAX TTビル）
(03) 6403-7805

大阪支社 541-0046 大阪市中央区平野町1－8－13（平野町八千代ビル）電話（06）6202-8541㈹

印刷・製本／東光整版印刷株式会社
Printed in Japan
ISBN978-4-7892-3773-4 C2030